新时代高校思想政治教育

工作研究

◇ 姚彩云 著

中国财富出版社有限公司

图书在版编目（CIP）数据

新时代高校思想政治教育工作研究 / 姚彩云著 . —北京：中国财富出版社有限公司，2020. 7

ISBN 978-7-5047-7191-9

Ⅰ . ①新… Ⅱ . ①姚… Ⅲ . ①高等学校—思想政治教育—研究—中国 Ⅳ . ① G641

中国版本图书馆 CIP 数据核字（2020）第 123998 号

策划编辑	宋 宇	**责任编辑**	齐惠民 郭逸亭		
责任印制	梁 凡	**责任校对**	张营营	**责任发行**	董 倩

出版发行	中国财富出版社有限公司		
社 址	北京市丰台区南四环西路 188 号 5 区 20 楼	**邮政编码**	100070
电 话	010－52227588 转 2098（发行部）		010－52227588 转 321（总编室）
	010－52227588 转 100（读者服务部）		010－52227588 转 305（质检部）
网 址	http://www.cfpress.com.cn	**排 版**	优盛文化
经 销	新华书店	**印 刷**	定州启航印刷有限公司
书 号	ISBN 978-7-5047-7191-9/G · 0734		
开 本	710mm × 1000mm 1/16	**版 次**	2020 年 10 月第 1 版
印 张	12.5	**印 次**	2020 年 10 月第 1 次印刷
字 数	231 千字	**定 价**	49.00 元

高校思想政治教育对培养大学生个人的思想政治素养有着重要的作用。自新中国成立以来，我国思想政治教育经历了从传统到现代的过渡，面临着许多新的挑战。高校作为培养人才的摇篮，其思想政治教育在我国思想政治教育中无疑占据着重要的地位，并发挥着重要的作用。一方面，高校思想政治教育有利于提高大学生的思想政治素质，促使其成为新时代中国特色社会主义事业的建设者；另一方面，高校思想政治教育对我国实现全面建成小康社会，推进中国特色社会主义现代化事业有着重要的现实意义。然而，我国已进入社会转型期，高校思想政治教育在这一时期面临着许多新问题、新情况。在这种形势下，高校对大学生进行思想政治教育时，就要分析新问题、思考新情况，不断开拓高校思想政治教育的新视野，使高校的思想政治教育反映出时代的新特征，推进高校思想政治教育的时代化。对高校思想政治教育面临的时代性问题进行研究，不仅是加强与改进新时代高校思想政治教育的必然要求，还是保持高校思想政治教育生机与活力的重要支撑，对推进高校思想政治教育理论及方法的创新有着十分重要的作用。

高校在进行思想政治教育时要针对面临的时代问题对教学理论、教学方式方法等进行一定的变革，使之适应现代化的发展趋势和要求，不断为中国特色社会主义事业输送人才。本书在介绍高校思想政治教育相关理论的基础上，着重论述了思想政治教育时代性的理论渊源与基本特征，分析了高校思想政治教育时代性的理论与实践依据，考察了高校思想政治教育工作中所面对的时代性问题，指出了增强高校思想政治教育时代性的指导思想及基本原则，并试着提出解决高校思想政治教育面临的时代性问题的工作机制和主要路径，以期为高校开展思想政治教育提供借鉴。

本书在撰写过程中有幸得到了院校领导和众多专家的指导、支持和鼓励，在此向他们一并表示最诚挚的感谢！书中不足之处，恳请广大读者批评指正。

湖南人文科技学院　姚彩云

2020 年 1 月

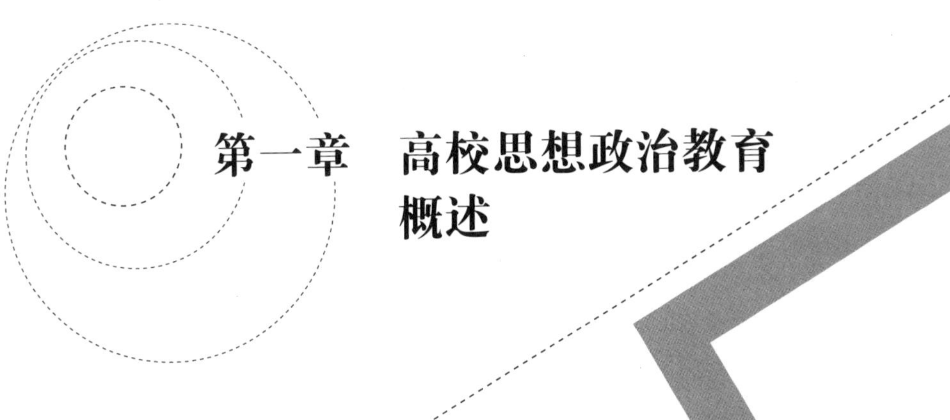

第一章　高校思想政治教育概述

我国坚持走中国特色社会主义发展道路，以马克思主义为精神动力和思想指引。开展马克思主义思想教育对我国社会发展的重要性是不言而喻的。马克思主义理论体系涵盖了马克思本人关于未来社会形态——科学社会主义的全部学说和理论。开展马克思主义思想教育对我国大学生思想政治教育具有重要的战略意义，是我国社会不断向前发展的重要保障。中国共产党第十八次全国代表大会明确提出："把立德树人作为教育的根本任务，培养德智体美全面发展的社会主义建设者和接班人。"这一指导思想的明确提出，为我国思想政治教育指明了前进方向，也对新时代我国高校思想政治教育的理念和方法提出了新的要求。

第一节　思想政治教育的概念与功能

思想政治教育的定义与思想工作理论、政治工作理论、思想政治工作理论等概念的定义有重大区别，但又关系密切。思想政治教育的概念是由思想政治工作理论、思想工作理论和政治工作理论等概念引申、繁衍而来的。关于思想政治教育的概念和功能，我们从以下几方面进行具体阐述。

一、思想政治教育的概念

在定义思想政治教育这个问题上，学者们有不同的观点。有些学者认为思想政治教育是要引导人们通过思想政治教育的学习，树立正确的世界观、人生观和价值观。当然，也有很多学者认为开展思想政治教育是因为每一个人都是社会中的一部分，部分服从于整体的同时，也能够推进整体的发展。综合来讲，即思想政治教育要先对个体进行教育和指导，这样个体思想的进步才能够推进整个社会思想的进步。

思想政治教育具有鲜明的特征和内容。第一，具有强烈的政治性，思想政治教育主要对受教育者进行马克思主义思想的强化教育，使每一个公民都坚定中国特色社会主义的理想和信念，坚持走中国特色社会主义道路。通过政治性来确保马克思主义思想的长期指导地位，保证我国社会主义建设事业的持续发展与进步。第二，具有显著的思想性，即用国家的大政方针、理论政策，以及党和政府对中国特色社会主义事业的最新理解、最新理论对受教育者进行思想政治教育，保证受教育主体更加认同党和国家的大政方针、政策。第三，具有明显的道德性，思想道德会对整个人类社会产生深刻的影响，受教育者接受思想政治教育后，脑海中就会形成一根无形的线，即社会基本道德规范，这根线可以约束人们，指导人们。强化政治性、思想性和道德性，就能为社会主义事业建设培养出所需的人才。

从20世纪70年代以来，尤其是进入21世纪以来，随着时代发展和科技进步，现代传媒技术迅猛发展，社会各个阶层的思想变得丰富多彩。而与此同时，外来的思想文化也在影响着人们的价值观念。多样的思想文化让人们陷入多种价值选择的困境中，这种困境对我国思想政治教育提出了新的挑战。新形势下思想政治教育的政治性、思想性和道德性要求我们与时俱进、不断创新，要求我们在理论和实践层面上找到新的突破口，即在原来理论的基础上逐渐形成新的高校思想政治教育形式。

面对当前高校思想政治教育的现状，我们应该坚持以受教育者为主体，正确把握受教育者的思想理论导向，同时树立科学的创新理念，进一步做好思想政治教育工作。

思想工作就是改变人们对于某一类事物的看法，用引导与沟通的方式来达到特定的目标，且思想政治教育的教育者认为这一目标是正确无误的，是受教育者需要认识和理解并学习的重要思想。思想工作所采取的主要方式就是说服，即“摆事实，讲道理”。思想工作包括很多方面，小到居家过日子，大到国家和政府制定的方针政策。思想工作更多的是不同人之间的思想碰撞，方式多种多样，可单个对单个、单个对多个，也可多个对单个、多个对多个。思想工作对文化的传播具有十分重要的作用，对思想发展基本上没有特别的限制，思想工作主要是为了帮助同社会发展不符或者是与自身发展不符的行为个体。

就政治工作而言，为了贯彻落实国家意志和改革发展的宗旨和目标，必须明确地，有组织、有纪律地对人民开展长久的政治工作。为了保证国家所有的工作都可以有序正常地开展并且向好的方向发展，必须开展政治工作，既包括思想上的指引，也包括具体方针政策的实施。此外，政治工作还具有强制性的特征，对国家发展有利的政策与方针可以被强制实施，这有利于国家的安定与繁荣。如果在现实生活中能切实落实政治工作，那么政治工作所具有的监督作用就会很好地显现，一旦发现不利于甚至危害国家或人民的思想和行为，就能够立刻被指正。

思想工作和政治工作整合在一起形成了思想政治工作，二者相互影响，相互交融，思想工作中体现着政治工作，政治工作中体现着思想工作。党的意识形态内容的具体落实体现在生活的方方面面，这样就会让社会个体和社会主流思想相融合，充分释放每个社会个体自身的生产力，进而推动整个社会的进步。

思想政治教育和思想政治工作含义有相同之处，但又不完全相同。思想政治教育着重体现在对人进行深刻影响的教育以及对人思想的积极指引上。思想政治工作则侧重于其工作方面的特征，一定要老老实实做完设定的工作。思想政治工作的开展要有组织，并且可以量化，能够帮助人们对社会主流思想和占主流地位的意识形态进行深入理解，帮助社会人群建立正确的人生观、世界观和价值观。

张耀灿先生和陆庆壬先生对于思想政治教育的概念各抒己见。张耀灿先生认为，思想政治教育要从社会实践活动的角度出发，使人们的思想品德与思想政治教育相吻合，使人们的行为活动符合社会、阶级的需要，人们要有正确的思想观念、政治理念与道德规范，并且要有计划、有目的、有组织地影响他人。陆庆壬先生则认为，开展社会实践活动可以转变人们的思想，指导人们的行为，对人们的思想意识施加有目的的影响，从而实现一定的政治目标。以上两种对思想政治教育的定义，是从思想政治教育的过程方面提出的。思想政治教育是党和国家顺利发展的必然要求，它通过具体的措施来促进人们政治思想的产生。这种措施不能够反映接受者的自身思想以及生活的需求问题，因此思想政治教育的内容要从党和国家的层面去描述。

随着时间的推移，社会不断地前进与发展，人们的需求一直存在，并在不断增加，经过统计和合理规划后，党和国家出台了一些有益于社会发展的方针和政策。为了符合时代进步的思想要求，就必须借助一定的手段，有计划地对人们实施思想政治教育，增加约束和引导，前提是坚持人民是国家的主体，坚持不动摇人民的主体地位。“不同的时代背景下，人们的需求一定会有所变化，人民的需求主要是通过思想政治教育来体现的。”① 依据中国的国情和历史背景，人们选择了马克思主义，并且不断地把马克思主义中国化。与此同时，马克思主义自身的价值也在中国化的进程中得以体现。

二、思想政治教育的作用

如何充分发挥思想政治教育的作用，需要从整体效能的发挥和价值实现两个方面进行分析。因此，要达到思想政治教育的目的，发挥思想政治教育作用，就一定要科学认识、深入研究思想政治教育的作用。

（一）思想政治教育功能作用的研究辨析

思想政治教育的功能环境与系统之间相互关联，系统与环境之间的输入与输出。功能表示系统对环境的影响。功能起源于物理学，功能的范畴在现代哲学中的解释是从自然科学演化而来的，将现代科学和实践相结合，进而产生了功能范畴这个新范畴。功能范畴在社会科学领域如何解释和引用，学者们对此有不同见解。我们在对思想政治教育功能作用进行分析时，将对功能范畴的一般方法的认识和研究，同思想政治教育功能的内在特征紧密联系在一起。虽然思想政治教育具有客观存在性，但它是一个“人为系统”，而非一个客观的“物质系统”，其中包括体现自身价值追求的人的活动。换句话讲，价值的创造产生了思想政治教育，人类为了顺应历史的发展、时代的要求，也为了自身更好地向前发展，创造了思想政治教育。因此，思想政治教育功能能够发挥作用的前提是人的活动价值，这又体现出思想政治教育功能具有逻辑先在性，这便是思想政治教育功能区别于其他功能的地方。人类活动的最大特点就是，当人的需要不能被满足时，人就会根据自己的需要，遵循客观规律，改变事物本身存在的性质，创造出新的事物，创造出新的价值。人类创造价值活动的尺度，是先于创造价值的行为而存在于人的观念之中的。换句话说，人类所创造出的事物就是为了使人类更好地适应自然的发展，满足自身的需求。实际上，人自身的需要可以通过创造价值的活动来实现。在这个意义上，人的活动的功

① 李辽宁．当代中国思想政治教育意识形态功能研究[M]．武汉：武汉大学出版社，2006.

能就表现为创造对人有用的物，即创造价值。

在进行思想政治教育时，人与社会的思想道德文化相互作用、相辅相成，人的思想道德素质发展得以实现。在此期间，活动主体的人可以对思想政治教育所提供的思想道德文化进行能动选择，让思想道德文化对人的自我的塑造过程成为一种方向性的过程，为自我发展的目的与理想服务。在人的思想道德素质发展的过程中，时刻伴随着社会思想道德文化的批判与革新。从上述范畴可知，思想政治教育可以任意选择思想道德文化，这便是思想政治教育功能作用的体现。所以，思想道德文化成为我们对思想政治教育功能作用研究辨析的另一个视点。

作为分析视点的社会是人们研究某些事物或现象功能作用的着眼点，因此，一些关于某事物或现象说法的社会功能便产生了。本书在此处没有从分析思想政治教育的社会功能直接入手，而是把人与思想道德文化当作分析视点，此观点并没有否定思想政治教育的社会功能，只是为了找出一个最全面的分析思想政治教育社会功能的视点。因为，在历史唯物主义的范围中，个体与社会作为一个相互联系、有机结合的整体，社会必将通过某种事物或某种活动对个体产生作用，所以很难划分社会功能和个体功能之间的具体不同。另外，人缔造了一切具有价值的事物，人可以创造出包括他自身在内的一切生活需要的价值对象，因此，人被称为“价值源”。思想政治教育的社会功能作用通过其创造的价值在社会各个领域得以体现，并通过人的思想道德素质得以发展。换言之，通过实现社会发展不断向社会输送人才，这是思想政治教育的社会功能的体现。同时，社会思想道德文化的传承和创新可以经由思想政治教育来实现，这是其对思想道德文化产生的作用，也体现出它的社会功能。因此，思想政治教育与其他活动不同的重要标志是，其功能作用于人和思想道德文化。

从结构功能原则角度分析，思想政治教育功能研究的视点可以是人与思想道德文化。事物结构具有复杂性的特征，事物的结构决定着事物的功能，从本质上看，事物的功能是一个“功能系统”。在复杂多变的功能体系中，事物的基本结构决定了其本质和基本功能。事物的基本结构随着其自身的确定而确定，同时也决定了事物的本质。在事物不断变化发展过程中，一旦内部结构出现了变化，那么它的功能也就随着结构的变化而变化，但事物的基本结构和本质属性却不会发生改变。思想政治教育的功能有很多，其中本体功能是最基本的、关键的、起支配作用的功能。事物的本体功能处于主导地位，它可以主导或约束其他一般功能。由于与本体功能距离远近的不同，各级衍生功能也不同，并且因为多层“介质”折射，常常出现“游离”原生功能的趋势，功能之间更可能出现冲突。综上所述，要想分析思想政治教育的功能，分析其基本功能或者说本体功能是一个必要前提。

思想政治教育基本功能的客观确定性通过其本质确定，功能是其本质的外部表现。选择与思想政治教育关联非常密切的分析视点，可以了解思想政治教育的基本功能。只有这样，思想政治教育的本体功能才能被清晰地认识和了解。一旦选择的分析视点与思想政治教育没有多大关联，得出来的很有可能就是思想政治教育的派生功能，派生功能是本体功能在众多的中介层中的投影或反映。从思想政治教育的本质出发，可以看出，思想政治教育是人与社会思想道德文化的双向构建，一方面将社会思想道德文化提供给人，另一方面又使人拥有超越自己、不断前进、不断上升的思想道德素质，继承并创新更优秀的思想道德文化。所以，思想政治教育的原生功能，只有以思想道德文化与人的联系为研究方法，对思想政治教育的功能进行研究、分析和考察，才能正确认识，从而更进一步达到认识其衍生功能及衍生功能与本体功能之间的相互关联的目的。

思想政治教育对整个社会的影响是从主观视点进行分析的，如陈万柏等在《思想政治教育学原理（第三版）》中提出：“思想政治教育功能是指思想政治教育对其对象乃至整个社会所发生的积极独特的作用或影响。”① 仓道来在《思想政治教育学》中指出：“思想政治教育功能是指思想政治教育所发挥的效能和它具有极其重要的社会作用。”② 因此，我们可以认为，思想政治教育的功能并不等于思想政治教育的作用。

（1）作用论。很多人坚持作用论，谭变娥认为，德育功能是指教育者在进行品德培养的活动中，使受教育者产生的现实或后续的作用。陈万柏等人则认为，思想政治教育功能有积极独特的作用和影响。

（2）能力论。能力论者认为坚持思想政治教育功能是能力在实施教育活动过程中所产生的。事物潜在的能力被称为能力，即事物是否具备这种能力，并利用这种能力发挥一定作用，满足需求。

（3）结果论。李太平认为，德育功能是一种结果，是德育系统内部各要素之间、环境与系统之间产生相互作用的结果。卢跃青认为，德育功能是指个

① 陈万柏，张耀灿．思想政治教育学原理［M］．3版．北京：高等教育出版社，2015：121.
② 仓道来．思想政治教育学［M］．北京：北京大学出版社，2004：49.

体和社会受到德育的影响所产生的客观结果。

（4）价值论。价值论者认为价值的体现是通过思想政治教育功能来完成的，是思想政治教育展现出了人和自然、人和人相互作用、相互影响的过程中的价值。

（5）职能论。别祖云认为德育功能是从“职能论”的角度来界定的，指的是能够承担的职责和应该具备的职能，换言之，就是它可做和不可做。

（6）效用论。“学者在诠释思想政治教育功能时使用‘效用’一词，并提出了效用论的观点，指出在思想政治教育活动中思想政治教育功能所发挥的作用和产生的效果。”①

（二）思想政治教育功能的相关论述

思想政治教育具有多种不同的功能，也可分为多种不同的类型。根据现有的研究成果，大约有下列几种划分方法。

首先，从价值角度来看，可分为正功能与负功能。著名教育学者余秀兰说过，通过两种效应反映德育，正效应是我们所期望的效果，负效应是我们不期望产生的效果。

其次，从个人、自然、社会三者之间的关系来看，曹书庆曾强调各种功能之间的相互协调关系。②比如，个人性功能、政治功能、社会性功能以及经济功能之间的各种关系。但是也有多种不同的说法，有人认为德育功能体现在三个方面，包括教育性功能、个体性功能、社会性功能。这三个方面又各自包括不同的类型。个体性功能包括个体的生存、发展、享用。教育性功能则通过德育的教育或者德育这一功能展现，它是对平行系统有重要影响的子系统，还有价值属性这一方面的内容。社会性功能包括政治性、文化性、经济性和自然性功能。

再次，从教育思想系统结构来看，李太平认为，教育思想系统的内部和外部系统是德育所包含的两个方面，认同、适应、享用是内部系统所包含的三个功能。外部功能即德育系统与各方面德育环境之间的相互影响和作用，它通过政治功能、自然性功能、经济文化功能三个方面展现出来。其中，对德育系统起决定性作用的是经济发展水平；自然环境则起熏陶的作用；文化水平起渗透作用。同样不容小觑的是政治思想对德育的控制全局作用。因素的多少决定

① 胡红敏．和谐社会视阈下思想政治教育功能研究[D]．乌鲁木齐：新疆师范大学，2010.
② 曹书庆．论德育功能的辩证关系[J]．河北大学学报（哲学社会科学版），1993,18(A1)：164.

德育功能的多少，与此相反，功能的多少限制因素的多少。

大家对此众说纷纭。除以上的观点外，还有其他观点。例如，陈万柏认为，导向、保证、凝聚等功能是思想政治教育作为社会功能所必须具备的。郑永延则认为，思想政治教育还应该包括育人、开发的功能。陈秉公则提出了新的看法，他认为，社会职能分两类，即具体性职能与根本性社会职能。前者包括转变、激励、灌输和调节的职能，后者包括为生产斗争、政治斗争、塑造人格服务的职能。

综上所述，思想政治教育功能的类型划分标准有很多，观点不一，各自都有自己的见解，总体给人感觉有点杂乱，并不具有系统性、科学性。

（三）思想政治教育的作用

1. 对个体发展的作用

人们要想适应瞬息万变的现实社会，只能通过思想政治教育来实现。一旦人们具有了规定性的特征，同时人的思想道德个性特征又能在学习的过程中得到发展，人作为思想道德的主体，就可以通过不断增强意识，塑造一个完满的，甚至是超越现实规定性的思想道德人格。具体来说，个体发展的作用方式受思想政治教育的影响，主要体现在以下三个方面。

第一，人具备社会思想道德文化规定性特征。人存在于特定的社会环境背景中，具有主观能动性，但在社会领域，各种社会活动无规律可循。造成这种现象的原因就是每个人都从各自的动机出发，追求自己的目标，可是我们会发现自己的目标很难达到。在我们深入研究社会的深层、由表及里的结构时，往往一些相互冲突的活动会形成一个全新的集合体，形成一种全新的活动模式。而且这个集合体的秩序和节奏与任何社会个体的活动都不相同，这种全新的模式不会为任何一个个体而改变，这种秩序和节奏就是规范个人的基础。作为人类个体活动的产物——社会思想道德文化，一经创造便会具有相对独立性。有的对人类个体还具有反向规定、规范作用。所以，人之所以成为“社会化”的人，是因为能认识社会现实中已有的规定和既存的思想道德文化，人为社会思想道德文化所接纳的同时又是现实社会思想道德文化的占有者、体现者，这些都是人之所以存在于现实社会中的根本性的前提。人要想超越自我，成为一个“全新人”，可以通过在思想政治教育活动中提高思想道德素质来实现。思想政治教育教导人学会关于人类社会的思想道德文化的全部内容，使个体变成一个具备丰富关系的全面的个体，不再受人类自身的局限，超越自我孤立、片面、偶然的个性。人在社会中主要依靠思想政治教育获得现实规定性，因而才能适应现实思想道德文化。

第二，思想道德赋予人对自我和规定性超越的动力和能力。

不断超越和改造才是人活动的重要本质，不单纯是为了适应，换言之，它对对象的肯定性关系只是作为环节蕴涵于对象的否定性关系之中。传统道德教育只是没有认识到人具有制定规则的能力，没有认识到个人在社会化过程中使社会的规则成为自己性格的一部分，也就认识不到人可以重新制定社会的规范，并发展自己的个性。仅仅在社会现实思想道德文化的适应层面上对人进行思想政治教育，并不能适用于人的活动本质，这样人将只能是一种“有限”发展的存在。教育对象要满足现实生活的需求，建构自己的思想道德观念，通过在思想政治教育中与社会思想道德文化的相互作用来获得现实的规定性。人在现实生活中不断面临新的问题和挑战，思想政治教育对人的作用不仅仅是使人“接受”“适应”已经存在的固有的规定，还要人成为具有新的现实性的人，更新思想道德需要和自我理想的追求。思想政治教育使人能够不断创新，利用现有的一切思想道德文化超越现实社会中出现的各种规定性。同时，人可以在现实社会思想道德文化环境里的各种活动中构建并产生一个新的自我，这个新的自我所凝聚的思想道德素质结构和水平与旧有之“我”相比较，大不相同。一方面，人通过思想政治教育掌握人类创造的已经存在的思想道德文化成果，使思想道德素质得到全方位、积极向上的发展。另一方面，人的理想自我和价值追求又被思想政治教育不断地唤醒，使得自身存在的价值得到不断提升，并有了更大的空间，从而让人成为思想道德的创造主体。通过不断变革创新、超越现实的需要和理想，展现出无限的精神力量，激发超越一切的斗志，只有经过这些过程的人才能具备动力和能力去超越自我和社会的规定性。

第三，人的思想道德个性发展可以通过思想政治教育来实现。

即便思想政治教育有很多共性，但仍然存在个性差异，这是由个体不同的倾向性和心理特征所决定的。个体本身具有不同的思想道德素质结构，必将使个体在思想道德需要、理想目标以及观念、态度、情感、行为习惯等方面有不同的表现。可以通过思想道德的个性差异个体来帮助确立和提高思想道德自我意识，使人的自尊心、自信心、自制力和自豪感得到更好的形成和发展，创造出具有个性特点的思想道德观念和行为方式。换言之，思想政治教育能使个体的自我思想道德素质得到更好的发展。

2. 对文化选择的作用

人与社会思想道德文化之间，通过思想政治教育的相互作用所产生的一个过程称为“化人”。但此过程，与文化对人的自然模塑有本质的区别。文化人类学中记载，人的自然模塑在文化中被定义为“儒化”。文化人类学家对其的理解是，人在儒化的过程中是没有主体性的，主要强调的是文化对人的自然模塑具有重大意义。所谓“近朱者赤，近墨者黑”就是这个道理。人的模塑是社会思想道德文化在思想政治教育过程中，有目的、有意识地完成的。所以教育对象可以主动选择要接受的思想道德文化，而不是完全被动的。这些服务于自我建构的目的与理想，使思想道德文化对人的自我塑造过程具有方向性。通过上述内容我们可以看出，思想道德文化的选择是在实现教育对象自我超越的过程中，教育对象在整个思想政治教育过程中的自我建构、自我发展，思想政治教育的选择作用就是在此基础上批判和创新思想道德文化所产生的结果。

思想政治教育的选择作用对于思想道德文化的整体发展是十分重要和不可或缺的。在思想道德文化的传承过程中，应对其主要部分加以选择，如果没有进行选择那么势必会对思想道德文化的发展毫无益处。通过分析思想道德文化自身的内部运动可知，矛盾和斗争充斥在各种不同的思想道德文化之间，思想道德文化发展的必然结果是去芜存菁、推陈出新。如果没有很好地选择思想道德文化，其发展趋势势必将出现停滞现象，思想道德文化发展的生命力也将慢慢枯萎、消失殆尽。通过对南太平洋土著居民的文化进行考察，美国现代人类学家玛格丽特·米德得出这样的结论：子代对父代的文化选择全部复制生活中的一切，子代都是承袭父代，父代为子代提供模板，子代照搬模板，这些是导致文化停滞的主要原因。生活在大山深处的人们，一代代都以相同的文化模式生活，从不愿意改变，人的思想道德素质发展水平和现实思想道德之间具有高度的重复性，代与代之间几乎不存在差异，根源就是缺乏文化选择。随着文化的选择性缺失，创新意识和创新能力就会逐渐退步，并逐渐消亡，人的思想道德文化的创新功能也就很低。例如，中央电视台的记者曾对一个封闭的穷困山村的放羊娃进行采访，采访结果显示，像村落中父辈们那样放羊、娶妻、生娃，就是放羊娃对自己全部生活意义的认识，也是他所认为的最好的生活状态。在他的认知里，世世代代都按照固有的生活模式。但是，这种现象可以通过文化选择来改变，重复性循环的思想道德文化可以被打破，只有释放出自然潜能，人才能走出这种有着自然特性的困境，形成新的精神追求和价值需要，进而迈向更加辽阔的世界。使这种需要和追求永无止境地上升，新的思想道德文化才会不断被创造。

思想道德文化所具有的选择作用是通过思想政治教育来实现的，主要表现在它对社会思想道德文化做出肯定的或否定的判断和分析，将其作为独立于人之外的对象，使得社会思想道德文化向着积极健康的方向发展前进。由于思想政治教育存在于现实之中并具有现实意义，所以思想政治教育是以现实为基础的，是根植于现实思想道德文化之中的。对于每个人来讲，一旦无法与现实思想道德文化紧密结合，这个人将失去自身存在的根基而无法生存于社会之中。但是，从另一个角度讲，在现实思想道德文化教育中，教育对象并没有得到教育者的全部教授，而是选择性地学习现实思想道德文化，并以社会主导价值观为依据。例如，在中国古代，儒家文化在很长时间内都居于统治地位，因此，儒家文化就是古代统治者对人们进行思想政治教育的思想道德文化。而在现在的社会历史条件下，为了满足教育对象适应社会主义经济发展的要求，需要从教育者那里学习关于社会主义市场经济的规矩、要求、法则等。在学习的过程中与时俱进，将自己的力量贡献到逐步建立完善的社会主义市场经济体制中，同时在全社会范围内倡导马克思主义思想价值导向。而思想政治教育者重点批判那些与社会主义市场经济的伦理精神和社会主义价值导向背道而驰的文化。通过学习人类曾经创造出来的思想道德文化以及现代优秀的思想道德文化成果，新的理想和价值追求才可以形成。这种新的理想和追求必然突破现实思想道德文化对人的限制和束缚，人永远不会只满足于思想道德文化现有的状况，应通过不断推陈出新来改变固有的模式并最终体现出创新。本书通过三种形式来体现思想政治教育对思想道德文化的选择功能，即肯定性、否定性和前导性，这三种形式分别表现为对思想道德文化的传承、批判与引导。值得一提的是，它们是密切地联系在一起的，思想政治教育对思想道德文化的这几种作用都是不可分割的，一旦它们彼此相分离，它们将会失去存在的意义。

第一，思想政治教育对思想道德文化的传承。能够传承下来的思想政治教育将不再是对思想道德文化的“复制”和“再现”，这样的思想政治教育具有极其重要的作用。在主体自主价值判断和选择的基础上，人类肯定了思想道德文化，优秀的思想道德文化对传统道德文化的发展会起到所谓的“断流”作用。思想道德文化作为思想政治教育的基本素材，被加入思想政治教育是教育者经过慎重选择之后的决定。在经历了两次选择性评价和筛选之后，思想道德文化发生了重大变革：第一次是思想政治教育者的筛选和加工，第二次是思想道德文化的再选择、再评价，是通过思想道德建构活动的主体完成的，然后对活动主体产生影响。社会思想道德文化系统是不断进化和发展的系统，该系统并不是一个固化状态。正如海德格尔所分析的：“由人所创造的一切外部条件（物质、制度、价值观）不是一种断面性的现实存在，而是一种方向矢量的

‘存在’，不是被静止观照的对象，而是一种能动的动态过程，它永远处于人的重新建构之中。从本质属性上看，思想政治教育系统本身是一个思想道德文化系统，是社会的一个‘思想库’。在这一系统中，无时无刻不在进行着各种思想道德文化、价值观念的冲突与融合，从而产生新的思想道德文化。思想政治教育所创造的新的思想道德文化对其进化和发展起着重要的促进作用，这是思想政治教育对思想道德文化的肯定之最高形态。”①

第二，思想政治教育对思想道德文化的批判。批判社会思想道德文化功能是通过思想政治教育对思想道德文化的否定实现的。社会思想道德文化是一个交织关联的系统，融合了传统与现代、精华与糟粕、外来思想道德文化与本土思想道德文化。矛盾和斗争时刻充斥在它的内部，社会思想道德文化的发展和进步通过其中诸多思想道德文化相互作用来实现，并否定和批判了社会思想道德文化中的“糟粕”。同时，在思想道德文化中的变迁中，思想政治教育作为一种“策动力”起着关键性作用。在现代社会的经济领域，思想政治教育的这种批判功能也表现得十分明显。在市场经济条件下存在各种拜金主义、极端利己主义、享乐主义，在强烈的利益驱动之下，往往容易滋生显现。如果没有优秀的、强有力的社会价值观念引导，没有严格的法律约束，人的思想道德素质和社会思想道德水平必将没有底线，从而导致社会物欲横流、恶念丛生。思想政治教育对市场经济所带来的思想道德文化价值的消极观念起扼制作用，但这方面的作用在经济规则、社会法律中往往是不足的。例如，拜金主义是商品经济中出现的消极产物，它往往是不可能单纯用法律来约束的，而且只要不触犯法律，就算是法律、法规拿它也没办法，这时候只能发挥思想政治教育的独特性作用。通过思想政治教育对思想道德文化观念的分析批判，定位了社会价值观念，使人的精神文明素质得到提升，思想和灵魂得到净化。

第三，思想政治教育对思想道德文化具有引导作用。在整体上，思想政治教育对社会思想道德文化具有引导作用，指引了社会思想道德文化发展的方向。思想政治教育让人适应现实的思想道德文化，给予人现实规定性的同时，使人具有超越其现实规定性的特殊能力，并赋予人未来的特性，让人具有超越现实社会思想道德文化的能力。所以，思想政治教育具有一种引导作用，不仅单纯地从本质上反映了现实的人和现实的思想道德文化，更重要的是，还指出人的理想自我和社会思想道德文化的未来。一旦失去了思想政治教育的引导，人将被当前利益和

① 海德格尔．海德格尔选集（下）[M]．孙周兴，译．上海：上海三联书店，1996：163.

物质享受蒙蔽双眼。人深陷其中不能自拔，自然无法实现自我超越，社会也就不能超越本身，社会思想道德文化也将在无方向的“自然”运动之中失去自我前进的方向。作为一个组织系统，思想政治教育一方面是一个思想道德文化的创造“源”，不断地创新社会思想道德文化；另一方面它还是一个思想道德文化的扩散“源”，仅仅是通过一种扩散机制，所有人们创造的新的思想道德文化就都可以被扩散到整个社会领域。思想道德文化的影响力通过思想政治教育得到扩大和更新，一旦它上升到思想道德文化的主导地位，将会对社会思想道德文化的发展产生重大影响。例如，那些在整个社会思想道德文化中占主导地位的，大都是由个体的人创造的、新的思想道德文化缔造的，焦裕禄精神、雷锋精神、孔繁森精神等就是其中最具代表性的，这些都在社会主义思想道德文化的发展前进中起引导作用。

综上所述，如果说社会是一个大系统，那么，作为社会大系统中的一个子系统——思想政治教育，它的社会功能就体现在其对社会大系统和各个子系统发挥的作用之上，它的本质是不断地为整个社会系统输送优秀的人才和提供思想道德文化支持，如政治文化、伦理文化、企业文化等。思想政治教育系统与社会其他活动系统之间存在相互作用的关系，如经济活动系统、政治活动系统等，因而会出现很多具体化的社会功能的学说，如思想政治教育的经济功能、政治功能等。其实，思想政治教育提供的人才支持与思想道德文化的传承发展是其所表现出的社会功能作用。通过思想政治教育向社会输送富有超越精神、创新意识和创新能力的人才，满足思想道德文化的需求，同时传承思想道德文化。

总之，“深入地探究思想政治教育功能，有利于进行理性反思，对思想政治教育的重要地位和作用有科学的认识；有利于对本质的揭示，使受教育者树立正确的思想政治教育功能观；有助于拓展思想政治教育学的研究领域，使思想政治教育学科的发展得到促进；有助于思想政治教育科学化的推动，使思想政治教育的实际效用得到提高”。①

① 褚凤英．思想政治教育功能分析的新视点[J]．探索，2005(2)：112-116.

第二节　高校思想政治教育综述

一、高校思想政治教育的重要意义

一些学者对高校思想政治教育进行深入探究后，指出高校思想政治教育应是一种从全局上加强教育，从根本上改进的总的方法；还有一些学者认为，高校思想政治教育应当通过教育内容、思想政治教育队伍、实践教学、教育环境等各方面的整体改革与系统优化，从全员、全程、全方位上构建一个育人的高校思想政治教育实施体系，实现高校思想政治教育的最大合力。通过学者们的表述可以看出，高校思想政治教育是一种全新的理念与途径。建立新时代的思想政治教育体系，“育人为本”是理念的关键所在，“全员育人、全过程育人、全方位育人”是方法的关键所在。价值取向在高校思想政治教育中有着重要的作用，即在大学生平时的教育活动中渗透社会主义核心价值，使大学生通过社会主义核心价值明辨是非、懂得行事做人的基本价值取向。大学生在抵御各种社会思潮的侵袭时，能够主动运用社会主义核心价值。总之，高校思想政治教育的重点是通过个体修养和价值导向促进人的全面发展。

二、高校思想政治教育作用与价值

构建新时代下高校思想政治教育格局，更好地发挥思想政治教育的基本理念，完成高校立德树人的重要目标，可以借助思想政治教育独特的育人功能来完成。

（一）凝聚主流思想

主流思想是指社会成员认同的规范和共识，即在历史和现实中形成的能够指导人们的正确思想。高校思想政治教育面临的主要问题之一就是如何应对各种声音共存、各种思潮涌起的现代社会。青年人容易接受新鲜事物，但思想不够坚定，容易被各种思想意识所侵蚀。因此，青年大学生思想的这块“蛋糕”不断地被社会上的各种思潮抢夺，而高校发出的主流声音不够响亮，提倡的主流文化不够强大。要解决这些问题，必须要加强高校思想政治教育。

如何将大学生的目光聚焦到主流思想上来，促使大学生健康成长、全面发展呢？高校可以通过思想政治教育的基本理念来全方位育人，引导大学生学习主流思想、消化主流思想、内化主流思想，最终用行动展现主流思想。

（二）传递社会正能量

正能量主要指情感和动力，包括一切积极向上、奋发图强的人和事，以及一种健康乐观、积极奋进的态度。人们的期待和渴望通过正能量得到很好的诠释，它紧密联系和依赖着人们的情感。只要社会上所有人都相信正能量，并将它当作一种信仰，它就能够指引人们去共同奋斗。

当前，高校中存在多种形式的精神状态，既有积极、健康、向上的，也有消极、悲观的，存在的原因各不相同，这些都是导致高校中正能量分散的因素。努力传播正能量，培养和提高大学生的情操、品格，通过“全员育人、全程育人”的方法，将大学生的思想和行动逐步引导到正能量上来，让他们做积极向上的人，这是高校思想政治教育的一个重要功能。此外，高校还必须不断创新教育载体，开展各种主题教育活动，进一步完善教育体制，为思想政治教育营造良好的、积极向上的校园文化氛围，促进社会正能量的传播。

（三）树立社会主义核心价值观

“核心价值”作为是非标准和遵循的行为准则，是群体或个人在社会中做事的主要依据。党的十八大报告提出的“倡导富强、民主、文明、和谐，倡导自由、平等、公正、法治，倡导爱国、敬业、诚信、友善”是社会主义核心价值观的基本内容，为社会提出了统一的价值准则。人们要想形成正确的价值判断，就要不断弘扬这种核心价值观，进而形成共同的价值取向。

少年强则国强，青少年作为社会发展导向的实践者，是社会未来的主人。新一代青少年长大成才是国家时刻关心的问题，他们应该有自己的追求、理想和抱负。为了让广大青少年能够结合自身的优势，清楚地认识到自己在社会中的角色，国家提出了适合中国国情、社会发展及青少年成长的思想政治教育的目标和方法，以帮助他们准确定位自己的发展方向，并在成长过程中形成具有自身特色的人生观和价值观。

大学生群体是社会中的特殊群体，他们具有特殊性和独立性。青少年的人生观、价值观的形成主要在大学阶段，在这段时间，大学生通过思想政治教育，逐步形成有利于自身进步的、符合国情的价值观，根据自己的喜好和优势，思考、确定自己未来的发展方向。

高校可以通过两方面来完善大学生的思想政治教育，一是提升大学生自身的思想品德，二是提升其政治素养。首先，大学生应该了解自己的自身特征；其次，应该知道如何做才能成为对国家、对社会有益的人。正确积极的思想使得大学生知道哪些事可以做，哪些事不可以做，在学习的过程中建立自身良知和社会底线，做到这些他们才能在进入社会后不受阻碍，同时不会做出危害社会的行为，在社会中呈现一个健康人的姿态。人是社会构成的基本要素，人与社会相互影响，个人的生存离不开社会，了解自己、了解社会是我们必须要做的。政治理念、政治立场和政治态度是大学生政治素养的综合体现，只有提升政治素养才可以在实现自我价值的同时，为国家和社会创造价值。

以教育为中心的高校思想政治教育给大学生提供了大量帮助，是大学生学习生活实践的理论指导。高校思想政治教育关注的焦点是大学生的实际思想生活需求和具体的思想特点。让大学生树立社会主义主人翁意识，不断拓展大学生的视野，使其进一步思考其社会定位和自身的发展的合理性。党和国家出台相应的政策，制订大学生人才培养计划，通过分析青年一代的思想，为大学生提供服务。同时制定行为规范来约束和督促大学生的实践行为，使其能够适应社会发展的要求。坚持以立德树人为首，培养大学生的优秀品质和良好习惯，将大学生专业课程与思想政治教育相结合，紧密联系大学生的实际生活。各大高等学校的教师应针对不同学校学生群体的特点，依照国家制订的人才培养计划，有针对性地对大学生开展思想政治教育，提高大学生的思想政治教育素养，使大学生能够全面健康地发展。

我国高校思想政治教育是根据我国社会主义国情的发展需要和大学生自身的特点来进行的，以素质教育逐步引导和帮助大学生进行健康实践活动。这是在统筹规划我国社会政治、经济、文化等各个方面的发展情况后，为培养大学生成为社会主义建设的新一代接班人，使其能够形成良好的政治素养、心理素养和道德品质而开展的。

目前，各种价值观在高校中传播，这对青年大学生正确价值观的形成造成了严重的影响，使大学生价值判断难度增加。高校思想政治教育的功能是大力弘扬核心价值观，基本理念是“育人为本、德育为先”。在开展思想政治教育过程中，要求高校重视核心价值观的弘扬和培育，使大学生能够真正地明辨是非，自觉抵御各种错误价值观的侵袭，成为社会主义核心价值观的践行者。

三、高校思想政治教育的目的和方向

（一）促进大学生的全面自由发展

全面发展高校思想政治教育，培养品学兼优的大学生，需要在教授专业课程理论知识的同时，结合学生的生活实践进行思想政治教育。

高校思想政治教育像阳光雨露般滋养和塑造着新一代的年轻人。大学生在成长过程中遇到的问题，依靠思想政治教育能够有针对性地解决，同时开展思想政治教育能够营造自由健康的学习氛围，帮助大学生及时调整状态，真正地顺应时代变化。思想政治教育能使大学生在高校有自由学习、健康生活的空间，能够充分调动生活和学习的积极性，使其创造力和创新性得到提升。大学生能够自由而全面地发展，全身心地投入到对未来的探索中，无须为适应不理想的环境而花费更多的时间和精力，从而更好地挖掘自身潜在的价值。

高校思想政治教育能够满足大学生的成长需要，让大学生自由地展现真实的自我，同时为培养大学生良好的道德品质提供全方位且充足的支持与帮助，进而实现自身人生价值。健康人格的培养在高校思想政治教育中备受关注，它可以引导大学生及时调整自己追求理想的方式方法，协助大学生合理地解决在生活中、学习中出现的一些烦恼和问题，使其能够顺应社会发展形势、适应国际潮流，形成大学生独特的思维模式，从而引导大学生发展出勇于担当、乐于分享、乐于助人等优秀品质。大学生在接受思想政治教育后，会逐步关心社会热点问题，客观理智地评价一些社会现象，能够独立工作于社会，同时具有独立解决问题的能力，能很快适应社会中的生活与工作。通过思想政治教育，大学生能够规范自身的行为，在面对社会生活中的问题时能应对自如，又能在追求人生发展目标时结合自身特点寻找合适方法。可见，思想政治教育对大学生的发展具有非常重要的作用。

（二）促进国家与社会发展

大学生思想必须与社会发展所提倡的主流思想一致，主要表现在思考模式、思想状态、思考内容等方面，这样，大学生所具有的社会价值和人生价值才可以得到充分发挥。

在大学校园里宣扬社会主义核心价值观，让主流思想在师生群体中传递，使大学生的思想道德与社会主义核心价值体系具有一致性。社会主义理想能够不断增强整个社会的凝聚力，思想政治教育能够满足大学生自身发展需求和社会发展的需要。衔接好青年一代自身发展需求和社会需求，可以产生推进社会发展的更强动力。社会的发展与我们每个人的发展密切相关，个人自身的发展脱离不了社会的发展，社会的发展又是靠个人自身的发展去推动。

从政治工作层面来讲，为了使青年人群体更好地创造社会价值，促进社会和谐、有序、稳定地发展，可以从思想政治教育着手，使青年人具备一定的政治素养，成为符合社会发展的人。坚持思想政治教育，帮助大学生树立正确的政治立场和方向，以此提高大学生的政治素养，才能将大学生培育成为一批批优秀的青年人才，成为合格的社会主义青年学子。大学生对党和国家政治工作方针有更深层次的了解和认识，才能够更好地发扬和传承社会主义思想观念，践行社会主义核心价值观，竭尽全力地为社会创造价值，为实现社会主义共同理想做出贡献。思想政治教育使大学生能够在理性思考之后做出正确的判断和选择，不断挖掘自身潜能，充分认识自己和认识世界。

准备进入社会的大学生，如何才能精确无误地找到自己在社会上的位置，认清自身所承担的社会责任和义务呢？这就需要通过高校思想政治教育来解决，实际上，在社会中每个人享有的自由和权利是相对的，在享受权利的同时需要履行相应的社会义务。人们根据国家现状合理分配社会现存的资源，互相配合完成工作，并且享受自己的生活。在社会这个大家庭、大集体中，社会成员要相互扶持、鼓励、关爱，一起维护这个大家庭，这样才能朝着文明、进步的方向不断前进。

四、高校思想政治教育的特点

（一）长期性

思想政治教育是一个长期的过程，受教育者需要有充足的时间去学习，要想看到教育成果，也需要经历一段较长的时间。高校思想政治教育也是一个循序渐进的过程，大学生在长期的实践过程中，逐渐培养自己平时生活和学习中的行为习惯，认真思考自己的人生理想、人生规划，逐步掌握思想政治教育的理论、原理，及时调整自己的生活方式。高校思想政治教育不是孤立的、片面的，而是整体的、有联系性的。在现实生活中，接受思想政治教育的大学生会相互影响。

思想政治教育是一个长期的过程，在这个漫长的过程中，学生可以通过多种多样的方式和方法掌握思想政治教育的内容，思想教育时刻围绕在大学生的周围，使其更好地完成思想政治教育的目标要求。虽然时代在变化，但是思想政治教育始终存在于每一代人的思想中，社会中所有的人都需要在思想政治教育的过程中学习积累。教育者会根据时代的要求，选择合适的方法和途径，用不一样的方式、方法进行思想政治教育。教育者通常会选择受教育群体较为容易接受的方式，结合生活经验使受教育者能够更加容易理解和体会思想政治教育的内容。高校思想政治教育注重大学生思想政治教育的素质培养，同时不断创新教育方法，帮助大学生树立积极健康的人生观和价值观，使大学生思想不断与实际相结合，充分认识自己，促进自身发展。

地域不同，大学生的特点也不一样，要以符合国家人才培育标准来评价大学生，坚决不能在思想政治教育上采取“一刀切”的方法。大学生由于自身认识程度不同，掌握思想政治教育内容的速度有快有慢。高校在引导大学生掌握和理解思想政治教育时，要采用合适的方法并有针对性地进行。这将是一场持久战，同时思想政治教育还必须不断创新、不断进步，才能满足大学生的实际需求。

（二）基础性

高校思想政治教育是在理论指导实践的基础上，根据大学生成长的特点指导大学生行动的理论基础。在教学过程中，将从实践中总结出来的经验上升为理论思想，指导大学生实践。思想政治教育理论无处不在，在大学生日常生活和学习中，在生活实践的每一个细节中。高校思想政治教育可以保障大学生生活、学习的有序性，是大学生迈向人生舞台的重要基础。行动源于思想，在学习具体学科或生活实践之外，大学生思想政治教育是每个大学生需要认真学习的，是思想心灵上的教育沟通。大学生通过思想政治教育能全面深刻地了解自己、了解社会。

大学生在形成自己的世界观、人生观和价值观的过程中需要思想政治教育的指导和帮助，因此，高校应将思想政治教育融入大学生的生活和学习中。思想政治教育对大学生价值观的形成有很大的影响，在人的大脑中，思想往往是先于行动的，人往往都是先琢磨做什么事，再决定具体的实践方法，而大学生具体生活实践是以思想政治教育为指导的，思想政治教育能帮助大学生以更好的状态在人生舞台上发挥自身价值，确立适合自己的人生理想，寻找合适自己的方法，更好地发挥自身的潜能。

（三）整体性

通过思想政治教育，大学生能正确地、客观地认识社会现象的本质，在社会中找到适合自己的平台，发挥自己的价值。高校思想政治教育包括编纂思想政治教育教材、组织思想政治教育教学和实践活动，以及营造思想政治教育氛围。大学生思想政治教育在高校集体中能取得更好的效果，促使大学生的成长与社会发展的步伐相一致。

高校思想政治教育是一个完整的体系，它指引大学生身心向着正确方向发展，同时对大学生实际生活中的思想困惑进行答疑。思想政治教育帮助大学生解决学习生活中出现的问题，使大学生能够更好、更快地成长。大学时期是人生观形成的关键时期，因此高校思想政治教育必不可少。

高校思想政治教育涵盖高校内的大学生思想政治教育和大学生家庭及其所处社会环境带来的无形的思想政治教育。所谓“近朱者赤、近墨者黑”，周围的环境相对于大学生个体而言是一个相对完整的世界，大学生的价值观很容易受到环境的影响。社会价值导向及大学生家人的价值观所形成的合力会影响大学生的世界观、人生观和价值观。大学是大学生正式踏入社会工作环境前的一个预热过程，它就像一个小社会，在这里思想政治教育可以帮助大学生培养独立思考能力，逐步走出被动接受思想的状态，客观、正确地认识社会，了解国际发展和我国的社会发展，从国家、世界的高度看问题，但又不脱离实际。

高校思想政治教育需要给大学生的发展提供一个合适的环境，要将社会、家庭及高校各个方面的生活紧密地结合在一起。高校通过授课帮助大学生了解社会实践活动，发现需要改进的地方，并及时告诉大学生如何去做，使其思想向着正确的方向发展。家庭要教会大学生应该怎么去表达自己，如何找准自己的位置。社会方面，大学生通过社会舆论和法律法规得到信息反馈。各个层面密切配合，才能塑造大学生价值观。只有这样，社会对大学生的思想政治教育才真正有效，才能将大学生培养成为社会主义事业的接班人。

五、高校思想政治教育的方法

（一）理论与社会实际相结合

高校思想政治教育是面向广大大学生开展的，通过了解其生活、学习实践活动，将理论与实际相结合起来，借此提高思想政治教育对大学生的影响力和成效。理论联系实际是大学生思想政治教育的重要因素，应结合新时期大学生的思想动态和学习生活方式，采取有效措施进行高校大学生思想政治教育，使大学生更容易接受。

高校思想政治教育不能继续以僵化和教条的教育方式进行，应通过了解大学生的兴趣，选择能够启发他们的方式，在大学生生活和学习中一点点渗透，潜移默化地影响他们的思想。教育者需要时刻关注大学生的生活方式，配合合适的方式、选择合理的载体去教授思想政治教育理论知识，帮助大学生解决人生和思想发展上的问题和困扰，引导大学生建立积极健康的思想道德品质和政治素养。

高校思想政治教育需要深入关注大学生的实际生活，帮助大学生解决实际生活和学习中的问题和困惑，采取更加有效的方式与大学生进行沟通，有针对性地开展丰富的社会实践活动，和形式多样的文化交流讲座，进而起到指导作用，最终帮助大学生全面健康发展。大学生也会产生具有个人特色的问题，这些问题就需要高校思想政治教育针对个体差异、联系实际情况来分类解决，并对大学生的需求进行客观合理的分析，以达到最好的效果。

高校思想政治教育要求在实践中不断提升大学生的思想政治素质，理论教育联系实际生活和学习，充分调动他们的积极性和能动性，使大学生对思想政治教育理论的内涵和精神有更深刻的理解和把握，这样他们才能积极自主地调整自己的生活行为习惯和思考方式，正确选择未来人生方向，同时树立正确的人生观和价值观。

（二）学校教育与家庭教育互相配合

大学生对社会、对人生的看法多少都会受到家庭成员的影响。家庭生活是一个人对社会最开始的认识，家庭生活环境的样子，往往很容易使这个人认为社会就是这个样子，因此，家庭教育对一个人的行为习惯有着深刻的影响。

学生在学校接受教育，逐渐成长为一个能够利用自己所学并对社会有用的人。但很多时候，家庭生活中的一些观念经常与学校的教育发生矛盾，大学生在学习的同时逐渐接触并了解到整个社会的发展状况，由此引发了他们的一些思考，结合在学校所学，逐步形成了自己的人生观、价值观。在学校多年的学习生活不仅让大学生学习到了专业知识，还帮助他们形成对社会的认识，使其在进入社会之后能够客观地认识自己和他人，发挥所学，为自己的生活提供一定的物质保障。

高校思想政治教育引导大学生树立正确的政治观念和思想方法，提升他们思想政治觉悟，规范他们的言行举止，帮助他们客观理性地分析生活中遇到的各种各样的问题。同时大学生需要了解社会热点问题，关心国内外形势，关注国家大事，理解国家政策方针，增加社会参与感和归属感，增加国家公民责任与义务的意识，热爱祖国，树立正确的价值观，培养高尚的品格。

大学生要想形成一个完整且正确的价值观，需要家庭教育和学校教育的通力合作，这样一方面可以帮助大学生直面在生活和学习中遇到的需要独自解决的问题，引导他们运用自己的智慧解决问题，并能够积极、勇敢地看待社会上的一些不良现象，以及应对一些让人沮丧的挫折等；另一方面可以使大学生的行为得到规范，使他们面对现实时能够勇敢地去克服困难、跨越障碍。

（三）继承与发展相结合

从教学体系层面看，高校思想政治教育是高校教育系统中的一个完整的教学体系，高等学校对大学生人才的培养按照国家统一编写的、正规的课程教材开展，有具体、明确的教育教学管理方案和选拔优秀教师资源的体系。大学生通过马克思主义理论方面课程的学习，能够深刻地掌握和真正地理解马克思主义的思想方法。只有系统、高效地学习理论知识，才能清楚明了地认识和了解社会主义，学习与中国国情相结合的社会主义的理论体系的精华部分，只有通过系统的学习才能提高思想政治水平，解决思想上的困惑。

我国在新中国成立后开始进行思想政治教育，高校思想政治教育源于社会实践的理论思想，在此基础上，教育者不断地进行归纳和总结，并根据社会发展中出现的新元素对原来的思想政治教育进行补充与完善。在理论课程中，符合中国国情和顺应社会历史发展的思想政治教育有很多内容和方法是经过长期的经验积累得来的。

高校思想政治教育借鉴过去的一些思想政治教育的有效方法和手段，将社会发展和学生思想动态发展联系起来，在这些经验积累的基础之上更进一步发展，完善大学生思想政治教育体系，保证思想政治教育的先进性和导向性。

随着改革开放的不断深入，马克思主义在我国受到思想多元化、文化多元化的挑战，社会呈现出一种朝着多元化发展的态势，对此我们要确保主流思想的指导地位。思想发展的根本是要坚持马克思主义思想，但是高校在着重培养大学生的政治素养的同时，应鼓励大学生群体在坚持马克思主义和思想多元化的过程中发展自主创新能力。

高校思想政治教育体系要想具有强大的生命力，需要在不同时期的国情和社会背景下不断改进，使其不断完善，这需要一个开放的、不断向前发展的教育体系。只有这样，思想政治教育才能随着时间的推移而不断发展、前进，才能更加有效地对大学生思想起到影响作用，使其不断地开拓创新。高校思想政治教育科学的教育体系是不断地从社会发展中总结宝贵的经验教训，归纳总结出的思想政治教育的规律和特征具有一定的科学性。高校思想政治教育根据具体的实践情况，对思想政治教育的方式、方法进行不断调整，直到适合大学生教育为止。“高校的教育环境只有真正使大学生自由全面地发展，才能较好地完成给国家输送高质量、高素质人才的任务。”①

① 赵丽芳．新中国成立以来大学生思想政治教育的发展历程及其现状研究[D]．天津：天津商业大学，2015.

第三节 高校思想政治教育的发展历程

一、新中国成立初期

（一）教育目标

支持建设和发展社会主义国家的原动力是高素质的人才。1949 年 10 月 1 日，中华人民共和国成立后，社会主义制度在中国建立，自此，中国开始走上建设社会主义的道路。在新文化运动时期，各种各样使中华民族进步的思想为当时的青年学生在思想上打开了一扇门，大学生在这些运动中锻炼了自己的意志，实现了自己的人生价值，但是由于新中国成立初期的大学生群体是在封建社会的熏陶和影响下长大的，在他们的思想和内心深处或多或少留存着一些旧的封建思想。在抗日战争期间，大学生怀揣爱国热忱和一颗赤子之心，团结广大人民群众，积极投身于民主革命事业，为民族解放事业做出贡献。大学生思想政治教育在新中国成立初期的首要目标是彻底地清除封建主义思想，以及资本主义思想在大学生潜在意识里的残留，培养一批又一批具有高度爱国主义思想的社会主义新青年。

新中国建立初期，社会主义建设在我国一切都是从零开始，国内政治局面刚刚稳定，百废待兴，社会主义建设急需高素质人才。在校期间，莘莘学子不仅要学习专业的知识，还要培养自己社会主义建设者和接班人的思想意识，因此，适时地产生了大学生思想政治教育。国家培养新一代大学生不仅是为了让他们具有过硬的专业知识，更是为了培养他们能够成为投身社会主义建设，担负起建设社会主义的重任，时刻准备为社会主义建设贡献力量的优秀人才。为了抵御虎视眈眈的资本主义势力，新中国需要尽快强大起来，只有不断强大，全国人民才能不再受封建社会思想政治的束缚，才能健健康康成长、快快乐乐生活，才能自由地、平等地追寻自己的理想和幸福。不断提高全国人民的知识文化水平、科学文化素养是新中国建设发展的基础。高校大学生作为我们国家未来建设的中流砥柱，在对他们进行专业知识教育的同时，尤其要注重对他们进行爱国主义思想的培育。大学生是整个民族和国家的希望，作为青年群体的主力军，他们的智慧是无限的，他们在大学系统地接受专业知识和思想政治的教育，传播先进思想和文化，进而影响全国的青年人，激发全国青年的爱国激情和学习热情。

大学生群体是高校思想政治教育的主体，他们是社会未来具有凝聚力的精英人群和青年代表群体。在新中国社会主义建设的过程中，大学生能够起到先锋模范带头的作用，带领广大青年为建设新的社会而努力奋斗。通过高校思想政治教育，大学生群体能够将社会主义建设的责任意识扩展到整个青年群体中，这有助于整个社会青年群体思想意识的提高，以点带面地接力传递社会主义建设的思想力量。如何培养青年群体的社会主义思想，使之能够与国家发展相一致，是社会主义建设过程的主要任务，大学生思想政治教育在社会主义思想建设中占有重要地位，通过培养大学生思想政治意识，带动广大青年群体思想觉悟不断提高，让他们感受到作为新中国建设的一分子的喜悦，为社会主义建设事业的不断发展感到骄傲和自豪。

（二）教育内容及其特征

在新中国成立初期，以学习马克思列宁主义思想为主，高校思想政治教育的主要内容是爱国主义教育，以及对时事政治的客观分析和讨论。

指导中国革命走向胜利的重要的理论基础是马克思主义，中国取得了革命的胜利，建立了新中国，使社会主义的理论在中国得到进一步发展和阐释。这一系列事实证明社会主义制度更适合中国的发展，马克思主义是社会主义的指导思想，是指导我国社会主义建设的灵魂思想。大学生作为社会主义建设不可或缺的一部分，必须更好地了解马克思主义发展的历史过程及马克思主义的思想观点。而这个目标可以通过对大学生开展思想政治教育，全面解读马克思主义的经典著作，广泛探讨马克思主义的基本思想，深入学习共产主义的基本特征等来实现。通过思想政治教育，帮助大学生在日常学习和生活中积极主动地去了解和认识共产主义，增强共产主义的理想信念，培养社会主义主人翁意识，以共产主义理想信念指导自己的实践行为，以社会主义建设者的心态和社会主义建设者的自觉性，将自己的学习生活与社会主义建设结合在一起。

用无产阶级的思想来思考和解决遇到的问题，是高校大学生将马克思主义运用到社会实践活动中的体现。我们都知道，世界上第一个建立社会主义的国家是苏联，我们学习的对象也是苏联。所以，列宁主义思想也是大学生在高校的学习课程。我国的社会主义建设和发展的很多实践经验都是通过学习列宁主义思想得到的。马克思主义与俄国具体国情相结合的理论产物就是列宁主义思想，所以，大学生有必要认真思考列宁主义思想和俄国在社会主义建设的实践过程中出现的一些问题，通过积极地学习和认真剖析列宁主义思想，将学习到的经验运用到中国社会主义建设的过程中，使其更加适合中国国情和中国的社会历史背景，更快更好地发展中国的社会主义建设。

新中国成立初始，爱国主义的凝聚力将全国人民团结在了一起。爱国主义既是民族精神的灵魂，又是民族精神的纽带，饱受封建社会奴役压迫的广大人民群众在新中国的这片蓝天之下看到了新的希望，人民翻身做了主人，再也不用经受战火的摧残，过上了民族独立、人民当家做主、自由平等的生活。人民更加热爱祖国，响应祖国的号召，积极地投身于新中国建设，为社会主义建设贡献力量。高校大学生也怀着对祖国的满腔热爱之情，以饱满的爱国热情积极投身于科教文化事业，努力学习科学文化知识，为社会主义建设做出最大的贡献。形式多样的爱国主义主题教育活动和文化交流活动在大学生中广泛开展，高校纷纷在专业课、文化课和思想政治教育课程中讲授爱国主义相关内容，将分析社会历史大事、探讨社会时政热点与爱国主义教育密切结合，使包括大学生在内的广大社会青年真正了解和认识党的正确路线，在党的领导下积极为新中国建设和社会主义事业做出自己的贡献。

高校应该树立一些先进模范来教育和引导青年，注重榜样的强大力量，这样才有益于新一代的青年健康成长。向榜样学习，能够激发大学生的爱国热情，使大学生更加勤奋努力学习，学到真正的专业知识，并把学到的专业知识运用到社会主义建设中，认真反思并及时改正自己的不足之处，只有这样，国家的栋梁之材才能从大学生中产生出来。

二、改革开放初期

（一）教育目标

改革开放初期，国家需要适当地引导大学生，使他们能够在不断研究马克思主义中学会使用集体的智慧，并且通过不断地学习马克思主义来树立无产阶级世界观。社会的建设模式不断更新，新的科学技术不断出现，认真掌握科学文化知识是青年大学生群体的首要任务，这就要求国家准确把握教育文化的前进方向，及时提出适合我国社会发展的新的人才目标，只有这样，我国的社会主义现代化建设才能获得可靠的人才支撑，我国的社会主义建设事业才能不断前进。随着社会的发展，高校思想政治教育逐渐系统化，教材由国家教育部门专门编订，并统一提出教学规划。通过思想政治教育培养无产阶级知识分子，尤其是高校思想政治教育，让广大学生充分学习和理解马克思主义思想理论，坚持用马克思主义立场、观点、方法来认识世界和解决问题，帮助大学生树立正确的世界观、人生观和价值观，真正发挥大学生思想政治教育的重要作用，使其成为建设社会主义的重要思想理论武器。

大学生自身发展要时刻与社会发展保持一致，高校思想政治教育要能够随着时代的变化作出调整，对学生进行科学的指导，不断提高大学生的综合素质。大学生在日常生活及专业学习中出现的思想困惑可以通过思想政治教育学习找到正确的解决方法，使他们在学习、生活和工作中能够保持好的状态。大学生可以通过高校思想政治教育的帮助，获得一些经验和教训，客观正确地分析自己可能出现的不正确的行为，努力提高自身能力。高校思想政治教育与大学生实际生活和学习要紧密联系，使大学生的思想发展动态能够被真正了解，进而能及时地制止一些消极悲观的不良情绪在大学生群体中蔓延，并给予其相应的帮助。

（二）教育内容及其特征

国家重视高校思想政治教育，并将其列入学科建设中，从学科建设的角度来分析，这一时期我国尚未形成高校思想政治教育学科的理论体系，仍然处于移植其他学科原理与总结工作经验的层次上。高校思想政治教育主要存在以下两种情况：一种情况是教学课程直接与思想教育有关；另一种情况是在其他的课程中融入思想政治教育的相关知识。全国各大高等院校从 1982 年开始，根据大学生群体新时期的主要特点，开设思想品德教育课程，系统地、有针对性地、具体地对大学生进行培养教导，在每个大学生的思想里植入共产主义思想，使共产主义理想坚定树立在每一个大学生内心深处。除了开设思想品德教育课程，紧接着，高校又具体规定了高校思想教育课程及高校教师职工的教学任务、教育方式、教学内容，以综合反馈大学生的教育教学的信息。

改革开放后，随着我国与其他国家学习交流、文化沟通的增加，尤其是经济合作的深化，国外的资产阶级思潮大量涌入，对我国青年群体产生了巨大冲击。如何让青年大学生群体不受其他思想观念的影响，坚定不移地信仰共产主义理想，便成为这一时期高校大学生思想政治教育肩负的使命。坚持四项基本原则，坚持改革开放是高校大学生思想政治教育的主旨，同时要牢牢捍卫自己的文化思想领域底线，通过改革开放不断促进中西方文化互相交流、互相发展。大学生思想政治教育在文化交流的同时应注重共产主义思想道德学习，避免受西方资本主义思想的影响。

思想政治教育可以使大学生群体的法律意识不断增强，从而帮助大学生在改革开放的大潮下抵制住资本主义思想的侵袭。因此，高校在对大学生思想政治教育的教学内容中增加了关于法制的教育教学课程，让青年学生学习和了解更多的法律知识，提高整个社会和人民群众的法律意识。改革开放后，随着经济的飞速发展，我国广大人民群众的思想和行为开始变得多元化。如何在社会主义社会中规范和约束人们的行为？这需要规范学习方法，加强人民群众的法律知识的学习能力，营造一个法制氛围，人人守法、人人知法。大学生群体的法律意识通过学习高校思想教育课程中新增设的关于法律方面的知识得到提高，这使大学生在依法守法的同时，能够利用法律武器来维护自身的合法利益。法律赋予我们每一个公民的具体权利和需要履行的义务是青年学生应该学习和了解的。高校开展法制教育学习能够有效地减少大学生群体犯错的可能性，为大学生群体更加健康地成长提供好的环境，减少大学生群体各种错误思想的滋生。

改革开放初期，高校思想政治教育增加了国际关系方面的内容。社会主义国家的建设不是封闭式的，要结合大学生群体的爱国主义与国际主义，培育具有国际化视野的青年大学生群体，使他们能够在国际环境中坚定地追求社会主义建设。改革开放后，大学生不能失去方向，要选择性地学习和汲取资本主义社会中有利于我国社会主义社会发展的部分，不能被不断出现的新鲜的思想观点所吞没。

大学生思想政治教育要结合我国国情，包含社会主义建设的进度和相关的形势与政策，还应增加对中国民族传统美德和近代史的学习。对于中国近代史，广大青年学子必须要铭记于心，在这段历史中，无数的爱国人士找到了一条救国救民的道路。社会主义国家建设的艰辛过程是青年学生群体所必须了解的，要讲解这个过程中经历了哪些难题、哪些困难，以激励青年学生为我国的建设而勤奋钻研、发奋图强。中华民族传统美德是每个中国人心中的骄傲，烙印在每一个青年学子骨子里。高校思想政治教育要求大学生进行传统美德的学习，一代代地传承这份历久弥新的中国文化。在此期间，各大高等院校严格规定了高校思想政治教育固定的课时，使大学生在努力学习专业知识的同时，认真学习思想政治教育课程。

用一种贴近大学生思维习惯的方式进行思想政治教育，同时将具体的社会实践活动加入大学生思想政治教育中，这不仅使高校思想政治教育的形式得到了丰富，还让思想政治教育课程的内容更加容易被大学生理解。这种教育教学模式更适用于大学生群体的思想政治教育，可以培育大学生自主去理解思想政治教育的自觉性，让高校思想政治教育渐渐化被动教学方式为更加灵活主动的教学方式，提高大学生对思想政治教育学习的积极性和主动性。

三、改革开放时期

（一）教育目标

20世纪90年代以后，国内和国际环境都发生了很大的变化，我国的政治、文化、经济等方面都获得了巨大的成就，人们的生活方式随着信息化时代的到来逐渐改变，一些新的特点出现在国内各大高校的大学生群体中。大学生应该做一个什么样的人，成为高校思想政治教育更加注重的一个方面，培育大学生成为社会主义事业合格的建设者和接班人是改革开放时期高校思想政治教育的重要目标。

国家的繁荣富强与大学生品德教育密切相关，大学生不能仅注重知识技能的学习，还需要加强对品德教育的理解和学习。思想政治教育关系着大学生的基本行为准则。全面发展德智体美劳，要求大学生学会自己协调学习和生活中的各种要素。思想政治教育帮助大学生认识人生、了解世界，大学生只有学习辩证唯物主义的世界观和方法论，才能建立正确的价值判断思维，实现自身价值，变得更加优秀，做到德才兼备，用所学到的专业知识报效祖国，为我国的社会主义发展和建设做出贡献。大学生要全面发展德智体美劳，要不断夯实自己的社会实践能力，积极努力找到适合自己学习科学文化知识的方式。

（二）教育内容及其特征

随着我国改革开放的进一步深化和社会主义事业的不断发展，大学生思想政治教育的内容也不断完善，主要包括道德教育、思想教育、法纪教育、心理教育和政治教育五个方面。高等院校根据这五个方面开展大学生思想政治教育教学，在以教学为主的同时，逐步提高大学生政治自觉性，引导大学生关注国内政治热点，帮助大学生形成有益于自身发展、国家发展的人生观、价值观和世界观，提升大学生的道德情操，规范大学生的日常行为。通过普及法律知识逐渐提高大学生的法律意识，使大学生在未来社会群体中的生活质量得到提高。通过开展心理健康教育，锻炼大学生的意志，提高大学生的抗压能力，及时有效地消除排解负面情绪，提升大学生群体的心理素质水平。通过政治方面的教育使大学生了解人民群众有哪些基本要求，了解党在社会主义初级阶段基本路线的主要内容，从而使大学生群体更加坚定社会主义理想和信仰，自觉拥护中国共产党的领导，积极投身中国特色社会主义建设事业。高校思想政治教育只要统筹协调好以上五个方面的内容，就可以培养更多的大学生成长为国家栋梁之材，使更多的大学生成为高水平、高素质的构建社会主义和谐社会的建设者和接班人。当然，从大学生群体自身来说，要想更好地融入社会这个大集体中，就必须要清楚社会是什么样子的，以及新一代青年人需要怎样做。“大学生群体想要实现自我价值和人生理想，要将理论技术知识与社会生活联系起来，而且思想政治教育的学习是必须进行的。”①

① 赵丽芳．新中国成立以来大学生思想政治教育的发展历程及其现状研究[D]．天津：天津商业大学，2015.

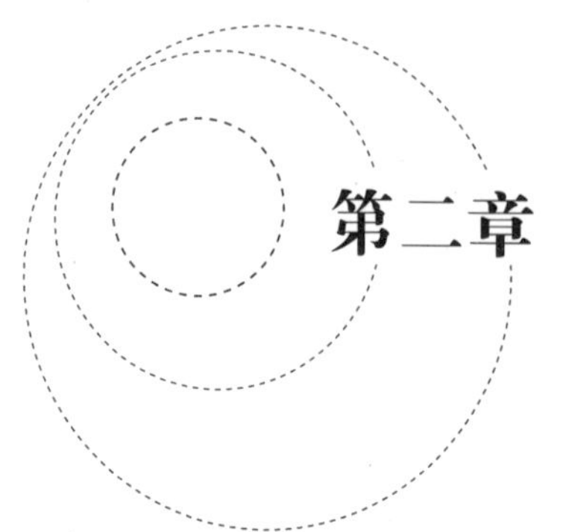

第二章　新时代高校思想政治教育的基本理论

第一节　新时代高校思想政治教育基本理论的强烈的时代性

思想政治教育时代性的基本理论，事实上是和“时代”“时代性”紧密联系的，了解“时代”“时代性”和“思想政治教育”的含义，我们需要了解时代性的主要内涵、意义及其所具有的最基本的特征。目前，我们国家和社会的面貌正在发生很大的变化，在新的社会大形势之下，构建经济新常态全面推进，党和政府治理反腐力度持续加大，各项社会主义改革事业不断深化。党正带领全国人民在实现“两个一百年”奋斗目标和中华民族伟大复兴中国梦的征程上稳步前进，时代的发展和变化给高校开展思想政治教育工作带来了挑战和机遇，时代性已经成为高校进行思想政治教育工作的重要内容。因此，必须要深入探讨和研究高校思想政治教育具有时代性的理论依据和基本含义，了解时代性的一般规定性和它的本质要义。

要认识“时代性”的核心含义，我们首先要理解“时代”这一基础概念。

一、时代的概念

“时代”的概念在学术界有争议，截至目前也没有一个统一的说法，本书简单将其概括为以下六点。

第一，从时空维度分析，在学术界，学者们普遍认为时代的外显特征和工具性载体展现为时空标识，但时代的本质性特征不单单限于时空维度。例如，有的学者就认为人类社会特定发展阶段的总称为时代，它是一个时空统一的综合性概念，在时间上指的是相当长幅度的时间在历史发展过程中，在空间上指的是世界发展的总体状况。

第二，从标准划分分析，人们根据实践的需要可以从不同方面、不同角度，运用不同标准对历史时代进行划分。所谓“时代”不过是时间段具有某些独特性，其独特性是在这个时间段中出现的不同以往的特征或来自作为其开始标志的某个典型事件。划分时代的提出和命名有两种方法：其一，来源于该时间段中，具有代表性的国家、人物、典型事件、生产工具等；其二，来源于该时间段中具有的基本特征和基本矛盾关系。

第三，从特征范畴分析，部分学者认为，人类社会某一阶段的总范畴和总特征是通过时代在总体上反映出来的，例如，在人类社会政治历史的发展阶段，“时代”是从唯物角度对社会性质、形态、状态界定的。时代的内涵概念是社会范畴具有的基本特征，反映社会发展的某一特定的历史阶段。

第四，从发展趋势分析，有的学者认为人类社会由低级到高级的进步性特征，是通过时代以客观至上的形式呈现出来的，时代就是前一种社会形态的历史阶段被一种更高的社会形态所代替。

第五，从时间分段的长短分析，时代又可划分为“小时代”“中时代”“大时代”等概念。时代的标志是重大历史事件、阶级关系和经济基础，一个个的小阶段从大的历史时期中划分出来，这些小的阶段就被称为大时代里的小时代。

第六，“五时代”说，特指划分出来的以生产关系和阶级关系为标志的，即恩格斯和马克思所说的人类社会的五个社会形态：由低级向高级发展的原始社会、奴隶社会、封建社会、资本主义社会、社会主义和共产主义社会。

二、时代性的概念

在不同的学科领域，认识和理解时代性的概念不同。第一，从文化角度分析，时代性是指一个文化系统的维度转换在时间演进中的表现，不同文化系统之间的可通约性在其中体现出来。第二，从建筑学角度分析，时代性是充分吸收和反映时代先进科技文化在建筑中的体现，是建筑对地方的、民族的建筑传统和风格的继承以及对美学原则、历史文化的艺术性反映。有学者认为，中国化马克思主义与时俱进的重要特征是时代性，马克思主义的时代化从人类科学、实践和哲学文化中吸收智慧和营养，马克思主义发展的最前沿是站在当代人类科学、人类实践的基础之上的。马克思主义实质上是随着时代的发展而发展的，时代性是指强调思想政治教育要与时俱进、把握时代脉搏，不断地推进思想政治教育的理论创新。

总而言之，时代性都被理解为一种“与时俱进”。虽然时代性在不同学科中的表述不完全相同，但是这一点却是一致的。由此我们可以看出，在人类社会发展过程中，时代性是具有一定时空坐标的典型标志，又具有鲜明个性特征，它是能表征该时代的政治、经济、文化等状况总和的客观社会范畴。世界观、价值观和方法论这三个方面被融合在时代规定性中，就世界观而言，时代性的表面特征反映了世界发展在特定时代的主要矛盾、本质特征、规律性和总趋势；就价值观而言，时代性侧重强调在某一时代内有意义、有效或有作用的特征的事物；就方法论而言，时代性的视域提供了国际视野、全球意识、矛盾的主要方面、大局观念、社会主流、当下主题、发展主流等方法论。

三、时代性的特征

（一）客观实践性特征

时代性有其特定丰富的形式和内涵，它恰好是历史唯物主义构成的基本问题，而不是历史阶段中的偶然。时代性总结概括了人类社会客观历史进程，它是不以人的意志为转移的。时代性主要通过以下几方面表现其客观实践性。首先，人类社会在客观实践过程中形成和根植了时代性，这是时代性自身的发展与形成的客观规律，它概括总结了一定时代的社会政治、经济、文化等状况，并且随着人类社会的前进与发展不断产生变化，因此，时代性就成为抽象的思辨产物。其次，不同社会实践赋予时代不同的表现形式和内容，以及各具特色的主题和任务、机遇和挑战、当下境遇和未来趋势。从时代性的表现形式和内容这两方面客观分析，生产力的巨大变革以生产工具为重要标志，如石器时代—青铜器时代—铁器时代—机器大工业时代—三次工业技术革命时代—信息技术革命时代。再次，分析时代性的实践品格，实践是全部社会生活的本质，时代性发展和存在的归因是实践。从这里我们可以看出，只有在人类社会客观的真实的实践活动之中深深扎根，才可以合理地显现出时代性的丰富内涵和现实意义；通过社会实践赋予时代性主体选择性与客观规律性这两者的辩证统一关系，两大规律是时代性的轨道，即客观存在的社会规律和自然规律，但想达到符合人的目的结果，人们只能在利用和改变各种规律的基本前提条件下，充分发挥自身的主观能动性。归根结底，时代性问题是面向新时代发展的问题，是人类生存、发展于其中，进而受制于其中，是人类社会生产方式和生存面貌等客观实践的总结。

（二）普遍规定性特征

时代性的普遍规定性主要体现在两个方面：一方面，是历史上的每一个时代都多多少少拥有它们各自典型的标识和特征，所以时代性存在普遍规定性，只是强弱程度有所不同而已，不具有“时代性”的时代在历史上是找不到的；另一方面，是时代性影响的普遍规定性，时代性作为人们存在当前的生活世界、世界上的时空境遇、问题域的分析框架，其影响很普遍，也很重要，时代制约和规范着对于观念、思想、人的行为、社会制度、法律诸多处于时代当中的现实。黑格尔就曾经说过这样的话，“就个人来说，每个人都是他那个时代的产儿”“妄想一种哲学可以超出它那个时代，这与妄想个人可以跳出他的时代，跳出罗陀斯岛，是同样愚蠢的”①。

（三）历史发展性特征

时代性从发展态势和历史逻辑方面分析，主要表现为三种形态：历史时代性、当下时代性、未来时代性。这三种形态从低级到高级不断发展，是人类社会的一种历史性进步，三者互为因果前提，相继发展与存在。从矛盾运动规律分析，三者之间体现了量变、质变的规律，当下的时代性是量变的积累表现，而未来的时代性是新的质变将要到来的预示。从某种程度上说，历史本身所具有的时代性是其所有奥秘所在，只不过展现了时代性在历史奥秘不同的条件和不同的时间。最终，每一个时代性都会是已经变成过去和历史的、新的未来代替旧的时代性。由此可以看出，深刻理解社会现实、扬弃社会历史和展望未来的最根本的出发点是人类社会发展的时空视域，可以通过管窥时代性所具有的历史发展特性来实现。

（四）开放创新性特征

时代性需要不断地求新求变，它是面向全球、面向未来、不断创新，又永葆活力的重要源泉。因此，时代性的突出优势和主要特点是创新和开放，一旦缺少创新和开放，时代性将失去存在的根本意义。时代性发展的重要动力和精神旗帜是开放创新，它使人类社会源源不断地产生正能量，推动社会发展。

---

① 黑格尔．法哲学原理[M]．范扬，张企泰，译．北京：商务印书馆，2011：227.

四、时代性的实践指向

时代性具有强烈的实践指向和路径，它本身就是一个实践课题。习近平总书记在全国宣传思想工作会议上强调“因势而谋、应势而动、顺势而为”，这三点正好构成了宣传思想工作的三条时代性实践路径，宣传思想工作应该准确找到工作切入点和着力点。

（一）因势而谋——顺应时代客观需要

时代不同，人们的精神和物质需求也不同，物质世界和精神世界在时空维度中通过时代性记录和表征其总体变化的各种状况。社会的矛盾趋于激化的过程，也是社会不断向前进步和发展的过程。时代和社会发展伴随着不断出现的新问题、新情况和新事物，这个事实是常态化的，也是其走向更高发展阶段所不能回避的客观趋势。在新的时代，应当与时俱进地调整理论和实践，面对提出的“新问题”“新需要”和“新主题”的客观需求，应因势而谋，因时而谋，不断地顺应时代的“新发展”和“新要求”，具体有以下三个方面的实施路径。

第一，要直面时代的“新问题”。马克思曾精辟地指出：“问题是时代的格言，是表现时代自己内心状态的最实际的呼声。”①时代主要矛盾集中表现在时代问题上，每个时代都会有其特有的问题，时代不同，问题不同，我国的时代问题在20世纪80年代表现为搞经济建设和“去阶级斗争”，而现阶段全面深化改革（以法制和制度为主要的突破口）是核心时代问题。在现代化、全球化、市场化、信息化的大时代背景下，各种冲突和矛盾错综复杂，各种思潮和主张相互冲击，我们要勇于直面层出不穷的各种时代新问题，对不断产生的各种新事物和新问题进行全面客观的分析，并找到解决时代问题的行之有效的办法。

第二，要了解时代的“新需要”。不一样的时代问题有不一样的时代需求，准确剖析时代的客观需要是国家和民族发展经验的产物，表面上看似非常简单，但是实际操作很困难。经济领域的改革远远高于政治和社会领域的改革，那种只是一味地搞阶级斗争扩大化，无视经济民生发展需要的偏激的做法，完全不符合时代的客观需要。无法有效地监督和制约权力，这往往容易导致时代问题更加恶化，时代主题偏离正轨。随着时代的发展，法治需要、制度需要、民生需要等已经成为当今时代尤为迫切的“新需要”。

第三，要顺应时代的“新要求”。当今社会已经进入全球信息化时代，无

---

① 中共中央编译局.马克思恩格斯全集（第12卷）[M].北京：人民出版社，2016:135.

论从深度还是广度上分析，信息技术带来的挑战和机遇都是前所未有的，全球信息化时代在很大程度上改变了人类社会生产和生活的基本方式。有句古语“明者因时而变，知者随事而制”，它的意思是说，聪明的人会根据时代的“新诉求”改变策略和方法以顺应时代的“新要求”。国家和社会必须紧跟技术时代发展的方向和趋势，抓住机遇，为人们提供一个新的毫无障碍、便捷高效的交流平台，以便开展高效率的治理工作。这种时代“新要求”也为我国的思想政治教育工作提供了十分难得的契机。

（二）应势而动——呈现时代鲜活特征

与时俱进的实践、创新的思维和开放的胸襟是应势而动的三个重要元素。

第一，我们要有面向时代的与时俱进的实践。与时俱进是人类社会赖以生存和发展的不变的真理，更是时代的真谛。一切纲领和计划远不如一次行动。要想取得事业的成功，我们必须紧跟时代前进的步伐，坚持脚踏实地的实干精神，具备持之以恒的行动能力，付出艰苦卓绝的不懈努力。

第二，我们要具有面向未来的创新观念和创新思维。创新是国家兴旺发达的动力，是民族生生不息的灵魂，是时代发展进步的源泉。创新是时代性最显著、最主要的特征，是当今世界制胜的关键所在。谁的创新能力更强大，谁就能赢得世界和未来。创新不是“无中生有”，而是“有中生新”，首创性、敏锐性和前瞻性是创新思维的本质特征，创新是继承与发展、量变和质变的辩证有机统一。

第三，我们要有面向世界的开放胸襟和包容态度。我们必须用唯物辩证法所坚持的全面的、发展的和联系的观点来看待一切。世界原本就是一个开放的系统，其本质是普遍联系和永恒发展，因此，我们需要用开放的意识和发展的眼光看待世界，不能因自我封闭而与世界和时代相脱离。同时，开放和包容是共同存在的，因此，我们需要有海纳百川的态度和开放包容的胸襟。

（三）顺势而为——符合时代发展规律

大浪淘沙，时代潮流奔腾向前，社会要想繁荣就必须顺应时代的发展，反之就会衰退。我们要想永远成为时代弄潮儿，就必须顺势而为，努力做到以下几个方面。

1. 切中时代主题

和平与发展是当今的时代主题，而时代主题又是时代最重大、最基本、最主要的问题所在。在政治多极化、经济全球化、利益复杂化、文化多样化的当今社会，通过什么样的方法才能实现和平与发展？我们应当清楚地认识到，阻碍广大发展中国家发展的西方中心主义仍然存在，我们更应当清楚地看到，合作发展、互信共赢、求同存异的时代发展主旋律是不可逆转的，任何思想和行动若是违背和平与发展这个主旋律，最终都将会被时代所抛弃。

2. 适应时代发展的规律

马克思主义指出，每一历史时代主要的经济生产方式与交换方式以及必然由此产生的社会结构，是该时代政治和精神的历史所赖以确立的基础，只有从这一基础出发，这一历史才能得到说明。也就是说，社会生产关系的面貌是由社会生产力的状况所决定的。所以说，人类社会基本的发展规律是：生产力决定生产关系，生产关系要适应生产力的发展水平；经济基础决定上层建筑，上层建筑必须适应经济基础的发展要求。国家、社会乃至个人的行为和思想是考察时代大局和人类社会发展是否符合时代进步的基本规律的外在体现，我们要透过表象看到事物的本质，通过对社会发展规律的认识，准确把握时代前进与发展的脉搏。

3. 符合时代进步价值观

现代社会的普遍共识和进步的世界潮流是社会核心价值观，这是毋庸置疑的。公平正义、自由平等、民主法治作为社会核心价值观，已成为现代国家、社会组织和个人的思想信仰和行为指导准则。“中国梦和社会主义核心价值观这两种观念，作为当代中国国家精神，充分体现了顺应时代进步和发展的价值观，展示了中国与时俱进的‘软实力’”。①

第二节　新时代高校思想政治教育时代性的主要表现

一、思想政治教育时代性的内涵

党的十九大在回顾中国特色社会主义历史性变革的基础上确立了中国特色社会主义进入新时代的历史方位，明确了新时代中国共产党的历史任务、基本方略和战略部署，为新时代中国特色社会主义实践描绘了新的蓝图。这一宏伟蓝图和精心部署展现了以习近平总书记为核心的党中央对新时代的精准把握，体现出中国特色社会主义新时代的新气象，具有鲜明的时代特色。这也为

① 杨海龙．公务员思想政治教育时代性研究[D]. 北京：中国地质大学，2015.

新时代高校思想政治教育明确了方向。高校思想政治教育要“因时而进、因势而新”[①]，就必须以党的十九大精神为思想引领和行动纲领，增强高校思想政治教育的时代性。因而，新时代高校思想政治教育如何有效贯彻落实党的十九大精神，以习近平新时代中国特色社会主义思想指导和引领新时代高校思想政治教育，成为习近平新时代中国特色社会主义思想这一马克思主义中国化最新成果大众化和思想政治教育创新发展的重要课题。

马克思指出：“人们自己创造自己的历史，但是他们并不是随心所欲地创造，并不是在他们自己选定的条件下创造，而是在直接碰到的、既定的、从过去承继下来的条件下创造。”[②]增强高校思想政治教育的时代性，应当深刻认识党的十八大以来思想政治教育发生的历史性变化，明确新时代高校思想政治教育的历史定位，继续推进马克思主义中国化、时代化和大众化，实现立德树人、促进学生全面发展的目标。

思想政治教育是中国共产党的一大优势。毛泽东指出：“掌握思想领导是掌握一切领导的第一位。”[③]自中国共产党成立之日起，思想政治教育就是促进党内团结奋进、砥砺前行的重要政治保证，也是中国共产党赢得革命、建设和改革一次又一次胜利的重要法宝。党的十八大以来，高校理想信念教育不断增强，实现中华民族伟大复兴的中国梦教育成为大学生理想信念教育的重要组成部分；高校意识形态建设不断创新，加强和巩固了马克思主义的指导地位，增强了大学生的政治意识，坚定了大学生的政治立场；社会主义核心价值观教育成果显著，大学生对社会主义核心价值观的认同感不断提升，培育和践行社会主义核心价值观常态化机制不断健全，文化自信意识显著提升，思想政治教育时代性的文化意蕴凸显。

党的十九大提出的习近平新时代中国特色社会主义思想是引领新时代航向的指南针，也是高校思想政治教育时代化的理论指南。党的十九大做出了“中国特色社会主义进入了新时代，这是我国发展新的历史方位”[④]的重大判断，表征着中国特色社会主义进入新的发展阶段、面临新的时代问题和时代任

---

① 习近平在全国高校思想政治工作会议上强调：把思想政治工作贯穿教育教学全过程开创我国高等教育事业发展新局面[N].人民日报，2016-12-09.

② 马克思恩格斯文集（第2卷）[M].北京：人民出版社，2009：470-471.

③ 毛泽东.毛泽东文集（第2卷）[M].北京：人民出版社，1996：435.

④ 习近平.决胜全面建成小康社会 夺取新时代中国特色社会主义伟大胜利——在中国共产党第十九次全国代表大会上的报告[N].人民日报，2017-10-28.

务。面对马克思主义中国化的最新成果，新时代高校思想政治教育必须清晰地确定自身的历史定位，推进马克思主义中国化和大众化，增强思想政治教育的时代性和实效性。对此，要把握好以下几点：其一，从中华民族发展的历史维度，深刻认识思想政治教育面临的新时代特点，精准把握中华民族强大起来条件下高校思想政治教育发展的新趋势。历史是时代的镜子，新时代高校思想政治教育要加强中国近现代史教育，为推进中华民族伟大复兴奠定深厚的历史文化和思想理论基础，帮助大学生树立伟大梦想。其二，从中国特色社会主义理论创新的维度，深刻理解习近平总书记对马克思主义基本原理的创造性运用，深刻认识习近平新时代中国特色社会主义思想的伟大意义。中国特色社会主义进入新时代，高校思想政治教育必须因时而变，要加强以习近平新时代中国特色社会主义思想为重点的马克思主义基本原理和马克思主义中国化教育，以新思想、新理念和新观点增强思想政治教育的时代气息。其三，从世界社会主义发展维度，深刻把握新时代高校思想政治教育有效传播中国特色社会主义道路，宣传和展示中国智慧、中国方案和中国精神的方法。高校思想政治教育要以世界大历史的开阔眼光加强“形势与政策”教育，巩固大学生的中国特色社会主义共同理想，增强大学生的“四个自信”。

二、思想政治教育时代性的实质

思想政治教育时代性，不论从内容上、目的上和方法上都要与当前国内外形势保持高度一致，且在此基础之上思想政治教育特有的作用才能够得到有效发挥。马克思主义作为我国思想政治教育的指导思想，与时俱进是其理论品质，这就决定了我国思想政治教育时代性的实质也必然要与时俱进，不断开拓创新，以适应时代发展和社会进步，这是其自身的发展性和开放性的要求。其一，思想政治教育的内在要求与时俱进。马克思主义认为，社会存在决定社会意识，社会意识体现社会存在，社会存在和社会意识之间是相互影响的。因此，在社会意识范畴的思想政治教育必须跟上社会存在的发展变化，随着时代的发展，任何思想政治教育理论也必然产生变化。为使思想政治教育的时效性不会减弱甚至消失，必须进行创新，把握时代的发展和变化。思想政治教育要跟得上当今世界发展的趋势，必须坚持与时俱进，只有这样，才能实现目的、内容和方法上的统一。与时俱进是思想政治教育的时代性对我们的要求，思想政治教育时代性的实质通过与时俱进才能够真正体现，与时俱进的要求与时代性的要求在本质上都是与马克思主义理论高度一致的。要想真正体现思想政治教育的时代性，就必须与时俱进，进行理论创新。其二，我党的思想路线的重要内容是与时俱进的。一方面，党的思想路线的本质的规定性是从解放思想、实事求是中获得的；另一方面，解放思想、实事求是思想路线的发展是马克思主义与时俱进的理论品质和时代发展规律的客观要求。思想政治教育的时代性特征是坚持与时俱进，它的本质就是事物发展的客观规律，需要用科学的态度和创新的精神去了解、把握和遵循。深刻的变革正在国内、国外不同程度地发生，思想政治教育要想适合社会主义初级阶段的国情，符合时代发展的要求，就必须开阔视野、解放思想、与时俱进，站在时代前列，以更加开放的思想和更加创新的精神契合不断发展变化的客观现实。所以说，与时俱进的时代发展变化过程与思想政治教育时代性的不断发展是相辅相成、相互关联的。

三、思想政治教育时代性的基本要求与主要问题

思想政治教育是一个多种要素相互作用、相互联系的有机系统，只有各个要素发挥各自功效，思想政治教育时代性才会实现。思想政治教育时代性是针对时代发展特点和人的时代性要求而提出的，认识和把握思想政治教育时代性的组成要素及基本要求，是全面研究思想政治教育时代性主要内容的重要基础。

（一）思想政治教育时代性的基本要求

认识思想政治教育时代性的基本要求，厘清思想政治教育时代性的脉络及其实质和内涵，是推动思想政治教育时代性理论更好向前发展的前提。

1. 能够适应时代特点

20 世纪中国革命战争的经验教训，以及改革开放所取得的伟大成就恰恰印证了思想政治教育时代性发展的特点。在党的十一届三中全会之前，我国的时代主题是战争和革命，在战争和革命的大背景下开展思想政治教育工作，思想政治教育的时代性集中体现为满足战争和革命的需要，思想政治教育必须适应以阶级斗争为纲、以革命政治工作为中心的时代特点。党的十一届三中全会之后，以邓小平同志为首的党中央审时度势，正确把握世界发展趋势，科学提出和平与发展的时代主题，重新确立实事求是的思想路线，果断实行改革开放政策，将经济建设作为党和国家的中心工作。我国政治、经济、文化、外交等各个方面取得了举世瞩目的成绩，综合国力不断增强，人民生活水平不断提高，我国社会主义现代化建设一路高歌猛进。面对这样的时代特点，思想政治教育如果不能根据时代变化及时创新教育理论和方法，就会与社会发展趋势和时代变化特征产生较大差异，就不能很好地发挥自身的效用和功能。可见，思

想政治教育时代性表现出来的众多特征之一是由时代发展和科技进步引起时代主题发生变化而产生的，时代的发展变化要求思想政治教育必须适应时代的特点，与时代特征相一致，只有这样才能顺应时代潮流、适应时代发展、促进自身提高、确保功效发挥。

2. 服务中心任务

适应时代特点、服务于时代的中心任务是思想政治教育时代性的客观需要。马克思、恩格斯指出："统治阶级的思想在每一时代都是占统治地位的思想。"① 这就是说，在社会上，一个阶级既是物质力量的统治者，也是精神力量的统治者。统治阶级的一个重要工作便是确保思想政治教育工作更好地服务于其统治时代的中心工作。由此可知，思想政治教育时代性要求其必须服务于统治阶级的中心任务，只有这样思想政治教育才能更好地为统治阶级服务；否则，就会对统治阶级统治地位的稳固、社会的发展和稳定产生不利影响。

3. 贴近人的发展

马克思主义认为，人的需要是人的内在的本质的规定性。人是社会的主人，社会是由人组成的，世界上的任何一项工作都是以人的发展为最终目的，思想政治教育时代性亦是如此。时代不同，人的发展就会有不同的要求，这体现了人的发展具有时代性特征，因此，思想政治教育时代性不仅要适应时代特点，服务于中心工作，还要更好地贴近人的发展。

社会主义的最高价值目标是马克思主义思想，这是我党的指导思想，同时是让人自由而全面发展的共产主义理想。因此，思想政治工作的其中一题就是人的全面发展。现代发展理论大约经历了四个阶段：单纯经济增长理论—社会发展论—环境保护论（包括"宇宙飞船经济"理论和增长极限论）—综合发展观（包括可持续发展观、新发展观和人类发展观），现代发展观的核心是科学发展观。改革开放以来，我国的经济发展在比较短的时期经历了一个由单纯注重经济发展到追求社会、经济、人与自然和谐发展的变化过程。在现代思想政治教育中，最根本的价值原则是以人为本，同时以人为本是思想政治教育的本质要求。

人是思想政治教育的对象，促进人的全面发展是思想政治教育的最终目的，思想政治教育时代性的出发点和落脚点只有通过贴近人的发展才能实现，才能真正符合广大人民群众的利益。

---

① 中共中央编译局．马克思恩格斯全集[M]．北京：人民出版社，2006：155.

（二）高校思想政治教育面临的主要问题

习近平总书记强调："时代是思想之母，实践是理论之源。"①高校思想政治教育必须紧密结合新时代中国特色社会主义实践，理性审视和精准把握思想政治教育发展的时代问题。当前，习近平新时代中国特色社会主义思想是高校思想政治教育解决党对思想政治教育立德树人、育人成才的更高质量的要求同思想政治教育质量有待提升的矛盾的思想指针。

1. 以党的十九大精神指引高校思想政治教育立德树人根本任务的落实

党的十八大首次把立德树人明确为教育的根本任务。党的十八大以来高校思想政治教育围绕立德树人这一根本任务进行了精心部署：从 2012 年推进党的十八大精神"三进"工作，到 2014 年召开第二十三次全国高校党的建设工作会议，再到 2015 年教育部印发的《高等学校思想政治理论课建设标准》、2016 年召开的全国高校思想政治工作会议，以及 2017 年的《普通高等学校学生党建工作标准》《高等学校马克思主义学院建设标准》《普通高等学校辅导员队伍建设规定》相继出台或修订。高校思想政治教育在这一过程中取得了喜人的成就。党的十九大报告提出："要全面贯彻党的教育方针，落实立德树人的根本任务，发展素质教育，推进教育公平，培养德智体美全面发展的社会主义建设者和接班人。"②这无疑进一步明确了新时代高校思想政治教育立德树人的根本任务。

新时代高校思想政治教育必须在"学懂弄通做实"③党的十九大精神中凸显思想政治教育的时代化特色，明确高校思想政治教育立德树人根本任务的新时代要求。首先，学懂党的十九大提出的新思想、新理念和新观点是增强高校思想政治教育时代性的认知基础。党的十九大修订通过的《中国共产党章程》将习近平新时代中国特色社会主义思想写入党章，这一思想同马克思列宁主义、毛泽东思想、邓小平理论、"三个代表"重要思想、科学发展观一同被确立为党的行动指南。理论创新是中国共产党保持先进性、把握时代问题、凸显时代特色的"先进武器"，要在体悟党的十八大以来中国特色社会主义实践的

① 习近平在省部级主要领导干部"学习习近平总书记重要讲话精神，迎接党的十九大"专题研讨班开班式上发表重要讲话强调：高举中国特色社会主义伟大旗帜 为决胜全面小康社会实现中国梦而奋斗[N].人民日报，2017-07-28.

② 习近平.决胜全面建成小康社会 夺取新时代中国特色社会主义伟大胜利——在中国共产党第十九次全国代表大会上的报告[N].人民日报，2017-10-28.

③ 切实学懂弄通做实党的十九大精神 努力在新时代开启新征程续写新篇章[N].人民日报，2017-10-29.

新气象和新时代中国特色社会主义的美好前景中领会习近平新时代中国特色社会主义思想的重大意义。其次，弄通党的十九大精神。党的十九大提出的习近平新时代中国特色社会主义思想回答了“坚持和发展什么样的中国特色社会主义、怎样坚持和发展中国特色社会主义”[①]这个重大时代课题，它是对马克思列宁主义、毛泽东思想和中国特色社会主义理论体系的传承与创新，要用辩证唯物主义历史观才能真正理解它的传承性、时代性。最后，把党的十九大的战略部署落到实处。高校思想政治教育要在习近平新时代中国特色社会主义思想的指导下把立德树人的基本工作做实，巩固高校意识形态战斗堡垒作用，加强理想信念教育和社会主义核心价值观教育，抓好高校党建工作，完成好新时代高校立德树人的根本任务。

2. 以习近平新时代中国特色社会主义思想为指导解决高校思想政治教育发展中的矛盾和问题

新时代高校思想政治教育如何适应时代条件的变化，将不利因素转化为有利条件，促进高校思想政治教育发展矛盾的解决，是高校思想政治教育时代化的重要课题。当下，高校思想政治教育发展必须立足于中国特色社会主义建设进入新时代这个重大判断，抓住新时代高校思想政治教育立德树人、育人成才的目标要求同大学生思想政治素质有待提升之间的矛盾。

思想政治教育要求同受教育者思想发展实际之间的矛盾是思想政治教育的基本矛盾，二者之间的“张力”规律决定着思想政治教育时代化的可能性和必要性。思想政治教育的矛盾运动过程必然涉及教育要求和受教育者实际需求这两个对立统一的基本要素，而这两个要素无疑都具有时代性特征，在二者相互作用的过程中思想政治教育时代化得以完成。因而，高校思想政治教育要把习近平新时代中国特色社会主义思想教育同大学生思想发展的新的需要统合起来。一方面，习近平新时代中国特色社会主义思想作为马克思主义中国化的最新理论成果，是全党全国人民为实现中华民族伟大复兴而奋斗的行动指南，必然要作为高校思想政治教育的理论内容进教材、进课堂；另一方面，大学生的思想行为随时代变化而体现新特点，因此高校思想政治教育要不断更新思想政治教育的方法和载体，增强思想政治教育的亲和力和针对性。目前，“00 后”学生已进入大学，也即将成为大学生群体的主要部分，高校思想政治教育要及

① 切实学懂弄通做实党的十九大精神 努力在新时代开启新征程续写新篇章[N]. 人民日报，2017-10-29.

时跟进，研究“00后”学生的思想行为特点，在了解新时代大学生思想状况的基础上增强高校思想政治教育的时代性。

3. 加强顶层设计和系统推进以解决新时代高校思想政治教育高质量发展的问题

有学者认为，与传统思想政治教育相比照，现代思想政治教育应提倡和坚持“以人为本”的原则和“人的取向”。[①] 高校思想政治教育质量受到教育者和受教育者的双向制约，增强高校思想政治教育的时代性必须考虑到“人”的要素，即高校思想政治教育教师队伍建设和大学生思想道德的发展需要。因而，提高高校思想政治教育质量既是新时代高校更好地完成立德树人根本任务的需要，也是大学生思想文化素质提高的需要。为加强顶层设计和系统推进，回应高校思想政治教育的时代诉求，促进高校思想政治教育高质量发展，应做到以下几点：其一，加强新时代高校思想政治教育的顶层设计，充分利用课堂教学、校园文化和社会实践等创新高校思想政治教育内容和方法，全方位提升高校思想政治教育质量。其二，在把握高校思想政治教育要求和大学生思想行为特点的基础上，协同推进高校意识形态建设工作、党建工作和日常教育管理工作。其三，建立高校思想政治教育质量监督和考评体系，加快高校思想政治教育评价体系的更新速度，促进高校思想政治教育质量监督体系的与时俱进。

高校思想政治教育质量建设是马克思主义中国化、时代化、大众化的内在要求，必须在加强和改进思想政治教育的过程中实现，以科学的思维和正确的方法，整体布局，系统优化，在解决高校思想政治教育实现高质量发展的矛盾和问题中增强思想政治教育的时代性。

四、高校思想政治教育的时代责任和历史使命

新时代高校思想政治教育要抓住中国政治、经济、文化、社会和生态全面发展，中华民族强起来的历史机遇，要不忘初心、继续前行，在党的十九大要求的完成“四个伟大”的历史使命、推进一流大学和一流学科建设中，承担起为人民的事业、民族的复兴服务的历史责任。

1. 在推进“四个伟大”教育中增强新时代高校思想政治教育为实现中华民族伟大复兴服务的历史使命感

党的十九大指出，中国人民要实现国家富强、民族振兴和人民幸福的伟

① 张耀灿，郑永廷，吴潜涛，等．现代思想政治教育学[M]．北京：人民出版社，2006：287.

大梦想，必须进行伟大斗争、伟大工程、伟大事业，这是中国共产党的光荣使命，同时也要求确保党在世界形势深刻变化的历史进程中始终走在时代前列。[①]“四个伟大”的历史使命要求中国共产党继续保持与时俱进、开拓创新的优良品质，在新时代中国特色社会主义实践中应对各种风险和考验。因而，要增强高校思想政治教育的时代性，就要在推进“四个伟大”教育中增强高校思想政治教育的历史使命感，增强高校思想政治教育的时代责任意识。高校思想政治教育要把“四个伟大”作为思想政治教育时代化的重要内容，其一，要以马克思主义基本原理深刻理解党推进“四个伟大”，实现中华民族伟大复兴使命的历史逻辑和现实逻辑，在投身新时代中国特色社会主义建设中增强实现中华民族伟大复兴的历史使命感。其二，要加强共产主义最高理想和中国特色社会主义共同理想以及实现中华民族伟大复兴的中国梦教育。这是加强理想信念教育的重要内容，也是新时代完成高校思想政治教育使命的必然要求。其三，要深刻把握推进“四个伟大”、完成中华民族伟大复兴的历史使命和当前战略任务相统一的关系，在解决好远大目标和当前目标的辩证关系中，增强“四个自信”，顺应新时代的发展。总之，高校要在新时代思想政治教育的实践过程中不负历史使命。

2. 在一流大学和一流学科建设中增强高校思想政治教育为实现中国高等教育内涵式发展的时代责任感

高校思想政治教育必须面向世界，以世界一流的眼光看待中国高等教育发展的优势和不足，明确思想政治教育为“双一流”建设服务的时代责任。一流大学和一流学科建设是党的十九大对新时代高等教育发展的重大部署，是中华民族屹立于世界民族之林，促进世界文明发展的重要一环，因而也是高校思想政治教育发展的新的契机。首先，高校思想政治教育必须以世界一流高校为目标，充分认识高校思想政治教育对世界一流高校建设及中华民族文化复兴所应承担的时代责任。一流大学和一流学科是中国教育现代化的时代要求，是中国文化软实力的集中展现，高校思想政治教育要为“双一流”建设献计献策，增强高等教育立德树人、育人成才的能力。其次，高校思想政治教育必须以马克思主义理论一流学科发展为支撑，承担立德树人的时代责任。高校思想政治教育要在“双一流”建设的时代变革中增强自身专业实力及服务学生和社会的

① 习近平．决胜全面建成小康社会 夺取新时代中国特色社会主义伟大胜利——在中国共产党第十九次全国代表大会上的报告[N]．人民日报，2017-10-28.

能力。最后，高校思想政治教育要在坚持社会主义办学的基础上，准确把握“双一流”建设的时代紧迫性。“双一流”建设要求高校和学科注重质量发展，重视育人成才的能力和科学研究的实力，高校思想政治教育应当在“双一流”建设中拓宽视野和格局，满足新时代高校思想政治教育提升人才培养能力和科学研究能力的需求。

3. 在提高高校思想政治理论课质量、实现大学生全面发展中增强新时代高校思想政治教育的引导力和感召力

教育部部长陈宝生指出，当前教育改革进入“全面施工内部装修”[①]阶段，也就是在新时代高校要在全面提高内涵建设质量上下功夫。高校思想政治教育的时代性必然是包含着主体理解的时代性，这就需要在高质量的思想政治理论课的双向互动中展现思想政治教育的亲和力和感召力，培养大学生的时代敏锐性和时代把握力。大学生的时代敏锐性和时代把握力建立在大学生的时代责任感和感受性上，对此要提升思想政治理论课的主渠道作用，以中华民族历史悠久的传统文化、革命文化和社会主义先进文化增强思想政治教育的历史文化内涵，培植大学生把握时代问题的敏锐性和解决时代问题的思维能力。其一，要提高高校思想政治理论课质量，增强新时代高校思想政治教育的亲和力，拉近师生沟通交流的距离。时代性是由客观历史的连续性和主观历史理解的间断性造成的，因而主体对时代的理解因历史条件的不同而有所不同，但主体能够在“视界融合”中达成对历史和时代问题的共识。高校思想政治理论课要让学生明晰历史和现实逻辑的必然性，在历史发展规律中理解时代性、把握现实性。高校思想政治教育要通过党的十九大精神的宣传，使大学生感受、理解、认同和践行习近平新时代中国特色社会主义思想，在这一过程中实现新时代高校思想政治教育的飞跃。其二，提高高校思想政治理论课质量，增强思想政治教育的时代感召力，培养大学生的时代引领力。党的十九大报告指出：“青年兴则国家兴，青年强则国家强……广大青年要坚定理想信念，志存高远，脚踏实地，勇做时代的弄潮儿。”[②]中国特色社会主义进入新时代，这个新时代需要新青年，高校思想政治教育要以习近平新时代中国特色社会主义思想指引大学生书写人生华章，在实现中华民族伟大复兴的中国梦的实践中实现自我价值，为人民群众服务。高校思想政治理论课课堂应当是教师和学生共话新时代、畅想

① 陈宝生．教育改革进入“全面施工内部装修”阶段[N]．中国教育报，2017-10-20.

② 习近平．决胜全面建成小康社会　夺取新时代中国特色社会主义伟大胜利——在中国共产党第十九次全国代表大会上的报告[N]．人民日报，2017-10-28.

新时代、放飞新时代青春梦想的地方，让大学生感受时代的温度，承担新时代赋予的责任。

党的十九大是新时代的辉煌篇章，是新的时代气象和时代精神的展现、新的时代问题和时代任务的号角、新的时代勇气和时代自信的彰显。高校思想政治教育要在党的十九大精神的指引下，在新时代中国特色社会主义建设的实践中明确高校思想政治教育的时代定位，直面时代问题、解决时代矛盾、勇担时代责任，与时俱进，开拓创新。高校思想政治教育课程要在深刻理解、深入落实党的十九大精神的过程中，在学习、教育和践行习近平新时代中国特色社会主义思想的过程中，增强时代性。

第三节　新时代高校思想政治教育的理论探析

一、社会存在和社会意识的辩证关系原理

马克思主义提出，社会存在是第一位的，社会意识排在第二位，社会存在是社会意识的反映，社会意识由社会存在决定，并对社会存在有反作用。与此同时，社会意识是相对独立的，又具有其独特的发展规律和存在方式，这种相对独立性使得社会意识不完全同步于社会发展。这就要求我们不能否定形而上学理论，而一味地赞同社会存在；也不能忽视社会的存在，被唯心主义所迷惑。我们要充分认识到社会存在的决定性作用，更要认识到社会意识的能动作用，看到其具有相对独立性的一面。

思想政治教育存在于社会意识领域，也隶属于上层建筑的范畴，它是一种社会实践活动，是人类从出现国家和阶级以后长期坚持开展的。不断发展变化的社会现实是思想政治教育时代性的方法、目标和内容的来源，同时为社会现实服务，要想使其推动经济社会不断向前发展，就要让思想政治教育时代性的内容和目标保持高度一致，一旦与社会存在的发展相反，必将阻碍经济社会的发展。

马克思主义指出，理论和实践是密不可分的，两者之间不可分割、相互影响。理论来源于实践但又高于实践，同时对实践有很好的指导作用，要想更好地进行实践，需要通过实践进行检验，并有理论的支撑。毛泽东同志曾提出：“通过实践而发现真理，又通过实践而证实真理和发展真理。从感性认识而能动地发展到理性认识，又从理性认识而能动地指导革命实践，改造主观

世界和客观世界。”[①]这要求我们不能因为理论来自实践就忽视理论，也不能因为理论指导实践而忽略实践，对理论和实践的关系要正确认识和把握，因为一旦离开了实践，理论不再具有说服力，只有让实践和理论相互结合，用实践发展理论，用理论指导实践，并检验理论的正确性，以实践的基础创造出更新的理论，才能靠正确的理论不断推进实践的发展。理论联系实际，一切从实际出发，在实践中检验真理和发展真理，是党的思想路线。只有进一步解放思想，打破旧思想的牢笼，扫除认识上的障碍，才能从真正意义上坚持党的思想路线，才能真正实现实事求是、与时俱进。与时俱进是马克思主义的本质特征，马克思主义时代化的新要求是将马克思主义和不断发展的时代密切结合起来，因此，理论和实际相结合的内在要求是马克思主义时代化的体现。

二、马克思主义经典作家对思想政治教育时代性的概述

马克思、恩格斯的经典论著中最早出现了关于思想政治教育时代性的理论，之后有很多文章中涉及了思想政治教育时代性的思想，归纳起来，主要表现在以下几个方面。

（一）时代的划分依据

将时代性作为思想政治教育工作的首要前提，这是从时代性的视角出发划分时代性的具体标准，是思想政治教育实现时代性的前提。马克思明确指出，时代划分的依据是生产方式，这是以历史唯物主义的原理作为出发点。换言之，一个时代区别于其他时代的根本性指标，是利用劳动资料将产品生产出来的特定的生产方式，而非产品本身。在马克思和恩格斯看来，若想形成一个新的时代，不改变生产方式，只是提高生产效率，以此来增加产品“量”，是无法实现的。一个新的时代的诞生，是社会关系的改革在生产方式上有了质的变化，产生了新的生产工具。比如，网络催生一个时代的关键在于人们利用网络的方式，若网络不能成为劳动资料，而仅仅是进行休闲、娱乐和消遣，那么新的网络时代将无法诞生。网络成为劳动资料的前提是它成为人们改造世界的工具，是生产方式上的革新，从这个层面上说，其合理性在“网络社会”（网络时代）、“信息社会”（信息时代）这两个概念上必将有自己的展现，因为信息和网络是劳动资料的创新。社会发展过程中最根本的矛盾是生产力与生产关

① 复旦大学哲学系资料室．辩证唯物主义历史唯物主义[M].上海：复旦大学哲学系资料室，1978：101.

系的矛盾，这构成了生产方式的时代差异，实际上社会其他矛盾的表现形式受制于基本矛盾。

（二）时代性是认识世界与改变世界的前提

辩证法的观点是用发展的眼光看待问题。正如在《反杜林论》中恩格斯所说的那样，“当我们深思熟虑地考察自然界或人类历史或我们自己的精神活动的时候，首先呈现在我们眼前的，是一幅由种种联系和相互作用无穷无尽地交织起来的画面，其中没有任何东西是不动的和不变的，而是一切都在运动、变化、生成和消逝”①。

我们看待世界的眼光应当是发展的，因为世界一直在不停地变化，人类作为实践的主体，是站在时代的视角上去认识世界的，而时代性“普照光”的作用被恩格斯清楚地论述了，“我们只能在我们时代的条件下进行认识，而且这些条件达到什么程度，我们便认识到什么程度”②。

马克思认为，“人们自己创造自己的历史，但是他们并不是随心所欲地创造，并不是在他们自己选定的条件下创造，而是在直接碰到的、既定的、从过去承继下来的条件下创造”③。换言之，历史的时代性会继续发生作用，而人类认识客观世界、改造客观世界将被当前的时代性所阻碍。

（三）思想政治教育的时代性理论

在各个时期马克思主义经典作家的著作中都分布着关于思想政治教育时代性的思想，可以概括为两方面的内容。

1.关于思想发展的现实基础

要想顺利有效地进行思想政治教育工作，基础和前提是分析研究人们思想观念的形成与变化。我们先要弄清楚思想观念形成与变化的原因。马克思和恩格斯从物质性的角度分析人们思想观念变化的原因，马克思指出：“人们的观念、观点和概念，一句话，人们的意识，随着人们的生活条件、人们的社会关系、人们的社会存在的改变而改变。”④恩格斯也明确指出：“人们自觉地或不自觉地，归根到底总是从他们阶级地位所依据的实际关系中——从他们进行生

① 中共中央编译局．恩格斯反杜林论[M]．北京：人民出版社，1993：137.

② 中共中央编译局．马克思恩格斯全集（第20卷）[M]．北京：人民出版社，1971：585.

③ 中共中央编译局．马克思恩格斯文集（第2卷）[M]．北京：人民出版社，2009：470-471.

④ 中共中央编译局．马克思恩格斯选集（第1卷）[M]．北京：人民出版社，1995：291.

产和交换的经济关系中，获得自己的伦理观念。”①

换句话说，人们的思想观念在不同的时代具有差异性，历史唯物主义认为物质具有“决定性”的作用，社会意识的变化是社会存在的变化所导致的，是由人们的社会存在、社会关系和生活条件存在的差异性决定的。

2. 思想政治教育时代性的方法论

马克思主义经典作家在实践中进行具体的理论宣传工作时，指出思想政治教育时代性的方法论。恩格斯写的一本纯学术性著作《社会主义从空想到科学的发展》，在当时被当作宣传性著作出版，1882 年在该著作德文版的序言中，恩格斯明确指出要调整内容，用来适应人们的时代性需要。他指出：“这一著作原本不是为了直接在群众中进行宣传而写的。这样一种纯学术性的著作怎样才能适用于直接的宣传呢？在形式和内容上需要做些什么修改呢？”

恩格斯认为，为了适用于直接的宣传，为了便于工人的理解，在形式方面需要将“一切不必要的外来语删去”。在内容方面，书里主要说的是“工人的一般生活条件”，对原书的理解，德国工人比“有教养的”资产者更容易些。从这方面可以看出，教育对象的时代性生活特征是恩格斯调整宣传内容的主要方面，表明了其紧扣思想政治教育的出发点和落脚点。

所以，马克思主义的时代观是我国高校思想政治教育研究时代性问题的重要理论支撑。马克思主义的时代问题不仅是最基本的理论问题，还是世界政治最基本的实践问题。马克思主义时代观具有显著的特点：第一，具有社会阶级性。马克思主义认为，至今一切社会的历史（有文字记载的历史）都是阶级斗争的历史，在阶级社会里，阶级性是其区别其他时代观的重要特征，阶级关系是生产关系的核心内涵。第二，具有实践性。马克思主义认识论的基本原则和重要观点是：时代既是理论概念，又是实践概念，理论与实践相结合，两者相互影响，理论可以用来指导实践，实践成为理论的验证。随着时代的变化，马克思主义时代观也被不同时代的马克思主义者继承和发展，并推进到一个又一个新的阶段。所以，要对当今时代性质进行研究，就要研究当今世界发展中的新问题和新现象，并以马克思主义时代观为指导，但是不能以马克思主义为全部准则，不能在坚持马克思主义的方法和立场的同时，将前人得出的片面的结论教条主义地、机械地运用到当今社会。

新问题和新情况总是不断出现，作为统治阶级统治国家的工具，思想政

① 中共中央编译局．马克思恩格斯全集[M]．北京：人民出版社，2006：260.

治教育一定要被正确认识和看待，要将马克思主义理论作为指导思想，充分运用马克思主义阶级的观点和历史的观点发展新的时代观。

三、马克思主义中国化过程中思想政治教育时代性的发展

将马克思主义的经典理论“中国化”，是中国共产党合理运用马克思主义理论的具体体现，在此过程中，直接或者间接探索思想政治教育的时代性是共产党领导人的一项工作，并通过这项工作得出了别具意义的理论成果。在不同的历史时期，毛泽东、邓小平、江泽民、胡锦涛、习近平分别对马克思主义进行了详细的论述。

毛泽东同志提出了“解放思想”“实事求是”，要用“发展的眼光”看待理论知识和客观世界。要“具体问题具体分析”，不能原地不动、一成不变，要用时代性的思维方式去面对理论和现实。我们要认真阅读马克思等前辈的书，他们提出的基本原理是我们必须要遵守的。但是，创造新的理论又是每一个国家领导阶层必须做的，创造自己的理论、写出新的著作，以便为现在的政治服务，仅靠老前辈是行不通的。如果没有列宁，只有马克思和恩格斯，就不会有《两个策略》等著作，1905 年和之后相继出现的新问题也就无法解决。十月革命前后发生的新问题，仅仅靠 1908 年列宁所著的《唯物主义和经验批判主义》是不能解决的。为了满足这个时期革命的需要，列宁又写出了《国家与革命》《帝国主义论》等著作。列宁去世后，斯大林又写出了《论列宁主义的几个问题》和《论列宁主义基础》等著作，用来保卫列宁主义，对付反对派。在第二次国内革命战争末期和抗战初期，为了适应当时的社会和时代的需要，毛泽东同志撰写了《矛盾论》和《实践论》。

现在我们处于中国特色社会主义新时代，新问题层出不穷，不出新的著作，只是用《矛盾论》《实践论》是无法适应新的需要的，不形成新的理论，一切都是行不通的。对思想政治教育来说也是如此，我们必须以全新的态度去面对思想政治教育的目标、方法和内容，因为社会主义建设在推进，时代在变迁。合理调整思想政治教育的模式是为了适应世界和教育对象的需求，就像毛泽东提出的“共产党员如果真想做宣传，就要看对象”。

在回答“什么是社会主义、如何建设社会主义”的问题时，邓小平同志指出，马克思主义理论是行动的指南，并不是教条。如何解决新问题？马克思主义要求人们结合变化着的实际不断发展它的理论。实事求是是推进社会主义建设的根基，是精神所在。在新的历史时期，邓小平同志从思想政治教育方面提

出，选干部要德才兼备，最主要的德就是坚持社会主义道路和党的领导。干部选拔的主要依据是年轻化、专业化、知识化，在这个前提下，要将干部的选拔制度化。邓小平“时代性”的视角和方法论通过“四化”的标准得以体现，明确提出了教育的“三个面向”，即教育要面向现代化，面向世界，面向未来。思想政治教育要发挥理论“前瞻性”的作用就要面向未来，要有开放创新的态度，引领正确的时代发展方向，在实践中丰富与发展其内容和规律。

江泽民、胡锦涛同志都强调“解放思想、实事求是、与时俱进”的重要性。从宣传教育的层面上，江泽民提出“宣传思想工作是做人的工作，关键是要有吸引力和实效性”。宣传教育需要特别注意宣传的内容、方法和形式。胡锦涛同志在纪念中共建党 82 周年会议上提出“必须坚持解放思想、实事求是、与时俱进，从理论和实践的结合上不断研究新情况、解决新问题，不断有所发现、有所创造、有所前进”。习近平总书记在纪念马克思诞辰 200 周年大会上强调:“价值先进、思想解放，是一个社会活力的来源。”

思想政治教育的本质要求和基本规律通过用真情感染人、用真理说服人、用真实打动人这“三真”深刻地反映出来，“真”字是增强思想政治教育感召力和时代性的关键点。“不同的历史时期，党和国家领导人的相关讲话和著作，反映了党对思想政治教育工作的重视程度，党在思想政治教育方面做出的实践探索与理论拓展是那个时期思想政治教育时代性的发展脉络。”

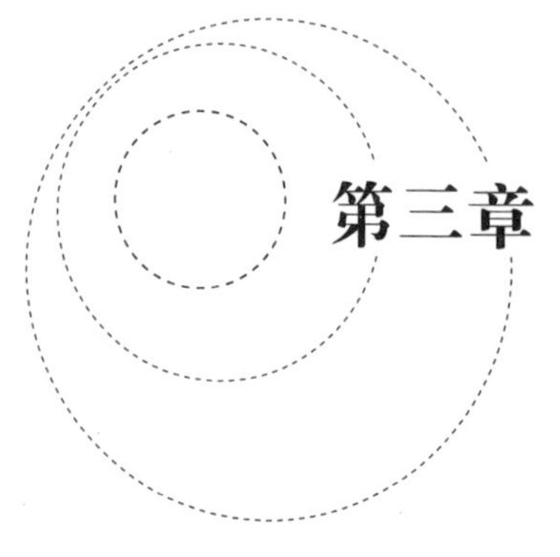

第三章　新时代全球高校思想政治教育面临的问题及问题的成因

第一节　全球化的时代性问题

一、全球化的概念

当前，全球化已经成为包括学界在内的任何领域都不可避免要讨论的重要问题。对“全球化”的解释，不同的学者从不同的角度入手，结论各不相同，其中国外学者代表性的观点有以下几种。

安东尼·吉登斯侧重从制度的角度着手，把现代性的各项制度向全球的扩展理解为全球化。他认为“全球化”无所不在，小到家庭，大到社会管理的结构。

于尔根·弗里德里希斯从网络化角度着手，认为“全球化”是一种状态，是一种不断强化的网络化的过程。

罗兰·罗伯逊等人从文明和文化的角度着手，认为全球化的历史是通过人类文明的历史展现出来的，全球化长期过程中的主要任务是界定和建构文明形象，全球化进程的显著特征是扩展全球文化相互联系的状态。

经济学家从经济角度着手，将在世界范围内经济活动的相互依赖称为“全球化”，促进资金在全球范围内合理配置、自由流动。

著名的罗马俱乐部从危及人类共同命运的全球性问题的角度着手，将人类面临的环境恶化、资源匮乏等共同问题称为“全球化”。

詹姆斯·密特曼从认为全球化还是过程和活动的综合化。

此外，赛约姆·布朗的“世界政体论”，詹姆斯·罗斯诺的“全球化动力说”，肯尼思·华尔兹的“全球化治理论”，罗伯特·基欧汉和约瑟夫·奈的“全球化比较观”，托马斯·弗里曼的“全球化体系论”等一些有影响的西方学者都对全球化进行过相关描述。

我国学者在全球化问题上的争论也日趋激烈，主要包括以下几个方面。有的学者认为全球化既是一种客观事实，又是一种主观虚构；全球化是资本主义的，也是社会主义的。还有学者提出，经济全球化是大势所趋，那么文化全球化、政治全球化是否存在？全球化到底是西方化、美国化，还是现代化、中国化？对于像中国这样的发展中国家来说是利大还是弊大？

由此可见，国内外学者关于“全球化”的解释，都有一定的道理，这些看法和观点让我们对“全球化”的多维度特征有了更好的理解。在此基础上，我们认为，全球化是一个客观的历史过程，这个过程不以人的意志为转移，在此过程中，人类可以不断跨越国家、民族的地域，超越文化、制度的障碍，彼此间可以进行日趋紧密的交流、沟通和联系。随着国家之间的相互影响日渐增强，国家开始达成共识，并采取共同的行动，从而改变和影响整个人类历史的发展趋势和进程。

二、全球化的发展历程

（一）全球化的历史渊源

马克思和恩格斯早在 170 多年前就为世人描绘了一幅全球化早期的图景：“资产阶级，开拓了世界市场，使一切国家的生产和消费都成为世界性的了。过去那种地方和各民族的自给自足和闭关自守状态，被各民族的各方面的互相往来和各方面的互相依赖所代替了。”①

马克思根据对早期全球化的历史渊源的仔细分析，将它分为三个阶段。第一阶段是 15 ~ 17 世纪中叶，随着美洲和东印度航路的开辟，世界性交往初露曙光，西方资产阶级热衷于冒险性的远征，于是越来越扩大的“世界市场”取代了原本很小的地域性市场。第二阶段开始于 17 世纪中叶，一直延续到 18 世纪末。这一时期，瓜分世界市场成为各资本主义国家斗争的主题。当时作为

① 马克思，恩格斯．共产党宣言 [M]. 北京：人民出版社，2015：199.

欧洲乃至全世界经济中心的英国成为海上霸主。第三阶段是 18 世纪末到 19 世纪中叶，这一时期在以英国为中心的全世界范围发生了第一次工业革命，实现了生产方式的初步现代化，不断发展的世界市场导致世界化的意识形态、政治、道德和宗教等渐渐出现。

（二）全球化的发展现状

全球化就像一把双刃剑，在给我们带来机遇的同时，也带来了严峻的挑战。

伴随着全球经济、政治、科技、文化的协同发展，全球呈现相互依存、共同发展的趋势，人类社会真正步入信息化，全球经济、文化交融在一起。

更重要的一点是，以经济为主导的全球化对政治、文化和意识形态的影响广泛而深刻。世界政治格局的变化与全球化趋势之间产生了强烈的相互作用，政治制度的单极化和多极化的斗争在世界政治格局中出现新的表现形式。作为主导者的西方发达国家通过民主、人权、民族、宗教等问题，逐渐增强对别国内政的干涉，妄图利用经济全球化，将其在国际条约及惯例中的先导优势，付诸政治制度的全盘西化和美式民主的“新殖民化”，特别是对于发展中国家，西方殖民思想更是渗透到了经济、政治及社会发展的方方面面。换句话说，全球化对发展中国家的国家主权、文化、经济、社会、生态等带来了新的挑战。可以预见，全球范围内各种文化和意识形态的冲突会更频繁、更激烈、广泛。

（三）全球化的发展历程及趋势

纵观全球经济百年风云，全球化大致可分为三个重要时期。19 世纪中后期至 20 世纪初为第一个重要时期，此阶段，资本和劳动力开始突破国境在国际市场流动，国际贸易迅速发展。第二个时期是经过两次世界大战之后的 20 世纪 50 至 60 年代，这个阶段的主要特征是跨国公司大量出现，全球贸易制度和金融体制逐渐成型。20 世纪 70 年代至 20 世纪末，世界主要国家迎来了信息革命，并迅速形成了科技浪潮，这就是第三个重要时期。在这一时期内，资本以技术和制度的创新等形式迅速席卷全球，越来越多的国内企业走出国门，将其经营发展融入全球化进程中。实际上，第三个重要时期仍在继续，其速度和规模不可估量。

学界有一种主流观点，主张真正意义上的全球化始于 20 世纪 90 年代，如联合国前秘书长加利曾在 1992 年联合国日致辞中讲道：“第一个真正的全球化时代已经到来了。”到 20 世纪 90 年代，“一个名副其实的，全球规模的世界市场已经形成。国际贸易、国际金融、国际投资和跨国公司都得到了空前的发展，从而使经济全球化的趋势成为当代世界经济最鲜明、最显著的特征，成为世界经济运行的主旋律”。

进入新世纪，世界全球化的道路仍在继续，且势不可当。总的来看，全球化始于各国的经济层面，随着时间推移，逐渐渗透到政治、文化、生态等其他层面，从根本上改变了人类社会和全球的形态。

全球化不是“免费的午餐”，中国在主动融入全球化的过程中必然会面临许多挑战。应对全球化，我们必须秉持以下几点：第一，面对全球化的时代潮流，我们必须积极主动，敞开胸怀，以更加积极的姿态走向世界。在和世界的双向互动中促进发展和建设，这是实现中华民族伟大复兴的重要推动力。第二，在参与全球化的进程中，要做到一切以人民根本利益为出发点，坚持社会主义制度，坚持正确的态度和观念，保持自我意识形态的本色和独立性，坚持根本原则和基本方向，要充分利用全球化的发展机遇壮大自己。第三，要保持高度警惕性，做到自觉抵制“泛西方化”，防范风险，牢牢把握和维护国家社会稳定和经济、政治、文化等各方面安全这一基本前提，与西方发达国家的“民主”殖民和分化进行坚决的斗争。

上述问题是我们思想政治教育的现实背景，是我们在建设中国特色社会主义的过程中要面对的基本问题。“由于全球化的思潮，新的社会环境中的思想政治教育活动，其教育内容、方式方法、主体、客体等都会受到一定程度的影响”①，因此，“思想政治教育如何为更好地建设中国特色社会主义服务，并能主动应对全球化的挑战，这是时代对我们提出的新课题。”②

第二节　全球化的时代性影响因素分析

在全球化背景下，思想政治教育的相关因素发生了很大的变化，而其有效性问题研究论域的基本构成并未发生变化。我们要了解全球化背景下影响思想政治教育时代性的因素，应结合现实情况探寻对策，增强思想政治教育的有效性。本小节主要从环境、教育者、受教育者、教育内容、教育方法五个方面探讨影响思想政治教育时代性的因素。

① 伍康贻．伍康贻文集：欧洲一体化发展轨迹研究［M］．上海：上海社会科学院出版社，2015:87.

② 吕康辉．全球化背景下的思想政治教育有效性研究［D］．福州：福建师范大学，2002.

一、环境的制约性

社会环境对于一国的发展尤为重要，思想政治教育亦是如此。思想政治教育要实现发展，其前提和基础就是要有一个良好有序的环境。社会环境为思想政治教育的发展和进步提供平台，它是客观存在的，但会受到各种因素的影响而具有好坏之分。思想政治教育只有逐步与整个社会的环境协调一致，才能增强思想政治教育的有效性。

马克思认为，人的本质并不是单个人所固有的抽象物，在其现实基础上，它是一切社会关系的总和。这一观点全面揭示了人与所处环境之间的关系，即二者彼此影响，环境的存在使人本身的特点不断变化，而人在变化过程中必然会改变其所处的环境。因而，我们可以得出这样的结论，虽然自然环境客观存在，但具有主观能动性的人的意识是可以改变它的，进而决定了人的行为的多变性。促使人改变的客观因素是环境，而环境在具体条件下又可以划分到不同层次，如时代和社会的大环境以及每个人具体所处的组织环境。思想政治教育是对人的思想政治素质的培养和提升，它同样要有一个具体的社会环境做支撑，但思想政治教育也会受到社会环境的影响和制约。比如，思想政治教育的内容、方案、手段、阶段等，都要以社会环境为前提和基础。良好的实践环境可以促进思想政治教育的有效进行，但在很多时候，它们之间存在或大或小的矛盾，不能够很好地协调配合，常使思想政治教育的效果不尽如人意。

（一）全球化中的高校思想政治教育有效性相对弱化

在全球化程度日益加深的今天，中国正处在深化改革谋发展的关键时期，由于缺乏正确有力的引导，社会环境的多元化发展使得思想政治教育的效果大打折扣，主要表现在以下五个方面：

其一，市场经济固有的缺陷和弊端增加了思想政治教育的难度。改革开放以来，我国市场经济不断发展，极大地丰富了人们的物质文化生活，但也在冲击着人们的传统价值观和正确的思想。再加上西方主要发达国家搭上经济全球化的便车，从未停止宣扬其资本主义价值体系的优越性。在这些因素的影响下，一部分国人开始崇尚拜金主义，一切向“钱”看，一味追求个人利益，抛弃了中国优秀的传统文化和道德观念，抛弃了共产主义理想，在错误的道路上越走越远。这些都使得思想政治教育难度加大，效果弱化。

其二，思想政治教育在复杂多变的国际环境下面临着更加严峻的形势。当前，世界上社会主义国家在数量上并不占优势，社会主义运动前路坎坷，西方敌对势力更是利用世界兴起的全球化浪潮来瓦解、分化包括中国在内的社会主义国家，他们不断从经济、政治、思想、文化等各个层面进行渗透，从未放弃“和平演变”的阴谋。

其三，全球多元文化的冲击阻碍了思想政治教育的发展。伴随着全球化步伐的加快，西式的生活方式和娱乐文化在中国得到广泛传播，这对中国传统的优秀思想文化形成冲击和挑战。就我们本身而言，作为发展中国家的国民，思想解放不过数十年，人们对丰富的娱乐活动的追求可以理解，但如果没有有效引导和规制，就会盲从和迷失，阻碍个人精神境界的提升。在全球多元文化的冲击下，思想政治教育的发展频频受阻。

其四，随着市场经济的迅速发展和经济全球化的逐步加深，人们的工作重心已经向经济层面转移，逐渐忽略了其他方面，这很容易产生视经济为唯一的错误思想。在这样的氛围中，一些共产党员的理想信念越来越模糊，甚至有些动摇，斗志被削弱，道德观念变得淡薄，并且扭曲了社会道德尺度和价值尺度，在工作中“一手硬、一手软”。这样的客观现实还没有从根本上被扭转，导致思想政治教育的有效性大大降低。

其五，随着社会主义市场经济体制的逐步建立、改革开放的不断深入，人们的思维方式、思想观念、生活方式及工作方式都出现了较大的变化。许多关于社会生活的新的情况和新问题都出现了，特别是全球性问题，并且这些问题的发展和变化远远快于思想政治教育理论的发展。人们的社会需求得不到满足，从而导致思想政治教育的有效性直接降低。

（二）全球化下高校思想政治教育环境不容乐观

思想政治教育的实践环境是思想政治教育工作开展的平台，它会在很大程度上影响思想政治教育的实际效果，甚至在某些条件下成为最主要的影响因素。从理论上讲，人的意识、感受、动机、目的和价值取向都会受到实践环境的直接影响。总的来看，我国思想政治教育的实际效果在实践环境中受到以下三个方面的影响。

1. 社会转型中出现了错误的价值导向

我国正处在社会主义初级阶段，还处于不断深化改革的时期，现阶段推行开放的改革政策，而市场经济机制发展尚不健全，就容易产生消极负面影响。随着经济全球化的加深，借此搭车的西式错误价值观念和腐朽的文化体系逐渐扩大传播领域，金钱至上、享乐主义开始在我国社会各层面出现，这些腐朽的思想严重影响了人们的社会价值取向，它们甚至被扩散到校园，毒害到了心理防御能力薄弱的学生，从而导致他们在树立“三观”的重要时期走入歧途，使他们的发展受到严重阻碍。这些错误的价值导向往往会导致在进行正面思想政治教育时，学生产生抵触情绪，从而降低思想政治教育的效果。

2. 全球多元社会信息结构中负面信息的冲击

随着获取全球化信息的渠道越来越多，人们原来相对平衡的认知心理结构被打破，社会信息复杂多样，负面信息很容易引诱一些没有判断能力的人，特别是那些外在完好、内在腐烂的负面信息，容易让人们在潜移默化中对正面思想政治教育产生怀疑。

3. 思想政治教育的成效在一定程度上会受到小气候的影响

在思想政治教育遇到的诸多阻碍中，除了自身存在不足，更重要的一点是，一部分人对思想政治教育指责的态度一直存在，这无形当中进一步扩大了思想政治教育的负面影响，如高校中经常出现“两课”受到“挤兑”的现象。

（三）存在思想政治教育的方式方法相对落后的问题

改革开放以来，我国在经济、政治、科学、文化等多个领域出现了新情况，在经济全球化和全面深化改革的今天，多样化的发展趋势在经济利益和经济成分、社会组织形式、社会生活方式、就业形式和就业岗位等多方面表现得都较为明显，这些方面出现的新变化必将影响到人们的思想意识、价值观念和行为方式等。传统的思想政治教育尚未实现自身的完善和发展，就已经出现了短板和缺陷，主要包括针对性较弱、覆盖面较窄和方法手段滞后等问题。我国以前的教育方式、方法在计划经济条件下适用，但是在当前这个复杂多变的社会已经不完全适用，于是就会陷入新方法不是没有就是不会用和旧方法不管用的尴尬境地。由于传统思想政治教育在操作应用层面和理论层面上的相对落后，思想政治教育的有效性大大降低。

二、教育者的主导性

从现代的教育观点来看，在思想政治教育过程中，教育者的引导作用不可忽视，他们为被教育者指明方向，督促和促使被教育者养成良好的道德习惯。然而，在进行思想政治教育的过程中，教育者的身份和作用会发生重叠，他们是思想政治教育的实践者，应满足现代社会对思想政治教育的要求。所以，能不能突破矛盾障碍，能不能发挥主体作用，能不能使教育者与受教育者和教育环境协调合作，都是制约和影响思想政治教育效果的重要因素。当前，思想政治教育有效性弱化的关键之处是思想政治教育者和全球化时代规定的新要求存在较大的差距。

（一）思想政治教育者的自主意识不强烈

思想政治教育者不重视自己的职责和角色，不仅是因为德育职业心态的缺失，也可能是历史和现实中存在的很多原因使他们没有强烈的主体意识或者缺乏强烈的自主意识，并且他们在职业角色的自我认知上有一些障碍，使得他们没有充分发挥主体作用。这一障碍一直延续到全球化时代的现在，对思想政治教育者主体精神的培养及思想政治教育中主体价值的有效实现造成了严重的负面影响。在全球化时代，思想政治教育要想得到发展，就需要培养复合型的高素质思想政治教育者，他们既要熟知全世界通用的经济学原理，又要拥有更加开阔的全球视野和创造能力，同时还要有思辨能力，能灵活运用多种手段来开展思想政治工作。现在尤为紧迫的是，全球化时代对教育者的主体意识提出了更高的要求，但思想政治教育者团队还存在许多问题。如教育队伍中只有一小部分人从事思想政治工作，这导致主体队伍不稳定，随着时间的变化，大部分人是否留下都成问题。所以，当前重要的工作是教育管理者要在这支队伍的建设上给予足够的重视，以政策和制度为保障，促进这支队伍的发展，稳定成员的思想，让这支队伍成员的工作积极性和工作效率得到大幅度的提高。

（二）思想政治教育者的整体素质不高

能够提升思想政治教育工作有效性的一个迫切要求是提高教育者的素质和增强从业能力。作为思想政治教育实践活动的主体，他们在思想政治教育实践活动中具有领导作用。思想政治教育者的言行举止、知识水准、道德修养、政策水平、政治立场、人格魅力、敬业精神、实际工作能力等都会对思想政治教育对象产生重大的影响，这些因素会直接影响思想政治教育的有效性。思想政治教育工作者只有素质高、能力强，才能树立威信，得到教育对象的信任，这样思想政治教育才能保持高效、优质。反之，思想政治教育工作者素质越低，能力越弱，就很难树立威信，很难得到教育对象的信任，就很难实现思想政治教育工作的有效性。所以，思想政治教育者要紧紧跟随时代步伐，永不停止前进的脚步，努力提升自身综合素质，最大化地实现身为教育者的真正价值。那么，对于思想政治教育者，最重要的是要做到以下几点。第一，要真正地进入“角色”，培养职业自豪感和强烈的使命感。第二，要坚持正确的政治信念，努力提高自己的政治素质。要实实在在地“真学、真信、真干”马克思主义，必须要“信其道，行其事”，不能只是做一个为了完成职业要求而“有口无心”的传播者。第三，要扎实地掌握马克思主义理论基础，学习科学技术和人文知识。第四，要不断提高自身品德，加强对高尚人格的塑造。第五，要努力探索，锐意创新。第六，要借助信息化时代的社会环境，开创思想政治教育工作的新模式、新思路。

三、受教育者的接受性

思想政治教育的有效程度在于受教育者的接受程度，因此探究影响思想政治教育的因素的一个重要方面，就是从受教育者的接受性来思考。

在思想政治教育过程中，受教育者作为客体，会通过教育者传授的教育内容和对教育环境的认识，完成对自我性格和品质的分析，进而对自己的道路进行规划，树立自己要追求的目标，并结合教育内容，不断充实自己，提升自我。相对于教育者来说，受教育者需要认识并了解的内容大体包括自己面对的教育者、被传授和教育的内容以及教学的内外部环境。因此，我们可以看出，受教育者在被教育的过程中扮演了实践对象和认识主体这两种角色。造成教育失效的原因是受教育者的要求与自我发展的内在需求以及受教育者的要求与教育者的要求之间存在差距，这影响了受教育者的主观能动性，并进一步影响了思想政治教育的效果。具体来讲，此种问题主要体现在以下几个方面。

（一）受教育者对思想政治教育的认识不足

在思想政治教育过程中，受教育者接受思想、政治、科学、道德等方面的教育，这不仅是其发展自身文化素质和整体文化水平的需要，也是国家和社会乃至整个世界能够长期稳定发展的需要，可惜的是，不是每一个受教育者都能清醒地、自觉地认识到这一点，即便是大学生。他们总是被世俗的实用主义、功利主义所影响，以自己的行为习惯与思维定式作为出发点，做出错误的选择与判断，并得出错误的结论，从而认为思想政治教育对自身发展没有价值。面对这种情况，受教育者往往会缺乏一种积极的全面的发展自我的动力和一种自身要接受教育的强烈愿望与需求。所以说，德育课是一种被动的“要我受教育”，而不是一种主动的“我要受教育”。这样一来，要为教育提供一个好的开端，就要让受教育者意识到接受思想政治教育对今后人生发展的重要意义。

（二）受教育者经验认识背景的障碍

直接决定受教育者对思想政治教育的态度的是认知体系，这不仅直接影响了思想政治教育的效果，还干预着受教育者对思想政治教育的接受程度。德育和智育有着很大的区别，在智育教育的整体过程中，教师对学生传授的知识和技能具有绝对的权威性和肯定性，但是德育不同，由于德育与智育的价值观不同，德育就有“相信不相信”的问题，而智育就不存在。因为在接受教育或在被教育影响之前，受教育者就已经存储和积累了一些自己认为很正确的道德经验，他们会将教育者传授给他们的德育内容，与自己认为正确的经验认识、自己未来的人生道路以及整个社会环境和教育者的实际行为进行反复对照，以此来确定德育的意义和作用。因为社会实际生活中有许多负面信息，德育内容中的一些思想道德要求就不能很容易被接受和认同，还有一个重要原因是受教育者存在自我认知，这就会造成一些受教育者对思想政治教育的看法不同，进而对思想政治教育很排斥。

（三）受教育者的心理障碍

从理论上讲，受教育者与教育者的地位在思想政治教育过程中是平等的；从实践上看，在思想政治教育的过程中，教育者是处于主导地位的，因为教育者会先确定对受教育者进行思想教育的目标和任务，再了解受教育者的思想状况，然后才对他们进行教育指导。这样看来，受教育者总是处于被动地位，在这一过程中作为被教育的对象，其产生被动、消极的心理情绪是因为一种差距，一种教育者与受教育者由自身整体的文化素质和水平不同而造成的差距。

如何找寻提高思想政治教育有效性的出路，这一问题的出现就给思想政治教育工作带来了新的挑战，这就急需教育者依据新问题、新情况去了解教育对象的特点和心理，从而找到答案。

受教育者的接受性有以下三个特点。一是具有能动性。在受教育的过程中，受教育者需要靠能动性的发挥以实现认识上的飞跃、思想上的升华。二是具有选择性。从受教育者的需要、认识和态度上来看教育作用怎么样，这需要其自身的灵活选择和取舍。三是具有结构复杂性。思想品德是一个集多种系统、多种层次、多种形态为一体的特殊融合体。教育者在教育影响下对教育内容的选择、分化和融合就是接受性。如何才能达到好的教育效果？根据接受性的这些特点，我们只有对受教育者、教育实践及自我认知进行综合性分析，才能得到答案。影响受教育者对思想政治教育的接受的因素是他们的需要，接受的推动力也是需要，因为受教育者在性别、年龄、心理、生活环境、接受教育的程度、整体的思想道德水平、所处的社会地位等方面的不同而有一定的区别。所以，要把握和解决受教育者最为在意、最为关注、最为上心的热点问题是在开展思想政治教育活动时，使思想政治教育活动的本质、涉及的内容及实施的方法都能够适应和满足受教育者合理正确的需要，同时要想尽方法培养受教育者积极健康的接受动机，纠正受教育者对错误动机的需要，让教育呈现更好的效果。受教育者的接受性能够反映出思想政治教育的有效性，使思想政治教育产生良好的效果的重中之重是培养和增强社会受教育者的接受性。

（四）教育内容的适应性与针对性

第一，紧密联系社会现实。目前，我国正处于深化改革谋发展、加强社会主义精神文明和物质文明建设的过程中，为了提高学生的辨别是非能力，使他们对现代社会上歪曲的理论和不切实际的吹嘘能够理性看待，最终确立正确科学的人生观和世界观，我们的思想政治工作就一定要结合改革开放以来我国取得的巨大成绩和出现的问题，以及我国现在所处的国际大环境，实实在在地查找问题和反映问题，让学生去观察和比较，去分析和判断，从而提高他们的能力。第二，保持与学生思想实际沟通渠道的畅通。大学生喜欢探寻新问题、新难点，对社会他们有自己独特的看法，作为思想政治教育工作者，我们要透彻地了解学生的思想动态，通晓他们关注的热点，正确地引导他们的思想方向，帮助他们解答疑问。为了能达到预期的效果，思想政治教育工作就要符合学生的思想实际，当他们对问题持有不同的认识和看法时，教育者不能用权威来打压他们，也不能用行政手段来处理复杂的思想认识问题，应该认真引导，用道理、事实来说服他们。第三，密切联系学生群体（或个体）实际。不同学生在性别、年龄、文化水平、思想道德水平等方面存在不同，所以他们看问题的角度和方式各有不同，解决问题的方法也各有不同。学生之间本身有比较大的差异，因此思想政治教育不能只用一种方法去解决问题，应该根据学生群体（或个体）的实际情况分别对待，因人施教，提高思想政治工作的针对性是增强受教育者接受性的重要方法，也是缩短教育者和受教育者在精神上的距离，使受教育者对教育内容感兴趣的重要方法。

有针对性是思想政治教育的一项重要要求。在经济全球化这个背景下，思想政治教育的方法与内容不能一成不变，更不能没有创新，要及时了解世界经济出现的问题，及时地提出有针对性的解决方案。如果我们的思想政治教育工作和宣传工作没能及时做到位，就会在思想认识上出现短板，不能及时地应对和解决问题。作为社会主义国家，要有自信，始终坚持自己的社会主义道路，“社会主义的本质是解放生产力，发展生产力，消灭剥削，消除两极分化，最终达到共同富裕”[①]。面对经济全球化，各国之间不断加强经济贸易协作，同时各国之间的竞争也更加激烈。20 世纪，世界经济发展顺畅，但是人类贫富差距很大。若这种情况在 21 世纪还不能改变，世界的两极分化将会进一步加剧，许多发展中国家将失去与发达国家合作共赢的机会。我国不仅要高举爱国主义的旗帜，更要保证公平合理，发扬国际主义精神，维护整个世界人民的共同利益。

加入世界贸易组织（WTO）后，我国社会主义市场经济在经济全球化这个大环境下，需要面对各种压力与挑战，这就要求我国各方面的人才能勇于接受挑战，积极进取。因此，思想教育者必须拓宽和丰富思想政治教育的内容。在道德观方面，要注重爱国主义教育及公民道德教育，要积极履行自己的义务以维护国家利益。在价值观方面，要坚持集体主义教育，同时要培养学生自立、自强的品质。在政治教育方面，需要灌输社会主义正能量，树立共产主义理想，坚定走中国特色社会主义道路的信念。此外，还应加强对人的本质、价值、行为、人际关系和社会交往等内容的教育，这样才能使学生更好地适应现代社会。

能够体现教育内容的适当性的是针对性。受教育者是否愿意接受教育，关键是看教育内容是否得宜，这就需要教育者结合马克思主义理论、观点和立场来解决学生在探索和思考过程中遇到的现实问题，纠正他们的不良思想，引导他们重新回归到正确的方向上来，并帮助他们解决一些困难。

目前，我国思想政治教育内容和实际不同步，严重影响了其成效。内容繁杂凌乱、不紧密联系实际的问题严重存在于思想政治教育过程之中。我国缺乏对思想政治教育的核心含义的认识，尽管思想政治教育工作已经有了很大改善，高校思想政治教育工作者也在不断地改进工作，但是教育方式与内容没有反映出思想政治教育工作的紧迫性和时代特色，对其性质、任务、目的和功能的认识仍然存在短板，更不要说满足社会要求了。

在目前全球化的时代背景下，社会主义市场经济体制日趋完善和成熟，思想政治教育必须与时俱进，以此来适应现代人们逐渐增强的自我独立意识和自我实现需求。所以，将教育内容建立在适应新情况的基础上是当前思想政治教育的重中之重，但是长期以来教育者只是一味地运用课堂宣讲、灌输等教育方式，使得思想政治教育和实际情况相脱节，降低了思想政治教育的成效。

---

① 中共中央文献编辑委员会．邓小平文选[M]．北京：人民出版社，1994：153.

总的来说，国际局势无时无刻不在发生变化，经济全球化进程不断向前发展，这给了我们借鉴和吸收其他国家有益文化成果丰富我国思想政治教育的内容与方式的机会。“全球化是一把双刃剑，这是毋庸置疑的，思想意识形态的矛盾也日益复杂和凸显，这给我国高校思想政治教育工作带来了很大的挑战，我们要时刻警惕他国文化思想的渗透，切勿受其迫害。”①

第三节　国外高校思想政治教育的借鉴与思考

思想政治教育推动了生产力的发展，也推动了社会进步，因此任何事物都无法取代它在促进社会发展中所起的作用。由于意识形态和社会政治制度的差异及历史传统和文化背景的不同，思想政治教育作为人类精神文明生产实践的一个重要结果，在东西方国家中具有不同的特点，具有普遍共性和特殊个性。邓小平同志指出：“社会主义要赢得与资本主义相比较的优势，就必须大胆吸收和借鉴人类社会创造的一切文明成果。”②经济全球化和政治多极化是现代社会的主要特点，要想研究、把握当代世界思想政治教育的发展方向，我们必须学习世界各国在相关的教育历史中的先进理论、科学方法和成功经验，这样对思想政治教育规律的认识才能逐步深入，才能借鉴人类社会创造的一切文明成果来发展自己。

一、国外思想政治教育简介

（一）“渗透属性”和“隐蔽属性”是西方国家思想政治教育所具有的特点

“公民教育”是美国思想政治教育的总称，对本国人进行公民教育是美国历史上不同时代的资产阶级政治家、思想家和教育家都特别看重的一种教育，并在漫长的教育实践中逐步发展，形成了一个公民教育理论体系，它的核心是资产阶级政治思想，其中包括公民宗教教育、政治价值观教育、施政纲领教育、行为规范教育等基本内容。“渗透属性”和“隐蔽属性”并重是美国公民教育的特点之一，基本做法是把政治和道德教育等内容添加到一些学科之中。从表面上来看，在美国没有专门的思想政治教育学科，然而从本质上来讲，美

① 吕康辉．全球化背景下的思想政治教育有效性研究[D]．福州：福建师范大学，2002.
② 中共中央文献编辑委员会．邓小平文选[M]．北京：人民出版社，1994：87.

国的教育工作无时无刻不渗透着思想政治教育的内容。美国就是利用这种潜移默化的方式，把思想政治道德观教育的内容灌输到了受教育者的头脑之中，使其易于接受并消化吸收，从而提高了思想政治教育的实效性。但是，这种方式易使人误解，从而产生错觉，认为西方国家似乎是没有思想政治教育这个学科或课程的，而且从来不在意识形态领域进行宣传和说教。虽然西方国家的社会看似是多元化的，但其正统的政治观念和价值体系仍是一家独大，换句话说就是仍然坚持一元化。思想价值体系的外在表现多元化与内在实质一元化成为西方发达国家思想政治教育的最重要特征，其多元化社会的运行依旧是以一种政治价值观念为前提和基础。

（二）西方国家思想政治教育的核心内容就是政治社会化理论

公民教育理论是美国的思想政治教育理论，它的核心是政治社会化理论。这个理论是当代西方政治学领域中一门新兴的分支学科，虽然是新兴的学科，但该学科的地位却很特殊，因为它相当于整个西方资本主义社会的思想政治教育学原理，蕴含着十分丰富的资产阶级实质性的思想政治教育内容。

政治社会化理论认为，特定政治文化在一定程度上影响了公民的政治行为和政治活动，以及整个政治体系的行为和活动。因此，政治文化是政治社会化最关键的一部分，它是指一定数量的社会成员所拥有的共同的政治信仰和政治态度。政治社会化理论是一种政治信念、政治准则和政治价值，主要研究人们如何去获取一种带有社会政治文化特征的方法，并通过此种方法促进某种政治文化的传承和进步。该理论还认为，政治体系的稳定性、发展状态、发展阶段及其一体化的程度等方面，与该政治体系的本质和构造是不可分割的。对每一个政治实体来讲，其自身的社会化即内部的自我传播的程度越高，政治文化水平越高，就越能保证其社会政治体系的成熟性和稳定性。政治社会化理论适用于资本主义政治文化的传播，已经成为一套较为成熟的理论机制，能够对某种政治文化的传播进行合理和有效的剖析和总结，它有利于资产阶级的政治统治和社会控制，从而确保资本主义制度的长期稳定运行及国家的安全。著名政治学者罗伯特·达尔曾经指出意识形态在维护国家统治中的作用，为了能够说明和论证国家统治的合法性，任何国家的政治体系的领袖都要维护和弘扬这样一种政治意识形态。政治社会化理论要想配合统治阶级实现其统治，需要借助政治文化这种工具来实现社会政治职能的持续、转型以及发展。从本质上来讲，该理论的运行程序就是以此理论作为前提和基础，并结合多种手段，培养出符合某一特定政治制度要求的人，这是它的目的所在。其内涵包括两部分：

一是某一特定政治实体内的组成人员对该体系下政治文化的吸收和接纳，培育自己与之相应的政治主张和观点；二是该特定的政治实体对其处于主体地位的政治文化的发展和传承。政治社会化理论非常在乎其自身的应用实践过程，根据人不同的生理和心理特点，其生命的整个维度可以细分为无数个阶段，不同阶段中其学习的特征各异，从而对每个人的政治主张和观念产生不同程度的作用。总的来讲，该理论在资本主义国家的实践运用主要表现为以下三点：一是政治社会化网络的建设，主要通过新闻媒体、网络等舆论媒介潜移默化地对公众产生作用，再结合科学技术、经济制度、法律制度及军事力量等各个领域，把该理论与政治社会化紧密联系起来。同时，有意识地把特定的政治主张和观点渗透到公众生活的各个角落，其侵蚀性难以估量。二是通过经济发展来巩固政治统治的基础，为政治社会化的发展推波助澜。三是在政治文化的传播过程中，使起着不可替代作用的学校教育成为最具效能的政治社会化工具。

保持社会稳定和国家长治久安的一项根本性战略措施就是避免轻视个人的政治社会化进程，换句话说，狠抓思想政治教育，这种手段是世界各国都必须采取的。对中国来讲，应借鉴发达国家的先进且具有通用性质的经验和做法。

（三）国外大学生的思想政治教育

作为社会实践活动的一种普遍形式，思想政治教育已在全球遍地开花，它的普遍适用性可以无视国与国之间的差别，虽然表现出来的形式各异，但从本质和规律方面可以提炼出普遍共通点。

首先，国外的思想政治教育内涵极其丰富，他们把思想政治教育的时效性和特殊性作为工作重心，并将其纳入大学生社会活动及生活的方方面面，逐步培养大学生形成符合主流价值体系的三观，并且在此过程中弘扬善良、正义等价值的标准，从而使传播的主流价值与全球化的时代步调一致，并促使民主、人权、和平等成为具有普遍适用性的全球观念。

其次，国外思想政治教育途径并不单一。在进行思想政治教育这样的社会实践时，西方国家不断探索各种方式方法，力求保持其思想政治教育工作的时效性和灵活性。具体来讲，在进行“通识教育”的实践活动中，不断重复传播和教授其主张的思想政治教育内容，并将这些内容应用到科学文化课程中去，既保持了隐蔽性，又保证了有效性。

最后，国外思想政治教育的途径涉及面极其广泛，它注重学校、家庭和社会三位一体的结合，相互促进和加强彼此的功能，形成了一个全面立体化的教育网络。究其原因，主要是考量到家庭、学校、社会的功能各不相同，但都是思想政治教育传播的平台和工具。借助这样一个立体化的教育网络，大学生在其中任何一个平台中都能受到教育，从而有利于自身思想政治素质的提高。

二、对我国高等学校思想政治教育的借鉴意义

（一）在借鉴国外思想政治教育模式的同时，勿忘赋予其自身的本质特色

国外思想政治教育模式的主要功能是维持其政权统治，但就其普遍性意义来讲，其内涵、途径与我国思想政治教育模式并无二致。但基于客观环境和基本国情，我国的思想政治教育工作的实效性有待提高。作为拥有数千年历史的文明古国，我国在进行思想政治教育时也不能忽略了新时代的新形势，在深化改革谋发展的攻坚时期，必须要将优秀传统与改革创新有机统一起来，既要将优秀传统文化发扬和传承下去，又要不断进取、锐意创新。每个人都肩负使命，争做富有时代精神、民族精神和创新精神的时代青年，这样才能使思想政治教育永葆生机。高等院校的使命是教书育人，培养人才，在新形势下要保持警惕，时刻自律自省，努力探索新的思想政治教育模式。

（二）更新观念，认真分析学生的特点，把握思想政治教育的正确方向

我国教育现状赋予高等院校十分重要的任务。具体来讲，学生在应试教育下已经丧失了创新能力和个性，导致了同质化和单一化。进入大学后，接受了高等教育，其思想、社会生活、娱乐活动会受到冲击，与之前相比发生翻天覆地的变化，此时若没有对人生目标的规划，将会迷失自我，从而荒废学业，与社会脱节。因此，作为思想政治教育工作者，就应该透彻剖析这一现象的本质，积极转变工作态度，保持与学生的沟通渠道畅通，及时疏导，进行心理干预。在此过程中，要有机结合我们弘扬的主流价值观，即社会主义核心价值观，注重培养学生的主流思想意识，同时不要忽略传统的道德感化，通过多种途径和方式重塑学生的“三观”，并且帮助学生强化自身分析问题和处理问题的能力，特别是在一些事关人生方向的重大选择上，要保持警惕，严肃对待，坚持正确的方向和原则。

（三）更加注重教育的隐性作用，做到隐性和显性的有机统一

目前，我国思想政治教育主要是面对面、一对多的直白传授，课堂是主渠道，课堂的教育主要以讲授、灌输为主，教师总是处于主体地位，往往忽视学生的内在需求，学生在教育过程中没有参与感，处于被动的地位，学生本身就容易失去兴趣，更不要谈主动自觉学习了。相对于显性作用，教育其实应更

加重视其潜移默化的隐性功能，它能够合理正视受教育者的主体地位。苏格拉底曾经说过："知识与德性都不是固定的东西，不是通过一定的办法由教师来交给学的人，教化之弦只有在灵魂深处奏响。"当前的思想政治教育要注重隐性教育和显性教育的有机统一。教育者在实现人才培养目标的过程中应转变思路，尊重学生的主体地位，注重其自身的自我服务、自我管理、自我教育能力的培养。在教育内容上，形成一个合理的架构，主要从科学文化、思想道德、法律素质、职业规划几个领域入手。同时，积极发挥大学生的参与性和主动性，借助社团活动和学生组织展开调研。以大学生为中心，举办多种形式的学术和文化娱乐活动，让学生从中受益。

（四）加强思想政治教育，充分利用社会资源、大众传媒等

大学生在大学这个开放式的环境中，除了学习知识，更要进行人格品质的培养和完善。全球化时代，文化之间的交流与碰撞已经成为国与国之间联系的一种方式。微博、微信、QQ 等社交媒体已经融入大学生活，然而，信息庞杂的网络，对自我识别能力较差的大学生来说是一个挑战。因此，"高等院校要保持警惕，借助家庭、社会、学校、媒体等多个平台来开展思想政治工作，持续不断地把我国主流的正确价值体系广泛传播，潜移默化地影响每一个学生"①。这对当代大学生的思想政治意识的培养和思想水平的提高十分关键。

第四节　全球化背景下的我国高校思想政治教育

一、思想政治教育与经济全球化

经济全球化的发展给各国经济的发展带来深刻影响。经济全球化将资源配置纳入整个世界经济体系中，各国经济的依存关系进一步加深。经济全球化给各国的政治、经济、文化发展带来巨大机遇的同时也带来了巨大挑战，它将国与国之间的贫富差距拉大，使得发展中国家的地位不升反降。特别是实力较弱小的国家，其经济命脉被西方发达国家把持，严重威胁了国家安全，冲淡了其国民的民族归属感和认同感。综上所述，对于中国来说，随着全球化的加深，我们要与时俱进，不断加强集体主义教育、社会主义教育和爱国主义教

① 吕康辉．全球化背景下的思想政治教育有效性研究[D]．福州：福建师范大学，2002.

育，增强国家的主权观、国家利益观和国家安全观。

经济全球化将资本主义制度与社会主义制度紧密联系起来。因此，我们要坚定道路自信和制度自信，坚持我国自己的社会制度。统一的市场已经形成，资本在全球范围内迅速流动，将不同制度的国家串联成一个整体，曾经资本主义和社会主义两大阵营的割裂和敌对局面已经不复存在，它们相互联系和交织在一起，从而产生了越来越多的共通点。显然，“两种制度”间的交流、对话与合作已经成为新时代的主线，从原来的相互攻击转变为相互竞争。但从本质上来讲，社会主义制度的优越性依然存在，并且在“两种制度”的竞争中会愈加明显。而资本主义制度在现阶段仍有其历史价值。在这种强调融合与共存的社会大背景下，社会主义信念难免会受到冲击和影响。这是我们开展思想政治教育的关键所在，若该问题得不到妥善解决，就不能坚持正确的理想信念，不能实现思想政治教育的针对性和有效性。

经济全球化本质上是一个市场化的过程，这就形成了一种一致的交易规则，那就是市场秩序以及与经济有关的国际条约和惯例。但综合来看，经济问题带来了连锁效应，产生了更多的价值观念，这些都加大了思想政治教育工作的难度。

经济交往的逐渐加深，暴露出了更多的社会、政治、文化问题，这些问题不可忽视。马克思曾经指出，人们所奋斗的一切都和他们的利益有关。实际上，经济全球化就是在追求经济利益的最大化，对于我们来说，除了实现经济发展，还要清醒地意识到西方发达国家隐藏于经济利益背后的其他不良动机和目的。透过全球化现象揭示资本主义国家的本质，是当代我国高校思想政治教育工作需要认真梳理的主要内容。

经济交往、人员交往、文化教育交往及政治交往范围的扩大是经济全球化的内涵所在。思想政治教育的重要课题就包含了对世界各国的优秀文化成果的吸收和借鉴、对现代道德意识的培养、对本国传统优秀文化的继承和发展、对我国公民进行道德判断与选择的理性思维能力以及人们道德自律能力的提高。

二、思想政治教育与政治全球化

全球化的积极倡导者和有力的推动者是以美国为首的西方国家，从某种意义上来说，他们就是通过全球化，借助经济手段谋求政治霸权。西方发达国家的目的不只是将其生产的产品在全球范围内销售，更重要的是使以美国为首的西方国家所谓的“民主政治”全球化。“冷战”结束后，严重影响了国际进程的“新干涉主义”在西方国家中产生了，它向他国灌输西方的自由、民主、人权思想，凭借着西方国家的发展优势，将自己的价值体系称作普世价值。《美国国务院1999年人权报告·导言》中述说，在全球化过程中，目前至少存在三种世界性语言，即因特网、金钱以及民主和人权。但实际上，西方发达国家将“人权”“民主”问题绑架到经济问题上，并肆意妄为干涉他国内政。以上这些名词已成了“全球责任”干预的对象，这使民族国家现代性的主权失去内核。美国等西方国家的险恶用心已经显现出来。

他们妄图借助中国的改革开放，利用经济全球化，向中国政府和中国人民施加压力，将其主张的所谓“普世价值”“人权”和“民主”强加给中国，企图推动中国经济向西方靠拢，使中国被西方资本主义侵蚀。从实际情况来看，西方国家将意识形态领域作为一个战场，不断对中国进行渗透和侵扰，但他们也自相矛盾，在全球推行资本主义意识形态的同时，又提出了“意识形态终结论”这样荒谬的理论。更为荒诞的是，国内思想界的某些人竟然提出了意识形态“趋同论”与其相呼应，淡化甚至抛弃了传统的社会主义意识形态。因此，必须要做好意识形态的教育工作。

三、思想政治教育与文化全球化

文化全球化的步伐稍晚于经济全球化，它是经济全球化的附带产物。经济全球化加快了文化在全球范围内的传播速度，更是催生了文化上的霸权，这种霸权文化借助经济全球化浪潮席卷世界各国，特别是弱小的发展中国家。如今，西方的价值观和资本主义文化遍地开花，因此，民族文化安全将面临严重的威胁。

经济利益提高了“文化侵略”的积极性，这就使得文化产业在世界贸易中的比重激增，该产业在世界市场中的竞争越来越激烈。

目前，在文化领域，美国主要出口的是音乐、电视节目、电影、电脑软件和书籍等批量生产的流行性文化产品，而中华文化在全球化浪潮中并不占优势。究其原因，主要是自身经济发展水平相对较低。改革开放使得我国赶上了全球化浪潮，在此过程中我们保持了政治自信、道路自信和制度自信。然而，中西文化是存在冲突和碰撞的，这冲突和碰撞使我国在发展自身文化的过程中面临着艰难选择。“重义轻利”向“重利轻义”价值观的转变，已经是向西方价值观倾斜的一种表现，作出这种改变虽然获得了一定的经济利益，但造成了更多的负面影响，忽视了集体利益和国家利益，否定了传统道德，不利于社会主义民主法制建设，使危险存在于人们的思想和行为中，无法坚决地维护社会主义核心价值观。思想政治教育工作的开展需要依托文化，若文化无法维护，思想政治教育就会形单影只，给国外文化渗透的机会。关于文化安全，西方发达国家早已非常重视，它们构建了文化安全保障措施和机制，从源头杜绝其他文化的侵扰和冲击。比如，法国就规定本国的广播和电视节目至少有 40% 的时间要使用法语，并且规定全国影院所播放的影片中，好莱坞影片最多只能占 25%。加拿大于 1995 年将美国的“乡村音乐电视台”驱逐出国门后，又在 1999 年实施 C–55 号法案，规定本国企业不得在发行的外国期刊上做广告，否则将被处以高额罚款。

目前，美国强势文化已然严重影响到中国文化。因此，我国思想政治教育面临的形势是非常严峻的，因为大多数人尚未形成保护和维护自身文化的意识，也没有抵御西方文化冲击的警觉性和自觉性。

四、思想政治教育与信息全球化

随着“第四媒体”——因特网的发展，信息全球化已经成为当今世界发展的一个重要趋势，并成为经济全球化的重要推动力量，深深地影响着人类社会精神生活的各个方面，引起社会物质层面发生了巨大变化，使我国思想政治教育在新时期面临许多新的问题和新的情况。

互联网的出现，使人类进入信息化和大数据时代，它的便捷、高效让人惊叹，也正是因为这些特质，它成为西方国家文化入侵和价值体系殖民的工具。西方敌对势力通过互联网无休止地宣传自己的价值体系和政治主张，可谓是费尽心思。特别是其思想体系中的糟粕，如金钱至上、个人英雄主义、贪图享乐等极端观念，严重毒害了当代的中国青少年。对此，我们必须严肃对待并重视起来。我们也要主动掌握信息技术，把思想政治教育内容放到互联网中进行传播，构建互联网防火墙和过滤网，同时扩大中华优秀文化的阵地，维护我们的互联网安全，净化网络环境。

我们应该正确分析思想政治教育所处的时代环境，虽然互联网具有便捷、迅速、高效的特点，但是这些特点对思想政治教育有利也有弊。积极作用主要表现在它为思想政治教育工作提供了大量的信息和数据；消极作用主要表现在它造成了很多负面影响。具体来讲，就是信息化战争，渗透与反渗透。西方发达国家已经利用互联网把文化殖民和西式民主扩张的触手伸到了我国政治、经济、文化、社会等各个层面。

互联网带来的信息全球化让思想政治教育工作困难重重，主要体现在以下几点。第一，在全球化的条件下，互联网信息庞杂，任何主体都有自己的阵营和立场，充斥着各种思想。第二，世界网络互动关系的虚拟性，逐步改变人们的生活方式和工作方式，增强了人们思想的波动性，淡化了阶级意识、政治意识，甚至是民族、国家意识。第三，互联网催生了数以亿计的信息携带者和传播者，每一个接触互联网的人都会吸收和传递信息，形成了一个庞大的、影响力巨大的群体，难以掌控和有效监督。

在西方强势文化占据网络文化主流地位的形势下，要发挥中国社会主义文化的主导作用，思想政治教育工作显得尤为重要。信息产业正在进行一场翻天覆地的变革，这场变革将使信息达到的范围变大，传播速度与效果有明显提高。思想政治教育工作的客观环境、方式方法等方面都会产生剧变。

在分析了思想政治教育受到了怎样的全球化影响后，我们可以总结出这样一个结论：相对于收益和机遇来讲，思想政治教育遇到的困难和阻碍更多。“在全球化背景下，思想政治教育的内涵、方式方法、环境、受众都在持续变化，其面临着环境恶化、内容老旧、渠道需要拓宽和对象复杂化等问题。不仅如此，西方发达国家的政治殖民和文化霸权阴谋猖獗，加剧了现在的困难形势。因此，我国思想政治教育者必须革新理念，探索新的方式方法，保持清醒，不断改进和完善自己。在实现中华民族伟大复兴的这条道路上，思想政治教育工作应该发挥重大作用。”①

① 吕康辉．全球化背景下的思想政治教育有效性研究[D]．福州：福建师范大学，2002.

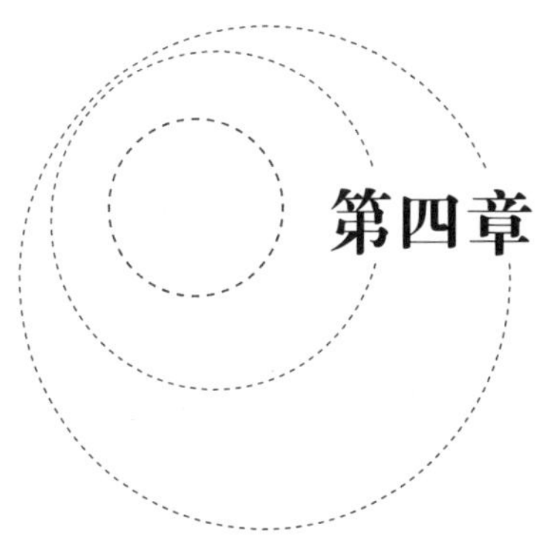

第四章 新时代我国高校思想政治教育面临的问题及成因

第一节 新时代我国高校思想政治教育的影响因素

一、社会背景变化对高校思想政治教育造成的影响

（一）社会主义市场经济体制的产生和发展

社会主义市场经济体制的产生软化了思想政治教育工作，尽管它为我国高校思想政治教育在物质和精神上都提供了有利的条件。

随着社会主义市场经济体制的产生和发展，我国已经形成了以公有制为主体、多种所有制经济共同发展的基本制度，以及以按劳分配为主体、多种分配方式并存的分配制度；另外，我国还制定了鼓励一部分人以勤劳先富起来，先富带动后富的政策，这些政策极大地丰富了我国人民的物质文化生活，使我国综合国力逐渐增强，不论在物质上还是精神上，都为我国高校思想政治教育提供了很多有利的条件。但是，市场经济也存在一定的负面影响，在发展的过程中出现了抓精神文明建设——手软、抓物质文明建设——手硬的问题，从而在一定程度上软化了高校思想政治教育工作。

（二）产生“四个多样化”的影响

人们社会生活的“四个多样化”弱化了思想政治教育工作，尽管它为高校思想政治教育提供了广泛的想象空间和大量的有用素材。

由于改革开放，我国形成了社会经济成分和经济利益多样化、社会生活方式多样化、社会组织形式多样化、就业岗位和就业方向多样化的局面。基于此，人们的思想得到解放，在高校思想政治教育的过程中有了更多的想象发展空间和素材。但是，在这种社会环境下，一定会出现各种不同的思想观念、价值取向，而青少年的心智还没完全成熟，他们会受到社会上不良因素的干扰，会对自己设定的目标及心中的理想产生怀疑，甚至放弃原本正确的思想，这无疑影响了思想政治教育工作的开展。

（三）迅猛发展的科学技术带来的影响

随着科技的迅猛发展，当今社会正在发生着巨大的变化，科技革命的主要代表是信息技术，它涉及全球。高校的授课当然也离不开信息技术，教学采用信息化和多媒体的方式，以网络为载体传递信息，帮助大学生了解世界，激发他们的创新思维，同时给他们提供更多的展示舞台。但是，在信息技术和互联网迅猛发展的时代，知识传播和更替的速度越来越快，人们必须随时获取新的知识，了解新的动态，否则就无法追赶飞速发展的时代，不能适应新潮流。这种新局势，让人们强烈地意识到提高竞争力和自身素质的重要性，因此督促人们提高文化知识和进行科技方面的学习，而将思想政治教育工作摆在次要地位，这势必会导致学生思想政治素质的下降。

（四）提出与建设和谐社会

党的十九大报告指出："从 2035 年到本世纪中叶，在基本实现现代化的基础上，再奋斗十五年，把我国建成富强民主文明和谐美丽的社会主义现代化强国。到那时，我国物质文明、政治文明、精神文明、社会文明、生态文明将全面提升，实现国家治理体系和治理能力现代化，成为综合国力和国际影响力领先的国家，全体人民共同富裕基本实现，我国人民将享有更加幸福安康的生活，中华民族将以更加昂扬的姿态屹立于世界民族之林。"

（五）社会类型的转变

由于改革开放，我国传统的计划经济转变为市场经济，社会经济结构、政治和文化形态也随之产生了较大的变化。对外开放给我国带来了有利的条件，加大对外开放的程度，扩大涉及的范围，可以使社会经济成分、组织形式、物质需求、就业形式变得多种多样，使人们的思维越发活跃。思想政治教育要将这些时代特征充分展示出来，就必须深入了解社会类型的转变，充分认识社会类型的转变赋予社会经济结构、政治和文化的新特点和带来的新影响。

（六）社会管理的必要性

当前，我国社会管理方面还留有一些尖锐性的问题，这也充分体现出我国经济社会发展水平和阶段性特征。时代在发展，我国社会管理也面临不少的新课题，我们只有不断创新改革，完善制度，加大管理力度，提高社会管理科学化水平，才能更好、更快地实现社会的和谐。思想政治教育要时刻准备更新完善，将理论和实践相结合，与不断更新的社会特征保持同步，及时有效地提高思想政治教育的效果。

二、高校环境的变化对高校思想政治教育造成的影响

高校教育教学的深化改革给高校思想政治教育提出了更高的要求、提供了新的发展机会，但是也在某些方面、在一定程度上弱化了思想政治教育工作。

高校教学管理制度的改革，校内管理体制的完善，办学条件和环境的提高，教学质量的提高，高校整体实力的提升，给高校思想政治教育提供了许多新的发展机会，也对其提出了更高的要求。高校在改革与发展的过程中出现了不少问题。首先，学生增多增加了学生的学业压力和就业压力；其次，进行学分制教学管理，虽然学生取得相应的学分即可，但削弱了班级集体所具有的功能；再次，对学生公寓实行单独的管理制度，会把学生的生活与学习区域分割开来。诸如此类的问题大大地影响了学生的思维方式、思想观念、心理状态和学习生活方式。而学生在价值观念上的疑惑和矛盾越来越多，在墨守成规与勇于创新、悲观消极与优秀自信、盲目从众与标新立异、一味索要与无私付出、个人利益与集体荣誉的价值冲突中徘徊不定，如果处理不当，不能做出正确的选择，就会迷失方向。因而，从某种程度上来看，高校环境的变化弱化了思想政治教育工作。

另外，当前思想政治教育对象构成随着新时代的到来发生了一些改变，高校思想政治教育的主体大多都是独生子女，他们个性独立、自主性强，希望教育者可以尊重他们的思想，使其能够自由地发展，他们健康的、积极向上的思想，使高校思想政治教育充满青春的气息和勃勃的生机。但是，他们大部分是独生子女，是家中的宠儿，独立生活能力差，个性傲慢，如果教育者没有很好地对其进行教育，容易使高校的思想政治教育功能退化。

三、高等教育的深化改革对思想政治教育造成影响

高等教育的蓬勃兴盛和深化改革为当代大学生创造了良好的学习和生活环境，但教育的改革和发展对学生也产生了消极作用。

（一）影响教育的重要因素是经济

在体制改革后，高等院校获取资金的途径逐渐拓宽，其内部氛围已经深受社会大环境的影响，最先受到影响的就是校园的学术文化风尚。在投资—受益关系模式的牵引下，高等教育成了一种准公共产品，众多家庭的消费价值观已经发生变化，对子女教育的投入不断加大。许多弱势家庭的主要经济负担就是子女教育支出。高等教育的收费及生活费用的居高不下，使某些学生生活压力骤增，他们开始变得厌学和不会学习。如何帮助这些学生克服心理障碍，走出心理误区，正确对待和解决自身问题，成为高校思想政治教育的工作重心。

（二）学生群体的异质性增加，学生的交流范围扩大、交流内容复杂化

大学生活具有独特性，它为学生提供了一个较为纯真的学习环境。随着高等教育的普遍化，社会的风气开始进入校园里，对大学生的心理产生影响。近年来，我国高校学生的基数逐渐增大，高校不仅是大学生学习新知识、接受科学文化教育的地方，也成了一个文化交流和思想碰撞的营地。大学生所扮演的社会角色也越来越多样化，而且极易被物质化。比较明显的一个例证就是高校的食宿等基础设施根据不同的条件被人为地划分为“三六九等”，形成了泾渭分明的等级，这是社会上不平等和贫富差距色彩在高校的缩影，这种现象极易造成学生心理的不平衡，产生不必要的矛盾和问题。

总的来说，我国高等教育改革为了实现体制、规模、质量和内涵的全面发展，已经从体制改革、结构调整和规模发展，逐渐步入深化教学改革、提高教学质量的时期。高等教育改革要以科学发展观为指导，提高教育质量，实现规模、结构、质量、效益的协同发展，这些都为思想政治教育工作提供了新的思路和切入点。除此之外，在发展过程中产生的各种各样的矛盾和问题，也会体现在大学生的思想和行为上，这些矛盾和问题加大了思想政治教育工作的难度。

四、大学生思想政治教育对象——“90 后”

当代青年在多元化的社会里呈现出极具复杂性的特征。首先，他们对个人主义价值观有一定的接纳度，也对集体主义价值观有较高的认同度；其次，他们对自我发展的忧患意识随着就业形势的严峻而逐渐增强，所以当代大学生

较为重视能力培养和自我发展。同时，由于实践和理论知识的脱节及个人意识的增强，他们对集体主义虽然认可，但在实际行动中却远远达不到身体力行的程度和要求，有的甚至逐渐淡化了集体意识，更不用说集体归属感和凝聚力了，奉献和索取是否平衡等成了他们越来越注重的内容，个人利益、经济利益成为部分学生的首要目标。

（一）多元化的自我

大学生有对祖国、对社会、对他人更加丰富和深刻的情感体验，包括“天下兴亡，匹夫有责”的责任感、义务感，以及强烈的民族自豪感。在社会上，积极承担社会责任，志愿参加各种社会实践活动，奉献自己的青春；在学习上不断探求真理，丰富自己的内涵；在生活中，无比向往纯洁的友谊和爱情，积极地在体验活动中体验美、欣赏美、创造美等。他们心理成熟的表现就是这些高级的社会情感的发展。

此外，大学生的两性情感也在逐渐发展和成熟。除了与同学、朋友及师长之间进行交往，恋爱这种更突出的情感他们也开始体验，深刻的情感体验往往伴随恋爱活动的整个过程，随着这种体验的深入，他们的心理也会一步步走向成熟。

为了掌握人际交往技巧，大学生在日常的社会交往中不断地学习，积极地发展人际关系，构建社会支持网络。为了获得同学和老师的认同，他们坚持真诚相待、诚信为本。为了获得大家的支持，他们有的时候也会掩饰自己，这些都说明大学生情感正在由单纯性向复杂性转变。

（二）多变性和流动性

大学时期是青年迅速成长的阶段，这一阶段学生的可塑性很强，他们的思想十分活跃，也很多变。具体来讲，大学时期是从幼稚走向成熟的一个阶段，学生此时的情绪依旧会波动、心态依旧会不平稳，但是比中学时期要好一些。随着自己的价值观、人生观的逐渐形成，加上大学时代对世事、人际等方面有较为深刻的把握，他们的情绪控制能力会好一些。一般处在 18 ~ 24 岁的大学生，身心发展正处于走向成熟但未完全成熟的状态，显著特点就是情绪波动较大、极端固执、易得意忘形、易灰心丧气等。大起大落的情绪，使大学生常常从一个极端走向另一个极端，比如，以前对某个人觉得不屑一顾，突然有一天又会对他敬佩得五体投地，而这个变化可能就是在今天和昨天之间发生的。究其原因，“情绪不稳定的主要原因是青年人对刺激情境的变化非常敏感。尽管大学生对自己的情绪已有了一定的控制能力，认识水平也有了一定的提高，情绪也逐渐变得稳定，但大学生相对敏感并带有明显的波动性的情绪仍然是不能和成年人相比的”①。

第二节　新时代我国高校思想政治教育面临的形势变化

当前，我们面临的发展机遇和风险挑战前所未有，世情、国情、党情发生深刻变化。一方面，有些突出问题逐渐呈现出来，如医疗、教育、住房、收入分配、社会管理等，这些问题在经济社会发展过程中逐渐积累起来；另一方面，大学生思想政治教育面临诸多挑战。我们要想更好地开展高校思想政治教育就必须把大学生思想政治教育面临的机遇与挑战分析清楚。

一、高校思想政治教育面临的国际形势新变化

文化渗透、价值变迁及制度移植等现象不可避免地出现在经济全球化进程中。西方多样化的价值观选择对我国坚持的马克思主义意识形态及树立社会主义核心价值观而是一个挑战。

（一）我国社会主义理想信念受到社会主义运动曲折发展的冲击

国际社会主义运动蓬勃发展主要在20世纪50年代以后，苏联、东欧等国家先后在马克思主义思想的指导下建立和发展，无与伦比的优越性体现在社会主义的建设实践中，这种思想发挥了巨大的指导作用，然而，随着东欧剧变和苏联解体，社会主义运动进入了低潮时期。

作为最大的社会主义国家，我国在面对这一严峻的现实时，应该坚定不移地走自己的道路，坚持制度自信和道路自信，不畏任何意识形态的冲击。中华人民共和国自成立以来，虽然有波折，但总体的进步趋势是不可忽视的，特别是改革开放以来，我国经济、政治、文化等各方面不断进步，人民生活水平也不断提高。但是改革开放的实施，也带来了一些问题和矛盾，这些次要方面的消极作用被部分人扩大化，引起国人的抱怨和怀疑，为中国的未来道路感到担忧。

任何事物的发展道路都不是一帆风顺的，社会主义制度的发展同样如此。社会主义从无到有、从弱小到强大的过程，伴随着曲折和反复，这是历史发展

① 佚名．大学生思想政治教育发展与创新研究[M]．北京：新华出版社，2014：211.

的规律。社会主义的优越性是存在的，因而在发展过程中出现的任何困难和阻碍都是暂时的，并且是可以解决的。从经济角度来看，社会制度优越性主要体现在两个层面，一是生产力的本质和发展态势，二是人民生活水平以及是否得到提高。中华人民共和国自建立以来，经济飞速增长，面貌焕然一新，充满了潜力和活力。特别是改革开放以来，我国市场经济蓬勃发展，经济总量持续增长。同时，我们清醒地认识到，当前的建设和发展仍然面临着问题和不足，但总能克服和改善，最终取得进步。今天，在中国特色社会主义的建设中，我们要继续坚持社会主义道路和制度，不断增强道路自信和制度自信，不断完善和发展自身，坚持一切从实际出发，并且对随时出现的突发情况和事件做好充足的心理准备，锐意创新，深化改革。只有这样，我们才能为社会主义建设和发展注入新鲜血液。

（二）我国社会受到经济与思想的全球化的影响

经济全球化将世界各国迅速纳入世界经济体系和市场中，将各国串联起来。任何国家也不能阻挡全球化浪潮，因此要主动融入其中，参与全球化的建设。具体来讲，生产要素、投资、贸易、生产、技术及金融等开始在全球迅速流通。各国之间的经济往来日渐增多，成为世界经济中不可替代的一部分。犹如多米诺骨牌，任何组成部分都会影响到世界经济的其他部分，甚至是全球经济。

经济全球化的影响可以细分为正面的和负面的。正面的包括五个方面：第一，推动国际分工和专业化区分，促进生产效率的提高；第二，先进科技和管理经验的迅速推广，整个世界的经济水平不断提高；第三，促进生产要素的合理配置，最大限度地做到物尽其用；第四，逐步扩大经济规模，形成规模效应；第五，为发展中国家提供更多的机会，主要是资金和技术的引入。负面的包括三个方面：第一，经济全球化虽然加速了国际分工，但仍存在不均衡，主要是高精尖产业仍在发达国家，粗放高污染产业在发展中国家，这加大了贫富差距；第二，国与国之间的依赖性加强，只要某一个国家的经济出现问题，其他国家甚至全世界都会受到波及；第三，发展中国家面临着经济全球化对其创新能力及创新精神的挑战。全球化的步伐加速了国际市场的升级和重构，导致利益的重新分配，与之相伴的就是价值观念和思想文化体系的交流和碰撞。当然，全球化发展至今，中国从不会缺席，而是以更加积极的态度融入其中，谋求发展。但很容易看出，中国在全球化进程中，政治、经济和文化等各个领域都在遭受冲击。与此同时，各国文化的相互碰撞促使新的世界公认的文化形成，改变了本民族的文化特性、价值观念与生活方式。

（三）多元文化中的社会道德问题

多元文化是经济全球化的副产品，它给任何一种文化都提供了生存空间，但该生存空间的大小需要文化之间进行博弈，这给各国带来了机会和挑战。多元文化为人们发挥主观能动性提供了平台，促使人们运用聪明才智，开拓自己的发展空间。对于社会主义文化，多元化同样给予了其进步的空间和平台。但与此同时，文化的多元化将各种各样的价值体系包罗在一起，其中包括负面的，如道德沦丧、观念偏激，这与社会主义价值体系相悖，对我国的文化发展非常不利。

总的来说，我国思想道德建设工作是向好的方向发展的。贯彻依法治国、依法执政的理念，逐步推广社会主义核心价值观，已经取得了一些成果，但与这些成果相伴出现的就是各种各样的问题和矛盾，以及相关的道德问题。

目前，我国社会的发展越来越有活力，越来越有生机。在文化全球化的大背景下，可供选择的文化观念和价值观也越来越多，这些文化观念和价值体系与中国传统的价值体系并存。一方面，这有利于科学民主、讲究实效和平等竞争等价值观念的形成；另一方面，其中的低级腐朽思想，如拜金主义、享乐主义等开始在人们的生活中渗透。

所谓拜金主义，就是金钱至上，一切向“钱”看，为了追求经济利益而不择手段，将金钱作为为人处世的准则，以金钱的占有量来评判他人。享乐主义者的人生目的就是尽情追求自己在物质上的享受和肉体上的愉悦，他们为了追求精神和肉体的快感而不择手段，甚至不惜铤而走险，以此得到更多的享受。因此，享乐主义者和拜金主义者有类似的地方。

精神文明建设过程中出现不和谐的现象实属正常，虽然这会影响道德建设的工作，对和谐社会的构建造成阻碍，但我们要做的是保持清醒头脑，杜绝任何的恶劣想法和观念，努力确保我国能够沿着社会主义的方向奋勇前进，确保全面建成小康社会工作的开展。

多元文化的交流和碰撞推动了人的观念的发展，从而形成了新的观点和看法，出现了道德选择和多元化的价值取向，主要表现在三个方面。一是集体利益与个人利益关系问题。以改革开放和全球化为分界点，之前人们的重心放在集体利益上，克己奉公，舍小家为大家。这种观点在一定程度上损害了个人的利益，削弱了人的积极性。但是在深化改革谋发展的关键时期，集体主义价值观仍有其不可替代的作用。而在今天，利益主体更加多元化，人们更多地信奉“公私兼顾”，但也出现了个人利益至上的偏激行为。二是长远与现实的关系问题。过去人们注重理想，把共同理想作为前进动力，而现在人们更加看重现实利益。这一观念的转变会使人们各方面的工作急于冒进，失去正常步调，完全是饮鸩止渴。三是利与义的关系问题。如今不少人的观念是希望占有、取得更多的金钱等物质利益，重利轻义倾向格外突出。

综上所述，每一种价值观念都在迅速发展，它们之间存在矛盾和冲突，这些问题为大学生道德教育带来了更多的困难。面对日新月异的世界，旧的落伍观念被人们抛弃，而新观念的选择过程又是极其复杂的，这就容易使人感到迷茫和不知所措。人们开始陷入自相矛盾的窘境，因为不再相信有一个能够适合一切人的恒定标准。社会失范和越轨现象时有发生，而且表现得相当突出。人们从思想束缚和盲目的权力迷信当中解放出来，却又进入了一种无所束缚、无所畏惧的浮躁状态，并陷入了不知所措的境地，这比思想上的禁锢更加可怕。

（四）社会信息化对思想政治教育的负面影响

在全球信息化进程中，中国正处于从被动应对向自主发展转变的关键时期。人类社会已经步入快速变化的信息时代，人们生活的方式已经被社会信息化彻底地改变了，其中，对信息异常敏感和渴求的群体就是大学生，他们是信息的接收者和传播者，然而社会信息化严重影响了大学生的思考模式和行为方式，这为思想政治教育提供了新的研究领域。

信息化程度较高的发达国家，所谋求的是在国际社会上拥有更高的社会地位，主要的工具和手段就是信息技术和网络技术。而对我国来说，如何引导大学生形成科学的世界观、价值观和人生观，如何正确认识这些信息就显得尤为重要。对于西方国家的信息进攻和侵扰，我国如果无动于衷，将会造成不可挽回的后果，最先受到冲击的就是当代大学生，这就意味着中国未来的人才安全岌岌可危。所以，确保大学生价值观的安全成为重中之重。

互联网是一把“双刃剑”，如果对信息传播的监督机制存在漏洞，那么大量未经筛选的信息就会涌入，对自身防御能力差的大学生造成心理伤害，还可能导致其道德观念的崩塌，这也是高校思想政治教育工作所面临的新形势和新问题。

二、国内形势新变化是大学生思想政治教育要考虑的

在改革开放四十多年的时间里，中国既有发展的机遇，也面临着巨大的挑战，在一心一意谋发展的过程中，需要有一种价值体系或者思想主流支持并推动伟大的中国人民继续艰苦奋斗。

（一）我国的社会经济基础变化对共产主义崇高理想的影响

改革开放以来，中国的社会意识形态受到了难以阻挡的冲击。改革开放之前，我国的所有制结构几乎是单一的公有制结构，即国有制和集体所有制两种形式，个体和私营等非公有制经济，所占的比重微乎其微。改革开放之后，我国提倡和支持非公有制的发展，其他各种经济成分也迅猛发展，形成了以社会主义公有制为主，多种经济形式共同发展的所有制结构。

社会经济结构从计划经济向市场经济的转化，必然导致分配方式与利益格局的重组。在改革开放之前，以公有制为主体的经济制度，强调均等化和单一化，严重阻碍了人们的创造能力的发挥。改革开放以后，我国实行市场经济，多种所有制经济共同发展，分配方式也逐渐增多。这一过程中，出现了一系列的社会问题，动摇了人们传统的价值观念。

意识是实践活动的指南针，只有统一的理想信念才能促使人不断进取。随着经济全球化的不断发展，多种价值观和思想体系相互碰撞。在这样的背景下，人们的信仰容易受到侵扰，从而产生不知所措、迷惑的感受。社会主义市场经济同样对人们观念的选择具有积极和消极影响。一方面，人们为了发展和进步不再故步自封，而是积极向上、努力创新，共同营造公平有序的社会环境；另一方面，市场经济又会引导人们追求利益最大化，如果不能控制欲望，就会出现错误的思想观念，如一切向“钱”看、个人主义等，这很容易导致人人自危，从而造成社会动荡不安。

改革开放引起了利益分配格局的变化，这必然会产生利益上的冲突与矛盾。利益冲突的客观存在从意识方面讲就是价值观的冲突，如何妥善处理冲突，对思想政治教育工作来说是个难题。回顾过往岁月，我们始终认为，以马克思主义为指导思想，坚持走社会主义道路，才能够带领和团结全国各族人民走向胜利与辉煌。所以说，历史的必然就是坚持社会主义的共同理想，走社会主义道路。目前，中国社会处于全面深化改革以及转型时期，在此期间，社会问题不断暴露，经济出现疲软，道德建设需要更加重视。因此，我们一定要坚持马克思主义，坚持自己的发展道路和社会主义制度；要用共同理想凝聚信念，坚决拥护马克思主义，携手共同推进中国特色社会主义伟大事业的建设。

（二）大学生对实现民主政治和政治体制改革缺乏信心

我国的民主政治建设主要有两个核心问题。一是人民是主人，官员是“人民公仆”，按照国家一切权力属于人民的根本原则，政府机关的工作人员是为人民服务的，但事实上也存在部分政府官员高高在上，办事效率低下的现象。

二是以权谋私、贪污腐败问题比较严重。某些官员大搞权力寻租，为求自己的私人利益，将公共权力作为筹码来交换，贪污腐败问题屡禁不止。要拔除这些毒瘤，必须将权力关进制度的笼子里，通过民主法治建设透明的服务型政府，具体来讲包括以下两个方面。第一，着手推进政治体制改革，把权力真正还给人民。关系人民群众切身利益的实事、国家社会的大事和各级官员的命运要让广大的人民来决定，建立民主的领导遴选机制，理顺权责关系，真正做到权力来源于人民，但又受人民监督。第二，要建立信息公开和监督机制，除了涉及国家机密的公务信息，包括财政投资以及各项开支的情况都必须毫无保留地公开，社会各界通过政务公开来监督权力的运行，不给腐败任何可乘之机。

大学生有着更为纯洁的民主和法治精神，他们希望看到政治清廉、民主化程度更高的社会，他们时刻关注着国家的民主政治建设，因此政治体制改革对大学生极其重要。但是由于没有丰富的实践活动和人生经验，他们极易受到西方发达国家及其资本主义民主思潮的渗透，从而忽视我国特殊的国情，对我国的民主法制建设抱有消极态度，失去信心和希望。因此，高校思想政治教育工作的一项艰难的任务就是做好大学生这方面的思想工作。

（三）社会生活的新变化影响高校师生的思想状况和价值观念

人们在社会中必须进行的、占据人们全部时间和整个生命的活动和过程的总和统称为社会生活，包括人们的衣食住行和劳动工作、社会交往、休息娱乐等精神生活和物质生活。

改革开放以来，社会主义市场经济体制逐步建立和完善，对外开放水平不断提高，经济实力显著增强，我国主要发生了以下变化：第一，人民收入逐年增长，生活水平持续提高；第二，社会生活丰富多彩，社会活力显著增强；第三，社会利益格局、组织形式、结构正在发生深刻变化。尽管如此，我国社会发展中仍有待解决的重要社会问题，如城乡二元结构束缚城乡协调发展，使得贫富差距加大。社会主义国家重视公平正义，因此，党中央提出社会建设的重点就是加快改善民生的步伐，目标是确保全体人民劳有所得、学有所教、老有所养、病有所医、住有所居。

思想观念和价值取向是社会生活在人的意识层面的反映和折射。经济全球化和我国经济建设所带来的社会生活的巨变，影响到了高校师生的思想价值体系。生活水平的逐步改善及生活方式的丰富多彩，使人们对中国特色社会主义的建设更加乐观和自信；传统的平均主义思想也逐渐被人们抛弃，新的多劳多得的致富理念更加推动了社会的进步，使人们不断改善生活条件，激发社会的创造力；以创新为前提和基础的知识经济的兴起启发了人们要努力学习，锐意创新，自觉融入知识阶层，获得高收入，同时激发了大学生学习和创新的积极性；社会结构、社会组织的新变化，就业机会和人才政策等引起了广大师生对社会公平正义的关注。

“社会生活的新变化也给当代大学生的思想价值观念造成了冲击和不良影响。部分大学生产生享乐主义、拜金主义和极端个人主义的错误思想，这也对当代大学生思想政治教育提出了严重的挑战。”①

第三节 新时代新媒体对我国高校思想政治教育的影响

高校思想政治教育一直以来被各种各样的环境所影响，在这么多的环境中，尤其以社会环境、文化环境和技术环境的影响最为严重，它们决定着高校思想政治教育能否顺利地进行。人类生存及活动范围内的社会物质、精神条件的总和统称为社会环境，广义上是指整个社会经济文化体系，狭义上是指人类生活的直接环境。社会环境制约着人类思想的形成和发展。文化环境就是指相互交往的文化群体从事文化创造、文化传播及其他文化活动的条件和背景。人类的思想的形成和发展深受文化环境的影响。技术环境就是指一个国家和地区的技术水平、技术政策、新产品开发能力和技术发展动向等。技术环境有着多方面的影响，从积极的一面来看，利用新技术给社会发展搭建一个新的舞台，对促进人的思想发展有一定的作用。

新媒体使高校思想政治教育的社会环境、文化环境和技术环境发生改变，使高校思想政治教育面对着前所未有的新情况和新挑战。首先，它使思想政治教育的社会环境和文化环境越来越复杂，对大学生的生活、学习、心理和价值观产生了很大的影响；其次，新媒体技术作为教育的新形式，使信息收集方式、信息形式、信息传播方式等方面有了巨大的改变，对提高大学生的思想政治素质、引导正确的价值取向和建立良好的道德观念有十分重要的作用，给高校思想政治教育带来了一大良机。所以，新媒体时代高校做好思想政治教育的重要一步就是深入了解、仔细分析研究新媒体技术在高校思想政治教育过程中的作用。

① 高朋敏，王新峰．新时期大学生思想政治教育面临的挑战与对策研究 [J]. 消费导刊，2016(5)：391-392.

一、新媒体时代环境的概述

（一）新媒体时代的社会环境

新媒体时代高校思想政治教育的社会环境，主要发生了以下变化。

1. 社会空间“无屏障”

新媒体技术既扩大了人的感知范围，又加强了个体的传播能力。人们可以多方面、多途径地认识这个世界，不再是根据单一、单向的信息来了解世界。在这样的社会环境下，高校思想政治教育以前的“点对面”的“封闭式”的单向教授方式正在发生变化。新媒体的及时性、互动性不但使信息传播“时间无屏障”“资讯无屏障”，而且使社会空间变得“无屏障”。现在人们能够广泛地应用新媒体技术，无论何时何地，都可以与他人无障碍地交流，也可以在公共网站表达自己对相关事件的看法和意见。在新媒体时代，信息的获取具有很大的开放性。

2. 社会舆论同化的现象严重

新媒体技术带给社会的是传播内容全球化以及意识形态的全球化，但是，这种全球化是单向的，而非双向的。随着单向传播社会环境的出现，媒体舆论的格局也发生了大的改变，即中心与边缘不是对称的。在重大问题如国际相关事务问题面前，大学生的看法、所持有的态度或价值取向总是与舆论不谋而合，被舆论同化，这给高校思想政治教育带来了前所未有的难题。仔细探究这个问题的原因：一是在新媒体的环境下，无论是大学生的平时生活，还是学习活动都与新媒体脱离不了关系，会不经意地被垄断媒介的舆论控制；二是西方发达国家拥有大量的资源和技术，能够很好地控制新媒体。例如，美国拥有信息与网络的基础资源，并很好地控制和应用着。自从互联网出现以后，一台主根服务器和九台副根服务器就被美国掌控，而根域名服务器是架构互联网必要的基础设施。同时，全球访问量最大的搜索引擎、最大的门户网站、最大的视频网站和最大的社交空间的研发团队都在美国，美国还垄断着全球电脑芯片。美国推行“智慧地球”，掌控着电脑操作系统，掌控着全球域名地址。美国的网络空间霸权广泛地分布于世界互联网的各个领域、各个角落，在这样的社会环境中，社会舆论被同化显然已经成为必然的结果。

3. 社会负面信息极速增多

新媒体作为当代社会的一个开放系统，使大学生得到信息的方式更加多元化，接触的信息面更宽，获得的不同观点也越来越多，这无疑增加了高校思想政治教育环境的复杂性。首先，各种各样的大众传媒形态，超时空、数字化的虚拟世界，令人眼花缭乱的传媒信息，使得大学生辨别信息的难度加大，并且大学生的世界观、人生观和价值观都正在形成，对信息的好坏不能轻易辨别，因此很容易受到负面影响。其次，新媒体具有强大的渗透性，不会因为人的意志的改变而改变。据了解，全球互联网的全部网页中出现最多的语种是英语，而其他语种加起来出现的次数都不如国际互联网中访问量最大的网站上英语出现的次数。当前从国际互联网上看，可接受的信息大多数来自美国。由此可见，以美国为首的西方发达国家凭借着雄厚的资金和先进的技术，对互联网信息资源进行控制，肆意对意识形态等方面进行渗透。我国虽然具备相应的技术手段和监督机制，但仍有待完善和提高，因此社会负面信息对我国高校思想政治教育所产生的影响不可忽视。

（二）新媒体时代的文化环境

新媒体时代，高校思想政治教育的文化环境出现了以下的变化。

1. 文化环境的变化与改革

首先，出现了流行的网络语言。随着新媒体的发展，人们的交流有了新的方式，行为习惯和表达方式也发生了改变。网络的发展催生了一种独特的话语体系——网络语言，这已经成为现在高校文化环境的一个重要特征。网络语言区别于传统平面媒介的语言形式，它简洁生动、调皮可爱，一出现就被大学生们疯狂追逐，因此发展速度很快。所以，在新媒体时代高校思想政治教育者一定要了解并熟悉网络语言，不然就如同英语对话，不熟悉英语单词，根本不能进行交流。现在，被大学生频繁使用的网络语言，从形式上看，基本上有以下几种：① 符号化语言。在电脑上输出文字时，习惯性地带上相关的符号语言，如高兴的象形、生气的象形、骄傲的象形，等等。② 数字化语言。利用数字或者谐音能够更加形象地表达自己的内心，如 55 代表“呜呜”，表示哭泣；88 代表“拜拜”，是“bye bye”的谐音；520 代表“我爱你”，等等。③ 字母化语言。和数字的运用相同，字母也有表达个人想法的作用，如 BT 代表“变态”，PLMM 代表的是“漂亮妹妹”，PMP 代表的是“拍马屁”，BF 代表的是“boyfriend”（男朋友），等等。从内容上看，有下面几种：① 在新词新意上的创新。利用同音替代原词或用合音替代原词，如酱紫——这样子，表——不要，杯具——悲剧，等等；赋予旧词新的意思，如可爱——可怜没人爱，恐龙——丑女，等等。② 使用非常规的语法。网络语言已经不仅仅停留在传统的语法上，而是将各种字、数字、英语或者简写混合在一起，怎么方便怎么用，怎么顺口怎么说，语序也没有规定，倒装句也会随时出现。例如，“……先”“……都”“……地说”，各种各样。③ 口语化的表达。网络交际语言被应用于人们的交流中，更口语化、通俗化、事件化和时事化，简单易懂。

其次，文化消费出现多维性和选择性。文化消费是人类特有的能够直接影响人的精神、思想、心理、情感、价值观、人生观的一种社会文化现象。信息产业的发展，使得媒体消费作为一种文化产品的载体，或者文化消费品，慢慢渗透到人们的日常生活中，成为一种消费习惯和消费行为。如今，互联网作为核心媒体的信息消费，能够利用方便快捷的信息传播途径和手段把信息传播的及时性提高到最大限度。大学生生活在这样的文化环境下，已经把媒体消费作为他们日常生活中的一种基本消费方式，将时间和金钱投到信息的获取上已经成为习惯。

新媒体文化消费与以前的文化消费相比具有不同的特点，具体表现在：更注重个性化需求，尊重主体的自主性；更具有群众的互动性，信息传递由单向转为双向、多向相互交流；更具有群众的参与性，群众主动地参与，而不是被动地接受；越发方便快捷，不再受时间、空间的限制，任何时间和地点都可以展开新媒体文化消费；产生了新的消费模式，如异地文化消费；可以实现文化资源和域外文化产品的共享，可以进行远程文化消费操控等。这些都是已成为文化消费的新型模式。

最后，青年亚文化成为各大高等院校的热点。亚文化，又叫集体文化、副文化或小文化，是指某一特定的文化群体所属次级群体的成员共有的价值观、独特信念和生活习惯，与主文化相对应的那些局部的、非主流的文化现象。在综合文化或主文化的大背景下，亚文化属于某个集体或某一区域所特有的生活方式和观念。这种亚文化不仅有自己的独特的价值与观念，还包含着与主文化相通的价值与观念，而这些价值观是分布在各种主导文化之间的。亚文化辅以新媒体，产生了一种新的文化形态，即新媒体环境下的青年亚文化。亚文化与传统文化不同，其表现为大学生在宣泄情感、彰显个性的同时，对精英文化、主流文化的抵抗姿态。最近几年，网络音乐、网络文学、网络游戏、网络恶搞和各种网络攻击事件在各大高校兴起，成了大学生文化消费的主要形式，这些形式在本质上与传统的主流文化相违背。

网络文学是一类网络艺术品，它是以互联网为展示平台和传播媒介，以多媒体演绎和超文本链接等手段来展现的文学作品、类文学文本以及含有一部分文学成分的网络文学作品。网络文学与青年亚文化存在着很大关系。网络文学凭借强大的网络媒介具有的自由性、互动性和多样性，成了大学生亚文化群体表达思想和情感最便利的手段，为大学生搭建了一个青年亚文化的展现舞台。

网络游戏统称“网游”，它是以互联网为载体，以用户计算机和游戏运营商服务器为处理终端，以游戏客户端软件为信息交互窗口，通过点击率和营收来满足大学生的各种幻想和需求的。目前，大学生亚文化群体凭借着这种游戏形式，不仅解压和彰显了个性，而且在网络游戏的过程中找到了在现实生活中所没有的成就感和自信，同时发泄了心中对社会的种种不满。

网络恶搞是当前网络上流行的以文字、图片和动画为手段表达个人思想的一种方式，完全以颠覆的、滑稽的、莫名其妙的无厘头表达来解构所谓“正常”。自从胡戈的《一个馒头引发的血案》恶搞陈凯歌的电影《无极》开始，中国互联网恶搞进入了辉煌时代。然而，现在恶搞的风气变得更加疯狂，各种形式的恶搞大量涌现，形式不只是视频，还有图片、声音、软件等。网络恶搞的特点是颠覆经典、张扬个性、打破传统、讽刺社会，其已经成为大学生亚文化群体对现代主流文化抵抗的一种工具和手段。

网络音乐是以各种有线和无线方式传播的音乐作品。它主要通过互联网、移动通信网等进行传播，其特点是形成了数字化的音乐产品传播、制作和消费模式。网络音乐主要由两个部分组成：一是移动音乐，是无线网络运营商通过无线增值服务提供在手机终端播放的无线音乐；二是通过电信互联网提供在电脑终端下载或者播放的互联网络在线音乐。目前的网络音乐表现出了大学生亚文化群体对自我思想的表达，对社会现实的讽刺与揭露，而且能够充分表达出他们对爱情、社会、人生、生活的追求和向往，由此网络音乐成为大学生亚文化群体一个重要的表达方式。

网络攻击事件是指通过网络或者其他技术手段，利用信息系统的配置缺陷、程序缺陷、协议缺陷对信息系统实施攻击，并造成信息系统异常或对信息系统当前运行造成潜在危害的信息安全事件。青年人通过网络攻击事件，把握当下潮流，并且对其进行分析和表达自己的看法，青年亚文化的价值观就恰恰体现在他们对网络攻击事件的评论上。

在社会文化发展方面，新时代的青年亚文化有着独特的文化价值和社会价值。从文化价值上看，青年亚文化拓宽了文化传播的途径，从原来的“单向”转变为“互动式”传播，这彰显了现代文化的自由精神，而“个性文化”目前也成为流行的主题，引导人们追寻不同的生活体验。从社会价值上看，青年亚文化是青年群体特有的生活方式和态度，会从虚拟世界影响到现实的社会生活，从意识想象的方面去解决代际冲突。从社会交往方式的发展上看，青年亚文化作为一种新的生活方式，改变了传统的社会交往模式，增加了社会生活交往的内容。

要顺利开展新时代下的高校思想政治教育，就需要我们全面把握文化消费的实际情况、网络文化的传播和发展历程以及青年亚文化的兴起，将它们自身带有的正能量，与思想政治教育相结合。

2. 文化环境的负面影响

高校思想政治教育在新媒体时代下的文化环境中，也受到了一些负面影响。

第一，高校思想政治教育的文化辅助发生断裂。从传统意义上讲，高校思想政治教育借助精英文化、主流文化得以发展。但当下社会大环境的快速变化波及了高校的文化环境，而亚文化、网络语言等新兴形式又对传统的思想政治教育造成冲击，从而使精英文化、主流文化出现断裂。因此，如何恢复和加强精英文化、主流文化对大学生的辅助作用至关重要。我们需要主动适应新媒体时代的发展。如果离开文化辅助，就会使思想政治教育变得单调无味且苍白无力，效果自然会大打折扣，这样就很难有效地弘扬和传承社会主流价值。

第二，高校思想政治教育工作者的权威性在不断弱化。“受教育者”与“教育者”的文化关系在新媒体时代进行了调整，两者地位变得相对平等，使受教育者不再被迫地接受教育者的某种思想观念，而是能够把正确的价值观、人生观、世界观与网络信息密切地融合在一起。根据以往的习惯，青少年在成长过程中，信息获取的对象是教师和父母，而新媒体时代的出现弱化了教师和父母的权威性。社会文化存在的主要支撑力是技术文化，青少年由于创新能力强、思维活跃，容易接受新事物，已经成为新文化时代的领军人物。也就是说，他们不仅依靠父母和老师这种单一渠道获取知识，还可以从其他途径获取更多的信息和知识。

第三，游戏化的社会道德标准。在新媒体时代，现代高校的文化环境发生的各种异化现象体现在许多大学生开始轻视原本很严肃的事情和事物，并把这些事当作一种玩笑或饭后谈资，甚至涉及传统主流价值取向的问题。比如，当有人需要帮助时，有人却持着事不关己、看热闹的态度，更过分的是有的人还会在网络中说风凉话，不在乎是否道德。游戏化的社会道德标准、价值观念还没有确立，就已遇到亟待解决的问题。在这种不利的文化环境中，重新建立社会公德和民众私德，提高我们的道德责任感，使中华民族的优秀传统和高尚道德传承下去，已经成为新媒体时代下高校思想政治教育急需解决的一大难题。

（三）新媒体时代的技术环境

1. 技术环境在高校思想政治教育中的变化

高校思想政治教育的技术环境随着新媒体的广泛应用而发生了许多变化，下面是三个较为突出的变化。

第一，信息传播的快速化、动态化。借助互联网，信息可以在相当短的时间内广泛传播，通过短信、微博、微信等诸多社交平台快速形成一个庞杂的网络体系，在这样一个体系中，信息能够高效率地传播、储存和更新。只要动一动手指，就可以收到海量的信息，做到“不出门便闻天下事”。比如，新浪、搜狐等门户网站，每小时可以更新成千上万条报道，世界上刚刚发生的一些重大事件和新闻，能及时快速地呈现给受众。又如，登录中国知网搜索，每个学术领域的前沿成果都可以一清二楚。互联网给每个人提供了学习平台，我们可以从中获取大量的资源，了解自己感兴趣的知识几乎不再需要去图书馆翻阅资料。人们获取各种资料的途径更加多样，还可以随时掌握学习领域、工作领域的一手资源。在这种技术环境下，大量传播的信息彻底颠覆了传统思想政治教育，使高校思想政治教育实现了根本性跨越。大学生利用新媒体及时获取需要的知识和信息，大大拓宽了思想政治教育信息的传播途径。借助新媒体，高校思想政治教育工作者通过图像、声音、文字等各种不同的表现形式，生动有趣地展现教育内容，寓教于乐，受教育者也可以迅速并且深刻地接受这些信息，并不受其他情况的约束，这样便进一步拓宽了思想政治教育的发展空间，并且将思想政治教育的及时性充分体现出来。

第二，人际关系的虚拟化。随着新媒体技术的大量运用，社会中的每一个人在不同语境下扮演着不同的角色，并发挥不同作用，既是信息的存储者，也是信息的传播者和改良者。虚拟的人际关系包括传播者和接收者，代替两者进行信息交流的都是一些虚拟的符号，所以新媒体传播的信息时刻在改变，复杂性极高，使得人际关系也不再像从前那样具象化。此时，加强高校思想政治教育是一个很好的机会，因为这种虚拟化可以使门户网站对消息的控制减弱，大学生能及时地把自己的情绪表达出来，如受挫后的失望、失恋后的低沉、做选择时的迷茫，同时能实现教育主客体之间的沟通和交流，这样有助于思想政治教育工作者全面了解学生的心理状态，从而了解学生本身的特质，对症下药，实现思想政治教育的多样性和针对性。思想政治教育工作者通过了解大学生内心深处最真实的想法，针对他们在生活、学习和思想中暴露出的一些问题进行组织讨论，从而完成思想政治教育的任务。

第三，教育平台的多样化。传统的高校思想政治教育方式单一，仅通过课堂传授，枯燥而乏味，受教育的学生提不起兴趣。现在，新媒体为之提供了全新的平台，给教育工作带来了便利，同时给高校思想政治教育工作者带来了诸多的便利。从传播方式上看，新媒体成功地从单维度、单角度转变为多维度、多角度；从传播内容上看，从固有的老旧模式向多样的形式转化，信息从产生到发布，再到传播，随时在变化，不受太多的限制，可以通过点对点、点对面、面对面等方式全方位地将信息传达给受众，克服了之前的固有缺陷。在新媒体时代，高校思想政治教育工作者需要熟练地掌握和应用新媒体技术，这样可以将图像、声音、文字、数据等结合在一起，寓教于乐，全方位、立体化地将传授内容呈现给学生，增强思想政治教育的生动性。新媒体为高校思想政治教育创造了一个最佳的技术环境，既改善了工作条件、教育方式和获取知识的方法，又改变了单一的传统的思想政治教育平台。

2. 技术环境给高校思想政治教育带来的问题

新媒体时代的技术环境给高校思想政治教育带来益处的同时，也带来了负面作用，主要体现在以下几个方面。

第一，信息本身造成的负面影响。大量的信息快速传播，虽然给人们提供了方便，但是也让接受者迷茫，不知所措。特别是还未步入社会的大学生，在大量信息面前，对于一些腐朽思想、消极观点，不能冷静地思考、认真地判断，容易受到诱惑，盲目地随大溜，从而使他们原本健康正确的思想价值体系扭曲，这与高校思想政治教育的目的相悖，降低了思想政治教育的效果。

第二，虚拟化人际关系带来的负面影响。在新媒体的技术环境下，高校思想政治教育模式将面临新的挑战。新媒体技术容易混淆虚拟和现实世界，从某种角度上看，出现了“虚拟时空”，使大学生在不知情的情况下，被牵着鼻子走，直至被带入歧途，摧毁了他们本身具有的优良品质和正确的价值观念。虚拟化的人际关系，使得人的身份就像一串未知的字符，人们可以自由地创造一个新的身份，随意地与他人进行交流，也不怕被怀疑。在一定的时间内，这将会改变现实生活中人与人之间的关系，从而造成人际关系的疏离。网络上缺少现实中的道德要求及完善的法律制度，这就造成了人们对是非的判断出现问题，网络上面的一些言论会诱导人们做出一些在现实生活中想做却不敢做的事，从而出现很多错误的行为。现如今，新媒体技术的发展远远超出高校思想政治教育自身改革的速度。由于没有对教育理念、政策、目的等方面进行深入的分析，人们对新媒体环境下的高校思想政治教育工作仍缺乏前沿认知。

第三，多样化平台所带来的负面影响。教育平台随着新媒体技术的广泛应用而变得多种多样，同时新媒体技术的普遍应用突破了限制和监管。随着手机的迅猛发展，互联网与手机的互动变得更加隐秘，这增加了信息安全部门和网络监管部门对信息的甄别和追踪的难度，增加了国家、社会和学校对思想政治教育的舆论引导难度，弱化了舆论引导在高校思想政治教育中的作用。

二、新媒体对高校大学生的影响

不仅高校思想政治教育环境受到了新媒体的影响，高校大学生也受到了新媒体的影响。

（一）生活的影响

新媒体时代，各种形式的新媒介已经与大学生生活的方方面面相关联，影响了他们的衣食住行。不仅是淘宝等购物平台，微信、微博、人人网等交际平台的大量使用，都使大学生的交往越来越方便，社交范围越来越大。新媒体给大学生带来的影响，主要体现在以下方面。

1. 生活方式的改变

较为轻松的大学生活使得不少学生沉迷于网络中，手机不离手已经成为普遍现象。大学生多数时间被新媒体占据，从而压缩了现实生活中各种活动的时间，形成了一种矛盾的怪现象：在虚拟平台上，他们精神饱满，斗志昂扬，和陌生人交流得很好；在现实社会中，他们胆小懦弱，沉默不言。长此以往，大学生的行为和思想特别容易固化，出现迷失自我、逃避现实、厌恶生活等问题，久而久之，还会出现许多心理疾病和精神疾病。

2. 人际交往的改变

大学生的人际交往也出现了很奇怪的现象：一方面，人与人之间的距离随着虚拟的网络世界缩短了，人际交往更加方便了；另一方面，网络又拉大了现实生活中人与人之间的距离，现实交往越来越少了。现在，大学生之间进行联络的形式不再是传统的面对面的交流，而是通过各种新媒体进行交流。这种人际交往方式少了许多人情味，不能充分表达情感，时间长了，就淡化了人际关系。这一现象还表现在与父母的交往上，他们与父母存在着一定的代沟，本来现实生活中双方就没有太多的共同话题，对问题的理解和看法也不尽相同，如今在各种形式的新媒体交流中，他们尊重和孝敬父母的观念变得更淡薄。除此之外，大学生对个性的要求虽然在新媒体中得到满足，个人自信心有所提升，但是在现实生活中，交往的范围却缩小了，长此以往，特别容易产生排他心理。

（二）对学习的影响

根据武汉大学青年传媒（集团）开展的新媒体技术对大学生的影响力的调查，大学生获取信息的途径 62% 为新媒体。新媒体技术对大学生的学习方法、方式产生积极作用，尤其是对于知识的积累，从数量和质量上都有很大提升。有数据显示，有的大学生认为，比起从前，新媒体技术的应用能帮助他们更好地掌握专业知识，不仅可以提升自己的科学文化素养，还可以及时和深入地了解学界动态，开阔视野。特别是现在上课，老师大多利用多媒体授课，课堂更生动形象，不再是仅仅通过书本来讲解，新媒体技术不仅提高了课堂的教学效率，也促进了教学模式的改革。

新媒体也给大学生的学习带来了负面影响。第一，知识和信息的传播没有系统性，也不完整，由于缺少专业人士的引导，大学生只能从表面对问题进行初步认识。新媒体搜索引擎非常便利，虽然可以帮助大学生快速解决问题，但是也助长了他们的惰性和依赖性，久而久之，他们容易变得被动且浮躁，产生思维不活跃、不爱动脑等一系列问题。第二，大学生的人生观、世界观和价值观正处于成长期，他们对海量信息的甄别和抵制能力较差，容易偏激，一旦被错误的信息所迷惑，就会偏离正常的发展轨道，后果不堪设想。第三，大学生社会接触和课堂交流都比较少，如果只是利用新媒体学习，大学生创新能力将难以提升。

（三）对心理的影响

1. 新媒体给大学生心理带来的正面影响

第一，有利于大学生形成内涵丰富的自我。新媒体技术为当代大学生提供了广阔的平台，它以全新的角度和维度让大学生通过这个平台来观察和了解社会和世界。它既满足了大学生对新事物的好奇心，又激发了他们的想象力、创造力和求知欲，使其思维变得活跃，潜力得以挖掘。

第二，有利于培养大学生的健康心理。大学生在新媒体中找到了一个宣泄和倾诉自己不良情绪的场所，利用这种方式，他们可以将内心不满的情绪发泄出来，从而使他们紧张的神经得以放松，并得到一定程度的心理自疗，促进心理的自我完善。

第三，有利于大学生发展自我。新媒体拉近了世界和大学生的距离，为大学生提供了更多的视角和途径，大学生借助这些手段，全方位、立体化地对世界形成一个较为合理的认知。全球性思维视角已经不是少数精英的专利，普通大学生也能够借助这个视角更好地发展自己，最终实现自我价值。

2. 新媒体给大学生心理带来的负面影响

第一，新媒体带来的信息过于庞杂，容易使大学生感到迷茫。新媒体所传播的信息不仅量大，而且内容相当丰富，大学生的心智还未完全成熟，心理还不稳定，如果长时间沉浸在繁杂的信息中，会被新奇、有趣的信息吸引，从而做出错误的判断，情绪也会大起大落。他们会不知所措，不能很好地处理这么多的信息，从而陷入一种焦虑不安、迷茫的状态，更有甚者还会感到精神疲惫，而这也正是心理不健康的一种表现。

第二，大学生在新媒体的虚拟化环境里，减少了现实生活中人与人之间的交流和沟通，容易产生心理健康问题。当前，相当一部分大学生患上了严重的心理疾病，究其原因，一是现在的大学生多数是独生子女，一直被家人呵护，很少和同龄人交流，他们总是独来独往，又过分自恋，如果与同学、老师的交流不是特别顺利，而内心的烦闷无法排解，就容易造成既渴望被关注，又害怕主动交流的矛盾心理；二是新媒体使大学生陷入了一个封闭的虚拟环境，尽管这种虚拟环境给他们带来了一个多彩的世界，但同时也恶化了他们与现实世界的关系；三是大学生长期生活在网络环境中，已经对网络产生了依赖，而且很多人不能准确处理虚拟世界和现实生活的关系，使网络影响了正常生活，造成信任危机。

第三，新媒体创造了一个自由的空间。新媒体拉近了信息的接受者和传播者的距离，并提供了多种沟通途径，让大学生可以随时随地应用新媒体，根据自己的需要去了解信息。但是新媒体营造的虚拟世界也暴露出一些严重问题。一是在虚拟世界里，人们可以放纵自己，说话和做事都不受管束，人们常把新媒体作为宣泄不良情绪和追求自我的场所，而大学生参与其中很容易受到不良言论的煽动，进而感到迷茫。二是在隐蔽的虚拟世界里，自由化程度高，任何人都可以在里面为所欲为，所以不负责任的行为就会充斥其中，大学生在虚拟世界的行为变得随意，极易出现放纵违法行为，进而抛弃了自己肩负的责任和使命，忽略掉自己真实的社会角色。

（四）对价值观的影响

1. 新媒体给大学生价值观带来的正面影响

第一，培养“网络民主”的意识。“网络民主”是政治民主化的内在要求，它随着新媒体技术的发展而壮大。美国学者马克·斯劳卡最早提出“网络民主”一词，将网络与民主联系起来，进行更深入的研究，开始了新媒体时代对民主形式的新探索。它是民主在互联网中的全新表现形式，在网络空间里不分种族、尊卑、贵贱，人和人不再受制度、地位、身份和纪律的约束，可以平等地表达感情，行使话语权，保留和坚持自己的观点。“网络民主”的形式有利于拓宽参与政治的途径和方式以及扩大民主的监督范围，催生了全新的网络监督模式。大学生对网络民主是欢迎的，他们积极地参与其中，在披露贪污腐败、权力滥用这样的事件中，勇敢并且坚定，这种做法很好地诠释了当代大学生的正义感和责任感。不得不说，网络民主让学生民主意识逐渐增强。

第二，增强主体的意识。新媒体给大学生群体创造了一个非常自由的、开放的、虚拟的交流平台。在各种各样的论坛里，当代大学生如同主人，可以用虚拟的身份以自己喜欢的方式评论政治事件。在没有新媒体之前，他们缺乏交流的平台，因此无法发表对各种问题的看法和建议，许多好的建议也就无从被发现。有了新媒体，大学生可以通过短信、论坛、微博等媒介对自己感兴趣的话题进行评论、提问和建议，可以自由地表达心中的想法，做这个民主社会的主人。大学生在参政议政的过程中，可以得到现实生活中难以得到的满足感。

第三，强化大学生开放意识。借助新媒体，人和人的交流更为便捷和迅速。信息全球化的迅猛发展，使得世界各个国家各个方面的矛盾和问题相互纠缠，有些问题已经突破了国界的限制，成为需要人类共同面对的全球性问题。因此，每个人都要拓宽自己的视野，站位更高一些，形成国际意识和全球观念，共同应对和解决问题。在这一方面，大学生可以借助新媒体来培养自己的全球观，以更博大的心胸认识这个世界，更理性地阐释自己的看法和观点，不断强化自己的开放意识。

2. 新媒体给大学生价值观带来的负面影响

第一，易造成“三观”混乱无序。随着新媒体技术的应用及发展，各国之间实现了“零时间”交流，西方一些腐朽的价值观念和社会思潮不可避免地出现，这些负面的东西对我国主流价值体系的弘扬和传播造成很大阻碍。在发展的过程中，人们逐渐淘汰和摒弃了老旧的观念，却又不能及时用新的有效的思想来补充和代替，这样腐朽的价值观就会乘虚而入，从而侵扰和玷污人的心灵。西方思想的传播因为戴上了“普世价值观”的帽子而受到人们热烈的追捧，从而束缚了当代大学生的思想。对大学生来说，价值取向对自身的发展尤为重要。大学生的“三观”还没有完全成熟，他们难免缺乏一定的判断能力，而且在强烈的好奇心的驱使下，他们会盲目从众，误入歧途，不能做出理性和明智的选择。不同价值标准共同存在的情况，催生了“三观”的混乱无序，继而严重影响到社会主义意识形态的稳定性。

第二，拉低了道德水平。近几年，国内外有关信息犯罪案件的统计调查显示，在网络中出现的“情感欺骗”和“黑客行为”等犯罪案件中，犯罪年龄大多集中在18~40岁，平均年龄仅有23岁，一部分案件是受过高等教育的大学生所为，这从侧面反映出新媒体拉低了大学生的整体道德水平。现实生活中思想政治教育弱化是大学生道德感低下的原因之一。一是新媒体提供的平台的隐秘性和自由性极高，容易让大学生造成误解，误以为互联网是绝对自由和不受任何束缚的，因而他们会恣意妄为，做出违背道德和法律的行为，甚至走向犯罪道路。在新媒体环境中，对大学生的行为或言论很难一个一个地进行监督，因此大学生会为所欲为，表现出人性当中险恶的一面，从而做出一些不道德、不负责任的行为。二是因为法律制度和监管制度不健全，制度总是稍慢于事物发展的步伐。法律制度的不完善和监管机制的不到位，降低了信息网络犯罪的成本。目前，网络犯罪没有得到应有的惩罚，现实社会的道德规范也不能制约人们在虚拟空间中的行为。所以，必须通过高校思想政治教育提升大学生自我道德修养。

第三，价值观念的自我化。新媒体增强了大学生的主体性和能动性，给大学生群体提供了一个自我表达的方式，但这也带来了负面影响。一是新媒体增强了大学生的主体意识，使他们的表现欲望非常强烈，个人主义价值取向过于突出，过分追求自由；二是新媒体一直宣传和强化市场经济体制有关利益、竞争的一面，使精神价值追求和物质价值追求之间失去了平衡，使大学生越来越浮躁，造成人生理想的庸俗化、价值观念的自我化，并开始出现无视政府的自身行为。这种主体意识使得大学生不再关心国家前途命运和集体利益，而是只想着实现自身价值，长此以往，相当一部分大学生就会在错误的道路上越走越远，价值观会偏离正确的轨道，会出现诸如个人主义、享乐主义，一味追求私利，轻视传统，重索取、轻贡献等一系列问题。

第四，弱化民族认同感。世界各地、各民族之间的交往随着新媒体的发展逐步密切。在网络上，不同民族的思想观念、文化形态既有冲突之处，也有融合之点。目前，在语言方面，英语已经在全球范围内占据越来越重要的地位，以此为载体的美国文化蓬勃兴盛，风靡全球，反过来它也阻碍了其他文化的发展。全世界青年在它的诱惑和吸引下，逐渐远离了本民族文化，淡化了民族认同感。中国社会科学院的调查研究显示：互联网虽然强化了青年地球村村民意识，但是弱化了他们的民族意识。全球观念的兴盛减弱了青年人对民族和文化的认同感，并使他们逐渐迷失，造成崇洋媚外和忘本的不良后果，这对爱国主义和民族主义教育是一场大冲击。这样的发展态势显然不利于中国主流的社会主义核心价值观和思想体系的传播和弘扬，对中华民族文化的传承来说是块很大的绊脚石。在这种态势下，大学生很容易迷失自我，一味推崇西方所谓的“普世价值”，从而抛弃了自己赖以生存和发展的民族根基，这就进一步弱化了民族认同感，更加不利于我国当代大学生社会主义核心价值观的形成和确立。

三、新媒体对高校思想政治教育工作者的影响

作为高校思想政治教育工作者的主体，教育工作者同样会受到新媒体发展的影响，主要表现在以下几个方面。

（一）对思想政治教育工作本身的影响

1. 新媒体对高校思想政治教育工作的正面影响

第一，拓宽了高校思想政治教育工作的平台。教育的主客体是不可割裂的，教育者的目标就是育人。在传统思想政治教育中，教育工作者把握受教育者的思想动态和心理状况，主要通过面对面沟通和交流来实现，但这种单一的手段极容易使了解的内容片面和歪曲，掌握不了最为关键的问题，最终导致教育效果不尽如人意。新媒体不仅为思想政治教育工作者了解学生思想状况提供了更多的途径，还给大学生提供了交流和学习的新平台和新工具。在虚拟网络里，大学生可以畅所欲言，广开言路，充分阐释自己的观点，表达情感和意愿。在新媒体的辅助下，教育工作者能够更客观和准确地把握学生的特点和个性，并且对症下药；根据学生的需求，制定正确的教育方法，传播好的价值观和正能量，循序渐进；做好学生在自我发展和完善过程中的指明灯，为学生建立正确的“三观”提供便利条件。

第二，提高了高校思想政治教育工作的时效性。通过思想政治课及传统媒体等一些形式来进行思想政治教育工作，其信息的传播途径窄、方法单一；而具有全方位、立体化特点的新媒体，在传播速度、传播范围、传播动态等各个方面，都具有无可比拟的优越性。在新媒体时代，人们接受和获取信息的难度降低了，各个领域、各个门类的信息触手可及。不仅如此，受众本身也是传播者，他们可以随时随地把信息发布到网上，所以新媒体深受大学生的欢迎和

推崇，也成为他们关注世界、了解世界的一种重要手段。高校思想政治教育借助新媒体，可以了解到丰富、及时的信息，大大提高了工作效率，打破了传统教学程序的制约和时间限制，使思想文化的传播更加快捷与便利。

第三，增强了高校思想政治教育工作的实效性。思想政治教育的实效性是指实践的效果或实际的功效，体现了思想政治教育预期目标与结果两者之间的张力关系。一是思想政治教育的内在实际效果，就是思想政治教育能真正培育学生树立正确的思想价值观念，使他们能真正成熟和理性起来，达到育人的根本目的；二是思想政治教育外在的效果，就是通过思想政治教育，帮助学生完善人格，从而改善大的社会环境，并为社会注入新鲜的血液和进步的动力。思想政治教育的外在效果和内在效果是相互关联的，要想取得好的效果，内在转化尤为重要。而新媒体具有信息容量大、资源丰富、传播迅速等特征，这就为思想政治教育实现内在效果拓宽了渠道和门路。具体来讲，新媒体为高校思想政治教育工作者提供的信息量和资源量非常巨大，其所具有的快速性和及时性提高了思想政治教育工作的效率，为思想政治教育提供了不可替代的便利条件，同时能提高信息的准确性；新媒体提供的广阔平台拉近了思想政治教育主客体之间的距离，并逐渐消除了他们之间的隔阂，从而有利于教育者把思想政治教育的课堂带到大学生生活和学习的各个方面，使他们主动接受和了解教育的内涵，这不仅促进了思想政治教育的社会化，还大大增强了思想政治教育的实效性。

第四，增强了高校思想政治教育工作的渗透性。隐性教育和显性教育两者是相对的。隐性教育是指在宏观主导下通过隐目的、无计划、间接、内隐的社会活动，使受教育者潜移默化地受到影响的一个教育过程。在这一点上，我国的教育者做得远远不够，效果甚微。真正的隐性教育，能够不知不觉地影响和转变学生的价值观、思想和态度等。鉴于新媒体的隐蔽性，我们完全可以拿来用于高校思想政治教育，利用这个特点，开展隐性教育。高校思想政治教育工作者可以通过网络论坛、微博、微信等，在日常生活和休闲娱乐中慢慢进行渗透教育，一点点地改变大学生思想，进而实现思想政治教育的目的。

2. 新媒体对高校思想政治教育工作的负面影响

第一，“无屏障性”是新媒体传播的一个特点，这也增加了高校思想政治教育工作的难度。首先，大量的信息有好也有坏，而这些信息没有经过筛选就进入了大学生的视野，这很容易使还没有步入社会、阅历较浅并且极度依赖网络的大学生迷失在这繁杂的信息中，做出错误的选择。要帮助大学生分清是非对错，摆脱迷茫，并不是短时间可以实现的。这也进一步增加了思想政治教育工作者的工作难度。其次，社会对新媒体信息传播的监管十分微弱，又进一步增加了高校对校园网控制的难度。比如，肆意传播个人信息、暴露别人的隐私，类似的现象经常出现。这些不良的网络信息对大学生具有很大的吸引力，他们会在不经意间将这些消息传播出去，不断推动不良信息的传播。最后，隐秘的新媒体传播方式给具有心理疾病和网络犯罪倾向的人提供了条件。许多大学生在虚拟网络中肆意妄为，宣泄心中的愤懑，随意对身边的人和事、社会和学校进行攻击，这些都是新媒体带来的。

第二，新媒体技术的“易更新性”增加了高校思想政治教育工作创新的难度。随着新媒体技术的更新，新的应用方法也随之出现，这就需要高校思想政治教育工作者提高自身能力，不断地进行创新。因为高校思想政治教育工作者对传统的思想政治教育模式十分熟悉 ，但是对新媒体技术的运用却比较生疏，在新形势下的工作中缺少主导性，达不到理想的教育效果。虽然在短时间内要求高校思想政治教育者的工作具有创新性不太可能，但是需要其保持清醒的头脑，敢于抛弃不合时宜的老旧观念和思想，努力摸索适应新媒体时代的工作方法，充分发挥网络思想政治教育的作用。

第三，新媒体的“匿名性”增加了有针对地开展高校思想政治教育工作的难度。匿名性是新媒体隐蔽性特征的一个方面。在互联网上，大学生可以自由表达内心情感，高校思想政治教育工作者可以更便捷地把握大学生的思想。但是大学生往往通过匿名来宣泄情绪、表达思想，这使得教育工作者不能具体到个人。

第四，新媒体的“无序性”增加了高校思想政治教育工作管理的难度。在新媒体时代，新媒体用户不仅是接收者，还可以是生产者和传播者。几年前，美国皮尤研究中心发布的一项调查显示：有一部分美国青少年曾经有过被人在网络散布谣言、收到威胁性信息、未经允许公布私人电子邮件、未经允许上传令人难堪照片的经历。新媒体传播的“无序性”增加了社会风险，是社会动荡不安的一个因素，不利于学生的身心健康发展。在新媒体技术的背景下，不道德行为越来越难以进行制约和规范，这给高校思想政治教育工作的有效管理带来了难题。

（二）新媒体对高校思想政治教育工作者主导地位的影响

1. 新媒体对高校思想政治教育工作者主导地位带来的正面影响

第一，有利于高校思想政治教育工作者掌握工作的主导性。从高校思想政治教育工作的发展历程来看，教育工作者始终占据主导地位，然而新媒体的迅速发展使当代大学生的思想观念和心理状态极不稳定且多变，老旧的思想政治教育模式已经不太适用，实际效果越来越差。新媒体的兴起巩固和加强了教育工作者的主导地位，主要表现在三个方面。一是通过新媒体可以对当代大学生的心理状态和思想观念做到全方位、立体化的把握，进而能更好地分析他们的特质，为教育者发挥主导性创造了基本条件，特别是可以及时有效地处理和解决一些出现在大学生群体中的偏执性问题。二是新媒体的兴起为教育工作者提供了海量的资源和课题，极大地丰富了思想政治教育的内容和形式，一些新语言和案例可以充实到具体课程中。通过这些形式，思想政治教育工作者可以掌握主动权。三是新媒体可以极大地调动思想政治教育工作者的热情和积极性，将文字、音乐、图片融合为一体，形成立体的文化传播形态，这种形态更具有趣味性，使大学生乐于接受，从而更加积极地融入学习过程中。

第二，有利于高校思想政治教育工作者增强工作的互动性。思想政治教育取得实际效果的关键是思想政治教育能够成为一个互动的系统，用于加强主客体之间的互动与交流。就思想政治教育现状而言，教育者与被教育者之间存在矛盾和隔阂，无法很好地交流与互动。新媒体的隐蔽性和匿名性使思想政治教育工作者不再居高临下，大学生可以随时随地平等地与他们进行交流和互动，这样就创造了一种轻松、自由的氛围，有利于形成一种新型的主客体关系，使他们平等交流、相互尊重、和谐相处；有利于高校思想政治教育工作者增强工作的互动性；有利于在自由的新媒体环境下对大学生进行潜移默化的教育，使思想政治教育工作更加灵活和有效。

第三，有利于保持思想政治教育工作的高效性。传统的思想政治教育方式单一枯燥，主要是通过座谈会、课堂教学、社会实践等形式来进行。在新媒体快速发展的今天，传统的思想政治教育形式已经过时，且效率低下，而新媒体的便捷和迅速，能够有效改变思想政治教育工作的现状。教育工作者通过新媒体技术的运用能够有效摆脱地域和时间的限制，在很短的时间内有效把握社会热点，充分掌握和分析当代大学生的心理健康状态，将大量信息注入思想政治教育内容中，这样可以更深入、更直接地对大学生进行思想教育。

2. 新媒体给高校思想政治教育工作者主导地位带来的负面影响

第一，高校思想政治教育的权威性受到威胁。新媒体为高校思想政治教育主客体之间搭建了一个平等相处的平台，但同时出现了两个现象。一方面，教育者自身的新媒体素质不高，再加上工作任务繁重、工作时间有限，因此他们陷入了一个尴尬的境地，大学生接收信息的速度比教育者快，使教育者陷入被动的境地，这就会威胁到思想政治教育的权威性和主导性地位。另一方面，大学生获取信息的方式越来越多，覆盖面越来越广，面对新媒体所传播的信息，他们具有自己的看法与理解，而且喜欢根据自己的意愿进行取舍，而不是根据事物本质的好坏。这就减弱了传统思想政治教育过程中教育者的信息优势，尤其是现在有些思想教育工作者还没有深刻了解到新媒体技术在思想政治教育中表现出来的新规律和新特点，从而无法有效地利用新媒体技术来开展思想政治教育工作。

第二，高校思想政治教育的主导思想受到了损害。新媒体的出现导致了思想政治教育工作者的两极分化，一部分教育工作者仍然存在陈旧的观念、保守的思想，不愿意利用新技术，不愿意更新已经过时的教育模式和教授方法，另一部分教育工作者不能适应时代变化，同时又忽略了自己的主观能动性，竟然被大学生的观点同化，不假思索、不思进取，本身无法抵御西方所谓“普世价值”的诱惑。新媒体时代下，高校思想政治教育的开展受到了各种问题的阻碍，这不仅降低了高校思想政治教育主导教育的有效性和思想性，还损害了思想政治教育工作者在大学生心目中的权威性。

第三，高校思想政治教育主导方式的有效性被弱化。以课堂教学为主，以小组讨论、专题讲座、社会实践等方式为辅是传统的高校思想政治教育的主导方式。这种方式亲切自然，能够使教育者在现场感受到受教育者在情绪和思想上的变化，充分地体现了思想政治教育的“在场有效性”，也在一定程度上改变了大学生的认知方式和自我表达方式。然而，具有开放性和交互性的新媒体技术，改变了社会对个人思想行为的制约机制，由于我们的管理经验不足，对负面和不良信息不能有效地筛选和甄别，大量垃圾信息快速地进入大学生的生活和学习中，给大学生带来许多的消极影响，这不仅为主流价值观和思想体系的长期性传播带来问题，还弱化了思想政治教育的“有效性”。

（三）新媒体对高校思想政治教育工作者教学模式的影响

1. 新媒体给高校思想政治教育工作者的教育模式带来的正面影响

第一，极大地充实了高校思想政治教育工作者的教育内容。传统的高校思想政治教育由于客观因素，如传播信息量小，很多方面触及不到或者覆盖不到，效果不尽如人意。新媒体技术的应用，把海量的数据注入高校思想政治教育内容中，优点主要表现在四个方面。一是在信息化时代，新媒体本身对信息的储存、搬运和传播能力无可比拟，大量的信息和资源涌入思想政治教育的各个领域，也使思想政治教育工作者在进行教育的过程中更加具有选择性和客观性；二是新媒体的广泛应用使得全球可以共享资源，这改善了传统思想政治教育信息量小、教育覆盖面窄的问题；三是不断更新的新媒体信息使教育者能够在短时间内收集和筛选符合当下潮流和思想政治教育要求的信息和资源，从而大大提高了思想政治教育工作的时效性；四是多种多样的新媒体技术丰富了思想政治教育的方式和途径，拓宽了思想政治教育的渠道，许多思想政治教育工作者通过把声音、图片、文字、色彩融合到一起来演绎原来抽象的、难以把握的思想政治教育内容，大大增强了思想政治教育的实际效果。

第二，更新了高校思想政治教育工作者的教育方式。新媒体的广泛应用，带来了“四个转向”。第一个转向是转向开放式教育。传统思想政治教育的封闭性被新媒体扭转，教育面拓宽了，变得更为开放，而大学生接受教育的方式也变得更加多样，更加直接、具体。第二个转向是转向启发式教育。新媒体时代，“填鸭式”的教育方式已经被时代所摒弃，新的教育方式注重学生自主学习和思考能力的培养，引导他们自己去发现、分析和解决问题。第三个转向是转向双向互动式教育。新媒体时代使任何人都具有了多重身份，教育者和被教育者身份不是一成不变的，会随着时空条件的变化而互换，彼此可以通过交流和沟通，取长补短，互相学习，共同进步。第四个转向是转向服务式教育。新媒体技术的运用使教育者的说教态度大大转变，讲授气氛更加民主和轻松，教育者的服务职能越来越凸显。

第三，丰富了高校思想政治教育工作者的教育手段。传统的高校思想政治教育手段比较单一，越来越不能满足信息时代的要求。新媒体技术的广泛运用，使思想政治教育的方法和方式由一变多，不再单调和枯燥。比如，微博、微信、贴吧等社交媒体，可以成为思想政治教育内容的传递者，并逐渐成为受大学生欢迎的教育方式。具体来讲，利用高校的贴吧，将思想教育的内容以帖子的形式进行介绍，学生可以在帖子下与老师进行交流和讨论，这样可以把教育从课堂搬到平时的生活中去，使思想政治教育工作更普及和日常化；利用高校的官方微博或者微信公众号，把涉及思想政治教育中的主流价值观和思想体系的热点新闻和社会事件进行报道，并附上思想政治教育者的正确观点和看法，通过这种方式来潜移默化地影响学生的行为和思维模式。

2. 新媒体给高校思想政治教育工作者的教育模式带来的负面影响

第一，高校现有的思想政治教育模式随着新媒体的发展而受到排斥和批判。高校思想政治教育的现有模式在新媒体技术的背景下，面临着全新的挑战。一方面，新媒体的虚拟性容易导致大学生迷茫和困惑，从而轻视思想政治教育工作的重要性和必要性；另一方面，高校思想政治教育工作的部分教育模式、内容和方式方法已经不符合时代的要求，理应被抛弃或改良，特别是涉及前瞻性的实践与理论的研究，无法跟上新媒体技术的发展速度。所以，思想政治教育工作者应当不断创新，探索教育的新模式，进行教育改革和升级。因此，完善传统的思想政治教育模式，使其适应新媒体时代的发展要求，是目前教育工作者必须进行的一项工作。

第二，高校现有的思想政治教育的引导功能随着新媒体的发展逐渐被削弱。大数据时代，新媒体携带和传播的信息量巨大，种类繁杂，其中掺杂了一些不道德的、扭曲的、落后的思想观念，极易毒害当代大学生的心灵，因此要强化高校思想政治教育的引导功能。然而，高校思想政治教育传统模式随着新媒体的壮大而受到排斥，这阻碍了其引导功能的发挥，亟待解决。

第三，新媒体的发展在一定程度上不符合高校现有的思想政治教育内容。高校思想政治教育的主体内容，是按照教育部制定的培养目标来确定的，通过“诱导式”和“灌输式”的方式来教育受教育者。这样，既保证了思想政治教育任务与目标的实现，又体现了思想政治教育的性质。和教育目标保持一致性与趋同性是在这种条件下形成的教育内容的最大好处，其弊端是造成教育模式和内涵止步不前，看不到大学生个体的特殊情况和需求，不能对症下药。在信息时代下，互联网的极速发展，使大学生接收信息的途径越来越多，历史新闻和热点新闻等任何存在着的文化形式都能够被获取，同时受多元化价值观的影响，大学生推崇无拘无束、自由自在的表达方式，他们对正统的教育模式和内容，有厌倦和抵制的心理。这样看来，新媒体具有的言论自由性、表达交互性、内容随意性、传播快捷性的特点，对当前高校思想政治教育的主体内容提出了新挑战。我们需要对思想政治教育内容进行革新和取舍，以适应新的形势。

第四，高校现有的思想政治教育方式、方法随着新媒体的发展受到一定的排斥。所谓思想政治教育方法，就是在马克思主义世界观的指导下，人们能够实现自我完善和发展的任何方式、方法、手段和途径。单向教育的模式是指传统的思想政治教育要求教育者以自身的行为来教授受教育者，也就是学生处于一种被动接受的地位，这种模式将主客体彼此交流和沟通的渠道堵死了，变得僵硬和死板，学生也越来越讨厌这种方式。当然，这种思想政治教育方法也是最简单、直接的，可以使学生正面吸收和理解，以实现思想政治教育的预定目标。新媒体技术的应用改变了原有传播方式，由单向传输转化为双向互动交流，这虽然受到了大学生的欢迎，但是思想政治教育的预定目标却难以实现，并且无法轻松地收到思想政治教育的预期效果。所以，如何主动运用并学习新媒体技术，将传统的思想教育方法现代化，是高校思想政治教育工作者面临的难题。

（四）新媒体对高校思想政治教育工作者自身素质的影响

1. 新媒体对高校思想政治教育工作者自身素质带来的正面影响

第一，拓宽了高校思想政治教育工作者的视野。互联网的发展进一步推动了全球化的步伐，信息传递的渠道被大大拓宽，人与人之间的沟通更加方便快捷，人们已经广泛认同了新媒体技术带来的好处，如开阔眼界、活跃思想、提高效率等，这就奠定了高校思想政治教育工作在新媒体时代的思想基础。新媒体提升了高校思想政治教育工作者的眼界，主要表现在：一是新媒体弱化了各国之间的界限，它引导思想政治教育工作者在了解国内信息的同时，也利用新媒体技术及时了解和掌握国外信息，不再受地域限制，从而做好应对一切问题的准备，只有这样才能掌握高校思想政治教育的主动权；二是新媒体弱化了高校与外界的界限，它推动了思想政治教育主客体两个群体把目光投向校园围墙之外，亲自去体验和感受，这样形成的认识更加深刻，以便寻找其发生的根源，并对症下药；三是新媒体弱化了课堂内外的界限，使思想政治教育活动更加灵活，课堂内外均有教育的渠道和机会，特别是课下的沟通和交流，更便于进行一定的思想教育。

第二，促进了高校思想政治教育工作者现代观念的确立。与现代社会相适应的观念才是现代观念，它会随着时间的推移不断更新和变化。目前，高校思想政治教育工作者的现代观念包括科学观念、时空观念、平等观念、素质观念和效率观念等。新媒体快捷性这一显著特点，有利于思想政治教育工作者加强效率观念，促进教育者思想观念的革新和更迭。思想政治教育工作者通过新媒体可以更好地接触外部世界，打开获取新知识的大门，有利于自身知识架构的改善和合理化以及观念的转变。

第三，促进了高校思想政治教育工作者个人能力和综合素质的提升。新媒体除了推动了思想政治教育模式的革新和完善，还对思想政治教育者的综合素质提出了更高的要求。当下，思想政治教育工作者应当加强对新媒体的认识，不断分析它的特点以及优缺点，进而提高自身的工作水平。思想政治教育工作者要注意以下问题：一是在确保思想政治教育工作方向正确的前提下，不断提高政治素质和思想道德素质；二是要客观认识自我，进行科学定位，在此前提下，利用好新媒体网络，养成不断接受和认识新鲜事物的良好习惯。比如，在“两课”教学中，要根据教学工作的需要，积极寻找网络资源，随时随地更新教育素材，并且利用声音、动画、图片等方式使形式更加生动，丰富思想政治教育的内容以吸引学生。再如，在平时的管理中，要积极利用新媒体开展相关的测评和调研，及时了解和掌握大学生的精神需求、心理状况和思想动态，使思想政治教育更加切合大学生的学习生活，以此得到更好的效果。

2. 新媒体给高校思想政治教育工作者自身素质带来的负面影响

第一，个别思想政治教育工作者的价值观和理想、信念受到冲击。随着新媒体的迅速发展，新的思想政治教育工作渠道和手段越来越多，带来了一些影响。在这个过程中，高校思想政治教育工作者的思想观念受到的冲击最为严重。在现代社会，新媒体虽然提供了“超国家”“无疆界”“超民族”的空间，但作为一种方便快捷的信息传播方式，已经成了意识形态的斗争阵地。而思想政治教育的主客体同样受到了西方所谓“普世价值”的侵扰和渗透，以美国为首的西方国家传播的资本主义生产方式和价值观念，严重破坏了年轻的思想政治教育工作者的传统价值体系，影响高校思想政治教育的有效开展。

第二，少部分高校思想政治教育工作者的业务能力差。面对日新月异的新媒体技术，部分高校思想政治教育工作者仍然反应迟钝，不能适应和主动转变自己的思想观念，甚至对新媒体一无所知，从而阻碍了其创新能力和想象力的发挥。北京理工大学课题组对北京思想政治理论课任教教师的调查结果显示：虽然大部分教师已经能够较为熟练地使用网络资源，但大多数教师仍然不会采用新媒体方式进行授课，在获取信息的能力上，许多教师表示力不从心，无法快速准确地找到所需要的资源，仅有很少教师表示基本掌握多种查询方法，能熟练获取所需资源。当前思想政治教育工作者的知识结构单一，即使思想政治工作与各个具体学科领域关系密切，许多高校思想政治工作者也很少了解时下流行的文化和思潮。

第三，一部分高校思想政治教育工作者的整体素质低下。整体素质低下的现象普遍存在于高校思想政治教育工作者中，究其原因，一是网络语言表达能力欠缺，部分教育工作者对网络文化不重视，甚至毫不了解，使得自身与网络时代割裂和脱节，更不要说用流行语来和学生沟通与交流了；二是观察能力较弱，他们不习惯多渠道地了解学生的想法，特别是借助新媒体手段，所以与学生的代沟逐渐加深，再加上不懂得认知和剖析网络中新兴的现象和问题，因而就不能有针对性地开展思想政治教育工作；三是不注重调查研究能力的培养，他们不懂得利用新媒体平台，有目的地开展一定规模的网络调研和信息分析，更不用说利用信息合理预测大学生思想发展的方向了；四是组织协调能力的欠缺，面对存在不同问题和不同需求的大学生，教育工作者无从下手，或者还是老套地说教；五是调控能力不强，在授课过程中，他们不能将时下备受关注的热点事件和突发新闻同教育内容相结合，导致思想政治教育与时代脱节，大大削弱了其时效性。①

① 季海菊．新媒体时代高校思想政治教育研究[D]．南京：南京师范大学，2013.

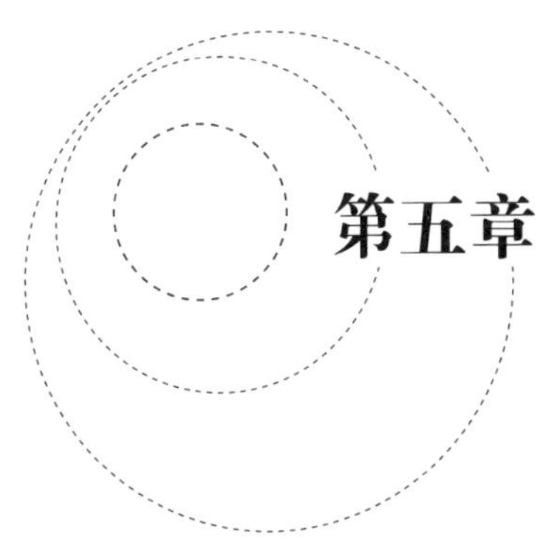

第五章　新时代我国高校思想政治教育的指导思想

时代性反映了人类社会发展的规律，时代性符合当代社会发展要求，时代性体现了时代变革精神，时代性是适应人们思想行为的时代总范畴和总概括。坚持具体的、历史的、发展的和与时俱进的观点就是高校思想政治教育的时代性。马克思指出："理论只要说服人，就能掌握群众；而理论只要彻底，就能说服人。所谓彻底，就是抓住事物的根本。"[①] 所以，我们要建立解决高校思想政治教育时代性问题的指导思想，并按照这些指导思想的要求付诸行动，使高校思想政治教育工作方式及内容亲近生活、亲近时代、亲近大学生。

第一节　我国高校思想政治教育的指导思想

一、解决高校思想政治教育时代性问题的根本指导思想

解决高校思想政治教育时代性问题的根本指导思想是中国特色社会主义理论，它是在任何情况下都必须坚持的一种指导思想。

马克思主义用科学的世界观和方法论深刻揭示了自然界、人类社会和思维发展的根本规律，成为无产阶级政党建设和发展社会主义的根本指导思想。马克思历史唯物主义和辩证法思想要求理论结合实际，实事求是，一切从实际

① 《马克思主义哲学史》编写组．马克思主义哲学史 [M]．北京：高等教育出版社，2012：141.

出发，具体问题具体分析。从客观上看，这都是进一步诠释和解读时代性的哲学原则和哲学思维。中国特色社会主义理论是马克思主义中国化思想的动态表现，马克思主义基本理论在中国特色社会主义建设和改革开放过程中被赋予了新的时代特征和内涵。邓小平同志曾说："世界形势日新月异，特别是现代科学技术发展很快。现在的一年抵得上过去古老社会几十年、上百年甚至更长的时间。不以新的思想、观点去继承、发展马克思主义，不是真正的马克思主义者。"① 2013 年 1 月，习近平总书记在新进中央委员会的委员、候补委员学习贯彻党的十八大精神会议上发表了《毫不动摇坚持和发展中国特色社会主义》的重要讲话，他强调："党的十八大精神，说一千道一万，归结为一点，就是坚持和发展中国特色社会主义。"他认为坚持和发展中国特色社会主义的根本依据是时代性，"马克思主义必定随着时代、实践和科学的发展而不断发展，不可能一成不变，社会主义从来都是在开拓中前进的。坚持和发展中国特色社会主义是一篇大文章"。

高校思想政治教育的社会实践活动，首先，必须站在马克思主义立场，对高校学生存在的理想信念、思想政治素质、道德作风、先进性等方面的问题，进行辩证分析，以马克思主义的观点和方法进行具体问题具体分析，因材施教，对症下药，将学生的特殊需求和问题考虑进去，才能真正提高他们的思想政治素质。其次，要让大学生养成理论和实践相结合的行为习惯，将掌握的马克思主义理论和自身的发展和完善相结合，不断验证理论的正确性。作为高校思想政治教育的工作者，要发挥历史的主动性和创造性，清醒地认识世情、国情、党情的变和不变，永远要有逢山开路、遇河架桥的精神，要锐意进取，大胆探索，敢于和善于分析并解决现实生活中和学生思想上迫切需要解决的问题，不断深化改革开放，不断有所发现、有所创造、有所前进，不断推进理论创新、实践创新、制度创新、文化创新。

除此之外，大学生还应当加强中国特色社会主义理论的学习，因为它是中国七十多年来建设的经验总结，是最符合中国国情和中国发展道路的理论指导。大学生要坚持用最新的中国特色社会主义理论来丰富自己，从而提高自己的思想政治道德素养，实现自我的发展和完善。

① 中共中央文献编辑委员会．邓小平文选[M]．北京：人民出版社，1994：141.

二、解决高校思想政治教育时代性问题的基本指导思想

思想政治教育要以国家和社会的发展为中心任务，只有这样，思想政治教育内容才能保持在正确的轨道上，并且跟随时代的步伐科学规划教育内容，实现其有效性。即使时代在不断发生变化，也一定要围绕党的中心工作及时调整高校思想政治教育的时代性和发展性内容。习近平总书记指出："当前，全党面临的一个重要课题，就是如何正确认识和妥善处理我国发展起来后不断出现的新情况新问题。现在，我们遇到的问题中，有些是老问题，或者是我们长期努力解决但还没有解决好的问题，或者是有新的表现形式的老问题，但大量是新出现的问题。新问题每时每刻都在出现，而且多数又是我们过去不熟悉或者不太熟悉的。出现这样的状况，是由世情、国情、党情的发展变化引起的。"他还提出："要着力服务全面建成小康社会、全面深化改革、全面依法治国、全面从严治党的战略布局。'四个全面'的战略布局是从我国发展现实需要中得出来的，从人民群众的热切期待中得出来的，也是为推动解决我们面临的突出矛盾和问题提出来的。"

当前，全面深化改革，推进国家治理能力和治理体系现代化，依法治国，最终实现国家富强、民族复兴和人民幸福"三位一体"的中国梦是党和国家的中心工作。所以，"思想政治教育就要围绕这一中心和关键，努力将大学生的思想政治道德素养提高，增强大学生思想政治教育的针对性和实效性"。①

第二节　坚持中国共产党的领导

习近平总书记指出，办好我国高等教育，必须坚持党的领导，牢牢掌握党对高校工作的领导权，使高校成为坚持党的领导的坚强阵地。党委要保证高校正确办学方向，掌握高校思想政治工作主导权，保证高校始终是培养社会主义事业建设者和接班人的坚强阵地。各级党委要把高校思想政治工作摆在重要位置，加强领导和指导，形成党委统一领导、各部门各方面齐抓共管的工作格局。各地党委书记和有关部门党组书记要多到高校走走，多同师生接触，多去高校做报告，回答师生关注的理论和现实问题。要加强同高校知识分子的联

① 吕康辉．全球化背景下的思想政治教育有效性研究[D]．福州：福建师范大学，2002.

系，多关心、多交流、多鼓励，善交朋友、广交朋友、深交朋友，多听他们的意见，真听他们的意见。(参见附录一)

自进入21世纪以来，中国面临的国际环境依然严峻。总的来说，多个新兴国家逐渐壮大，相互制衡和竞争，呈现了一超多强的局面，世界处在一个相对和平的状态，但少数地区依然动荡不安，局部战争时有发生，霸权主义和强权政治并没有消失。美国和西方其他一些发达国家，利用自己的经济和军事力量以及传统的优势地位，肆意妄为，主导制定有利于自己的游戏规则，把多数发展中国家玩弄于股掌之中，借助全球化把控弱小国家的经济命脉。它们把自己主张的价值观念和政治民主包装和美化，通过文化殖民不断侵扰中国人民的思想，一直不放弃对我国进行“和平演变”。这些已经成为我们党的全部工作和建设中最不能忽略的重大时代背景。面对新形势、新情况，只有不断完善和发展自己，才能更好地推动中国特色社会主义伟大事业的崛起。

从思想政治工作的实际效果来看，首先，要高度重视并真正将思想政治教育工作作为党的领导的重要方面，不要因为走了太远，而忘记了为什么出发。其次，党的思想政治工作的内在要求是自觉接受党的领导，因此必须教导学生充分认识和尊重党的领导地位，时刻紧紧跟随党的前进步伐。只有从政治、思想、组织等方面加强和改善党对思想政治工作的领导，实现思想政治工作与其他各项工作的有机结合，才能全面将中国特色社会主义事业继续推进，也才能创造有利条件，增强思想政治工作的有效性。

加强党的领导与党的作风建设，是增强思想政治工作有效性的重要前提。党的十五届六中全会讨论通过了《中共中央关于加强和改进党的作风建设的决定》，该决定指出:“执政党的党风，关系党的形象，关系人心向背，关系党和国家的生死存亡。”首先，改善社会环境的关键在于党的环境。党作为领导核心，其作风对社会的各种风气具有无可替代的导向性和指导性，只有党风整顿好了，社会风气才会健康发展，思想政治教育工作的社会环境和校园环境也才会向好的方向发展。另外，在与世界各国交流和合作时，我们要自觉保持清醒头脑，不断加强自我的作风建设，注重社会氛围的改善和维护，为思想政治工作的开展创造各种便利条件。其次，党向人民群众展现的一面旗帜就是党的作风。这面旗帜的光彩直接关系人民群众对党的信任程度。如果失去了人民群众的信任，那么就失去了人民群众，思想政治教育的意义便不复存在了，更不用提其工作的功能和效果了。

增强思想政治工作的有效性可以通过加强党的理论建设来实现。习近平在庆祝中国共产党成立95周年大会上明确提出："指导思想是一个政党的精神旗帜。95年来，中国共产党之所以能够完成近代以来各种政治力量不可能完成的艰巨任务，就在于始终把马克思主义这一科学理论作为自己的行动指南，并坚持在实践中不断丰富和发展马克思主义……理想因其远大而为理想，信念因其执着而为信念。我们要把理想信念教育作为思想建设的战略任务，保持全党在理想追求上的政治定力，自觉做共产主义远大理想和中国特色社会主义共同理想的坚定信仰者、忠实实践者，在全面建成小康社会、实现中华民族伟大复兴中国梦的历史进程中充分发挥先锋模范作用。"从思想理论内容上看，党确立和建设的思想理论体系，必须要在思想政治教育工作中充分展现。思想政治教育工作若要被接纳，就必须用党的理论来科学分析和把握事物的本质，以及发展的客观规律和存在的客观状态。要想加强党的理论建设，就必须坚定不移地坚持马克思列宁主义、毛泽东思想、邓小平理论、"三个代表"重要思想、科学发展观、习近平新时代中国特色社会主义思想等重要思想的指导，并且不断总结经验教训，面对新的问题，不要畏惧，灵活运用党的指导思想来分析和解决问题，用实际行动来证明指导思想的伟大、光荣和正确。"勇敢积极地同各种错误思潮做斗争，不断加大理论学习和宣传的力度，利用一切条件，充分发挥创新的马克思主义理论的战斗力和说服力，这直接关系到能否加强思想政治教育的有效性。"①

第三节　强化思想政治教育的针对性

一、提高思想政治教育内容的针对性

思想政治教育的内容属于社会意识范畴，只有这种意识遵循了客观规律，做到了从实际出发，具体且有针对性地解决发展过程中的难题，才能被人认可和推崇。这就决定了思想政治教育必须符合时代发展的潮流和步伐，只有加强思想政治教育的针对性，才能构建起直通教育主客体之间的桥梁，才能增强受教育者的接受程度，才能使思想政治教育产生实际的效果。

经济的一体化和全球化使各国之间的隔绝不复存在，相互之间的关系更

① 吕康辉．全球化背景下的思想政治教育有效性研究［D］．福州：福建师范大学，2002.

加密切。在国与国之间竞争和交流的过程中，各国的主流文化并存发展，相互融合又产生冲突。面对这样的形势，人们的思想逐渐开阔起来，视野更加宽广，对不同的文化都存在一种想要了解和体验的冲动，无形中这又使思想政治教育面临的形势更加严峻和复杂。当前，思想政治教育工作应当在内容上从中国和世界的新形势出发，在党的指导思想的指导下不断创新，并且灵活地与社会发展和时代的要求相结合。否则，思想政治教育就会由于缺乏针对性、有效性和主动性，而不会被人民群众接受，最终丧失生命力。

在经济全球化过程中，我们要注重爱国主义教育，这样才能增强经济和社会发展过程中的精神支撑。如今，爱国主义被赋予了新的时代特征，它对增强民族向心力和文化认同感十分重要。经济全球化的实质就是世界各国为了追逐更大的自身利益，向外进行利益扩张的一种国际利益关系态势。当前，贸易文化和经济生活越来越趋向于全球化，拥有全球视野和开放态度的人才更具有竞争力，成为跨国公司的争抢对象。与此同时，中国经济的民族色彩同样要保持下去，这是涉及国家意识和民族自信心的重要问题。

我们要把自己的心态放宽，用全球视角来分析和考虑问题，互通有无，做到经验技术和资金的共享，共同规避国际风险，达到双赢。在此过程中逐步提高中国的国际地位，扩大影响力，获取发言权，将中国的传统美德展现给全世界。面对时代变革，当代思想政治教育必须根据时代的需要，主动去调整思想政治教育内容。因此，我们要坚持正确的价值观和思想体系，增强抵御能力，不断完善和发展自我；要培育勤俭节约与艰苦奋斗的意识，不要被享乐主义和消费主义吞噬。

随着国与国之间经济交流合作日益增多，国家的整体精神风貌和文明进步程度可以由具体的国民素质展现。中共中央颁布的《公民道德实施纲要》已经充分表明，我国国民的精神文明风貌，我国公民道德的基本规范是明礼诚信、团结友善、爱国守法、敬业奉献、勤俭自强。这些规范，既继承了民族传统道德（如自强、明礼、爱国、奉献等），又吸收了西方先进道德理念（如守法），同时反映了当代社会主义市场建设的需要（如诚信），体现了世界性、民族性和时代性的有机统一。这也是思想政治教育工作的重要内容。

面对全球化的潮流，思想政治教育要不断更新和改善，为深化改革和社会发展提供精神支持。同时，我们要提高警惕，增强自我防御能力，自觉抵制西方腐朽思想的侵扰和渗透，不断拓宽教育内容，及时关注和研究人类面临的普遍问题，增强人类关怀意识和全球意识。

二、针对教育对象的需要和特点进行思想政治教育

（一）针对教育对象的需要进行思想政治教育

在社会生活中，面对纷繁复杂的情况，我们总会有各种各样的问题和需要，当有了需求，才有可能将需求转化为前进的动力，不断完善和发展自己。思想政治教育必须牢牢把握住这一实际情况，深刻分析受教育者的心理状态以及他们的特殊需要，做到因材施教、对症下药，结合多种途径和手段，不断调动受教育者的积极性和自主性，引导他们提升自己的思想政治素质以及分析问题和解决问题的能力，加强自身的修养和自我治愈能力，不断取得进步。例如，针对教育对象对我国加入世界贸易组织的认识，我们要加大宣传和传播力度，不断帮助大学生拓宽自己的思路和视野，将入世的客观利弊完整地呈现给受教育者，避免迷茫和慌张。思想政治教育要善于抓住时空条件，尤其是层出不穷的社会热点和突发事件，这样才能使大学生接受思想政治教育时不会感到空洞，从而达到最佳的效果。

（二）针对教育对象的特点和实际进行思想政治教育

一切从实际出发应该作为思想政治教育工作的原则和方针，然而就目前情况而言，思想政治教育忽略客观情况而大谈主义的情形仍然存在，其有效性一定会被这一现象影响。思想政治教育工作者的基本能力和有针对性地开展思想政治工作的前提条件是增强对教育对象的观察和了解。思想政治工作从某种意义上讲就是做人的工作。“情况不明决心大，心中无底办法多”是大家最害怕出现的。

思想政治教育工作者要想进行思想政治教育，首先必须正确把握教育对象的特点和实际，不断总结和分析，才能有针对性地开展思想政治教育工作。只有了解教育对象，才不会出现“盲人骑瞎马，夜半临深池”的现象，才能起到实际效果。所以，教育工作者要加强调查研究，了解教育对象，运用去粗取精、去伪存真的方法对教育对象的思想进行分析，找出问题出现的原因。

信息全球化使信息的传播成指数级增长，各种门类和性质的信息铺天盖地，极大地丰富了人们的精神世界。尤其是面对不断涌现的社会热点和突发事件，人们充满了兴趣，并有自己的观点和看法，这样的现象实属正常。在此过程中，思想政治教育工作者应该充分发挥自己的作用，注重培养受教育者分析问题和解决问题的能力。思想政治工作要想有效达到预期效果就必须符合受教育者的思想实际。这样看来，想要搭建教育主客体之间沟通的桥梁，增强思想

政治教育的效果，就只有充分针对教育对象的特点和实际，做到因材施教、对症下药，跟上时代发展的步伐。

三、加强思想政治教育主客体建设

（一）切实提高思想政治教育者的素质

思想政治教育的本质是将人的思想品德和心理素质社会化，帮助人不断适应新社会和时代发展的新情况，在我国当前国情下，就是将受教育者培养成能够满足社会发展需求的新时代青年，以适合社会主义现代化建设的需要。实践表明，人作为社会环境和教育的产物，其思想政治修养对自身的发展不可或缺，与思想政治教育不可分割。所以，思想政治教育工作者的队伍建设显得十分关键。

社会发展进入新时代，对思想政治教育者的素质也有了新的要求。全球化时代的思想政治教育者必须要有足够的经济知识、更宽广的世界观和发展观、更高水平的业务能力以及应对变化的灵活机动性。要想打造一支政治素质高、业务技术精的思想政治教育队伍就必须对其结构进行调整，加大投入力度。坚定明确的政治态度、扎实的工作能力和优秀的人格品质是思想政治教育者应该具备的，因为这些都直接影响思想政治教育的客观效果。只有时刻牢记其政治指向是以党为代表的最广大人民的根本利益，思想政治教育的有效性才有可能提高。教育者只有作风正、能力强，榜样示范的作用才能发挥出来，才能得到受教育者的尊重和认可，从而为思想政治教育工作的开展提供便利。也就是说，教育者的思辨能力和工作的方式方法，在很大程度上影响思想政治教育工作的引导力。

在全球化视角下，人们的生活方式丰富多彩，生活条件逐步改善，这对思想政治教育者的业务和素质提出了更高和更多的要求。因此，思想政治教育者应主动思考求变，遵循客观情况，不断完善和发展自己，从而完成自己的使命和任务。思想政治教育者提高思想政治教育的有效性应从以下几方面来努力。

第一，加强学习。对于思想政治教育者，必须要确立正确的政治方向，必须要把握马克思主义理论，必须要加强政治分辨能力。因此，马克思主义理论是必须要努力学习的内容。思想政治教育者要学会将马克思理论与解决新时期新形势的问题和矛盾相联系，不断证明该理论的正确性，从而增强自身解决和分析问题的能力。同时，要深入研究自己的专业能力，使自己的专业素养更加精深且更具有时代性，还要努力学习和掌握基本的科学文化知识，做好知识储备，并能够将知识灵活运用到思想政治教育工作当中去。思想政治教育者必须把握住教育对象的思想，并用科学的思想去影响他、感化他。

第二，培养自己的创新意识和创新能力。当前，思想政治教育工作与社会脱节，落后于时代步伐的问题比较突出。面对这一困境，思想政治教育者必须要做到主动求变，不断培养自己的创新意识和创新能力，不断革新工作理念，拓宽和改善思想政治教育的方式方法，特别要注重与当下热点、难点相结合，满足教育对象的需要，不断提高思想政治教育的感召力和渗透力，以达到较好的教育效果。

第三，工作作风实事求是。思想政治教育者要坚持务实的工作作风，把思想政治教育工作做成实实在在的工作，避免吹毛求疵，杜绝单一教条的教育方式，要为思想政治教育注入新的血液和活力，不断解决受教育者存在的心理问题和困惑。

（二）提高受教育者的接受性和自律能力

1. 提高受教育者的接受性

教育者与受教育者之间形成的“双边”关系实质上是思想政治教育的过程，也就是思想交流和感情交流的过程。要想提高受教育者的接受性，实现思想政治教育的效果，就必须充分调动两者的积极性。显而易见，思想政治教育有效性的落脚点是受教育者的接受性，只有他们具有强烈的学习意愿，积极主动地学习，思想政治教育工作才有可能成功。

在全球化和信息化的背景下，思想政治教育遇到的困境是受教育者主动性的缺失以及思想政治教育的覆盖面窄和涉及程度低。面对社会腐朽思想、落后文化的负面影响，全球化的影响，网络传播方式的冲击，思想政治教育者的素质并没有得到相应的提高，工作局面也没有满足新时代的要求，这些都使教育对象的接受性降低，使思想政治教育难以产生效果。所以，我们必须从提升教育对象的接受能力的角度来寻找对策，提高思想政治教育的有效性。

教育者要想教学内容很容易地被受教育者接受，一定要提高自身素质，从受教育者的实际问题出发，不断革新思想政治教育的方式方法，最大限度地拉近主客体之间的距离，要力求“真”地选择内容，要力求“精”地选择数量，要力求“新”地选择方法。这样受教育者的心理活动规律才能与思想政治教育相符合，开放性的特点才能被体现。思想政治教育不可能一步到位，因此教育主客体之间的矛盾应当得到妥善解决。而教育者和受教育者的相互沟通是建立在心理相容的基础上的，要想做到这一点，只有拉近二者之间的距离，才能达到心理上的交流和沟通，进而达到心理相容。

除此之外，思想政治教育者要牢牢遵循思想政治教育工作的客观规律，其需要机制、内化机制、情感机制、自我意识机制等内在的心理机制的研究必须得到加强。学生自己的接受性和积极性对思想政治教育工作十分重要。一般来说，不同受教育者年龄、职务、接受性、受教育程度、价值观念等方面都具有较大的差异。所以，教育者应当主动关注当下的热点、难点，使每个受教育者的正确合理的需要能通过教育活动得到满足。

2. 提高受教育者的自律能力

现代社会，人们对自己的人生理想和生活方式拥有更大的自主权，对道德意识也有了更高的要求，自律意识也面临着新的挑战。特别是在没有国家、地域限制，没有时间、空间要求的网络世界里，网络信息的隐蔽性和自由度，对每个体验者心理的自我约束和管控能力提出了更高的要求，因此受教育者自律能力的提高尤为重要。提高自律能力的前提是学会自我调节。

思想政治教育者通过把握不同年龄阶段的受教育者的心理状态和变化过程，培养其积极情感，克服其消极情感。保持乐观向上的心态，时刻保持与新时代的步调一致是教育对象必须做到的。思想政治教育者为他们营造健康、和谐、自由、进取的氛围，同时定期进行心理素质培训，开展“劳动、科技活动、文体活动、社会调查”等有利于教育对象身心健康的社会实践活动，才能促进良好思想品质的形成。自我调节的关键是正确认识自我，评价自我。处在成长阶段的青年人，他们有迅速发展并开始深入自己的内心世界的独立性和自觉性，但是他们对自己的认识还比较肤浅，需要随时对自己的错误进行纠正，慢慢地发展自我、完善自我，通过不断地认识和调节，改正自己的不足。思想政治教育者要通过一系列的活动，培养受教育者的同情心、羞耻心、自尊心、责任心。

构建思想政治教育的“自育”模式是提高大学生自律能力的有效手段。加强受教育者的自我分析、自我发展、自我治愈、自我完善能力是思想政治教育“自育”的主要内容。思想政治教育的内容和方法要从受教育者的实际需求和心理状态出发，真正把教育对象作为认识活动和道德实践活动的主体并挖掘其主体潜能，使教育对象本身蕴含的能动性、自主性等充分被调动起来。思想政治教育“自育”模式的构建是一项整体工程，理论先导要有，数据调研、方式方法、实践操作都不可或缺。自我教育要求受教育者调动自己的主动性，培养和提高自身分析和解决问题的能力，通过“以人为本”的管理模式，提高受教育者的参与程度和自我贡献度；要广开言路，从不同场所和途径接受被教育者的反馈和建议，使他们充分表达内心的感受和看法，并进行总结和整理，不断反思和改进，及时应用到下一阶段的思想政治教育工作中去。

以前，在思想政治教育工作中一般比较注重学生的外在影响作用，而学生主观能动性的发挥常常被忽视，学生的自我教育没有得到应有的重视和培养。大学是青年对自我意识培养的重要阶段，当自我意识觉醒，并被很好地运用到思想政治学习过程中去，就会大大提高学习效率。因为受教育者想要在主体意识基础上产生高度自觉、自省、自律的思维活动，就必须进行自我教育。外因是事物变化的条件，内因是事物变化的根本。在实践中，外部教育和内部教育二者缺一不可，当下更要注重内部教育。传统的教育理念必须要革新和摒弃，要充分认识学生的地位和作用，避免出现高高在上的老旧观念。思想政治教育要想取得最佳效果，必须使受教育者能够充分发挥自我认识、自我激励和自我控制等能力，使受教育者个体的内部自觉行动替代原有的外部教育。

四、加强思想政治教育的创新

一个民族进步的灵魂是创新，思想政治教育的灵魂也是创新。高校思想政治教育工作是根据客观环境的变化所引起的思想变化而进行的，其根本目的是解决存在的矛盾，统一思想，坚定大学生建设中国特色社会主义的信心，并使其为此而不断努力。我们面对的新情况，是新的全球化形势、深化的改革开放和市场经济发展。只有把新的理念、内涵、途径和方式方法引入思想政治教育中，才能培养大学生的创新意识和创新能力，才能提高思想政治教育的针对性和感召力。

（一）思想政治教育要力争理念创新

高校思想政治教育只有不断更新观念、大胆创新，与全球化相适应，才能紧跟时代的步伐和人们的思想变化。

1. 紧跟形势，以人为本

高校思想政治教育是要培养社会主义事业的建设人才，其本质上是教育学生、引导学生。要紧紧围绕人做文章，全面提高大学生的政治思想素质，牢固树立“以人为本”的思想。实际上就是想学生之所想，急学生之所急，把师生的根本利益作为思想政治教育工作的出发点和落脚点，将学生的需求真正放在首要位置。人的思想观念形成的过程是内外因共同作用的过程，其中外因是客观环境，内因就是自己的心理状态和主观能动性，内外因和思想观念相互作用和影响。在进行思想意识的引导和培养时，高校思想政治教育切忌忽视受教育者的内在心理状态，要引导学生和切实服务学生，帮助学生形成健康积极的心理状态，从而解决实际问题。拉近教育主客体之间的关系，消除代沟和隔阂，相互尊重和理解，这样才能调动大学生的积极性，使他们的潜能爆发出来。所以，高校思想政治教育要以大学生的心理为切入点，根据他们的心理特点及心理发展和变化的规律，做好他们的思想政治教育工作，改变传统思想政治教育忽视人心理特点和规律的状况，这样才能提高高校思想政治教育的科学性和有效性。

2. 博采众长，面向全球

在全球化过程中，越来越严重的全球性问题频繁出现，高校思想政治教育只有不断充实自己的教育内涵，注重培养受教育者形成全球观念和世界意识，才能有利于国家建设。只有当大学生具备全球化的意识时，才能博采众长。

思想政治教育是所有国家解决全球问题时都会面对的。高校思想政治教育要随着时代的发展而发展，随着社会的进步而进步，不断给自己换血，不断注入新的活力，要果断摒弃老旧观点。如今经济全球化使企业走出国门，向更大规模的跨国企业发展，随之而来的就是企业的理念、人才需求上的更新。因此，要建立完善同现代企业制度相辅相成的新制度，就需要对思想政治教育工作机制进行创新，把思想教育的优势与现代企业制度所具有的市场机制结合起来。既要继承思想政治教育的优良传统，又要勇于创新，不断完善和充实思想政治教育的内容。要把国外现代优秀科学成果和先进管理经验、方法学好和吸收好，把其他行业的先进经验学好。

（二）要力争创新思想政治教育机制

管理制度是思想政治教育内容的一大方面。教育如果没有一定制度的约束，就会缺乏力度。由此可见，高校思想政治教育有效性的保证是建立和完善一系列制度和机制。有些制度已经不能满足信息化时代的新要求，已经失去了原本的活力和作用，应当及时地更新和替换，而仍然葆有生机的传统经验应当继续吸取。在思想政治教育中，我们需要用制度来保障我们支持的、提倡的行为，同样要通过制度来约束我们反对的、不提倡的行为。

高校思想政治教育工作是一项完善机制的工作，机制的创新是一个大工程，它需要大量的符合历史发展趋势的数据调研，再结合反复的社会实践，不断探索和改进，一点一滴，从无到有，形成有血有肉的一整套体系制度。高校思想政治教育的改革离不开这样一个漫长的过程。高校思想政治教育工作所要创新的机制，必须符合客观工作规律，还要满足学生的自我完善和发展的要求，建立从内到外、从上到下，各组成部分有机统一的系统制度，这才是思想政治教育工作的重中之重。这一机制要使思想政治教育工作的号召与政策一致，要为思想政治工作队伍提供有力的政策保证等，如建立有效的组织领导机制、制度保证机制、责任机制、队伍保障机制和激励机制、检查机制、信息工作机制、评价机制和反馈机制等，将思想政治教育工作落到实处，并不断完善这种机制，以此来增强思想政治教育的有效性。

（三）要力争创新思想政治教育的方式方法

思想政治教育由于新时代的到来，处在复杂多变的社会历史环境中，因此高校思想政治教育的关键时刻——转型期已经到来了。随着时代、对象、目标的变化，思想政治教育的方法和手段也在变化，我们不能无计划地硬着头皮去解决出现的大量新问题，要想取得有效成果，就要认真研究思想政治教育在新时代的特点和规律，寻找新出路、探索新办法、创造新经验，在发展中探索、在继承中创新。

高校思想政治教育工作一定要结合时代精神、社会背景，符合党中央的要求和群众实际情况，在继承传统的基础上不断探索新方法，努力将理性教育与感性教育、静态教育与动态教育、思想教育与解决实际问题、外部教育与自我教育、教育与管理等紧密结合，充分将全球化背景下思想政治教育应具有的民主平等性、动态交互性、开放性等特性展现出来。

空想是想不出有效的思想政治教育方法的，只有结合实践并不断总结研究才行。社会成员的组织形式随着全球化的发展越来越多样化，而且接受思想政治教育人群的需求不是传统的思想政治教育运作模式能满足的，这使内容传递多样化所带来的问题得不到解决。因此，与全球化时代相适应的思想政治教育的有效举措，是拓展社会化思想政治教育模式及构建新的网络化思想政治教育模式。

1. 拓展社会化教育模式

封闭式是我国传统的思想政治教育运作模式的特点，对教育对象进行思想政治教育一般是在单位内部，根据本单位的具体情况选择具体的教育方式，并没有扩展到全社会，而许多没有组织的人就这样得不到教育。有些接受过思想政治教育的不适应的情况，出现困惑，其主要原因有以下几点。

第一，传统的思想政治教育的运作模式在市场经济下不能满足人们对思想政治教育的需求，没有让许多人走进思想政治教育中，也就是说，越发突出的难题是实现思想政治教育的全员覆盖性，备受争议的是提高思想政治教育的有效性。因此，只有充分调动社会的力量，建立相关的组织，利用社会传媒的优势，走社会化教育模式，才能强有力地解决影响思想政治教育有效性的新问题。

第二，思想政治教育对象厌倦传统思想政治教育的单一、呆板，因此教育对象受到教育的全面性、深刻性不够。如今，思想政治教育对人们的创新精神和深入社会的实践能力要求越来越高，思想政治教育需要适应时代的变化，采用不同形式的社会教育方式，着重培养人们创新开拓的精神和社会实践能力。社会实践这一教育环节还需要我们特别重视用不同的社会活动作为载体，将实践落到改革开放的具体内容上，带动各个领域的广大群众。要掌握最新资料，了解社会实情，加深对思想政治教育新内容的认识，不断增强思想政治教育的针对性和有效性。

2. 创建网络化教育模式

传统的思想政治教育方式已经不能适应新时代的发展了，互联网的存在，为思想政治工作的开展提供了便利条件，也提出了更新、更高的要求。因此，在继续坚持传统的优秀做法之外，还要锐意进取，不断探索思想政治教育工作的新的内涵和方式方法。

网络建设在高校思想政治教育工作中占据了十分重要的地位，大学生们已逐渐丧失了对传统的垂直化思想政治教育运作模式的信赖。只有将垂直化思想政治教育运作模式转化为网络化思想政治教育模式，才能增强高校思想政治教育的有效性，给横向维度的思想政治教育内容增加传递的渠道，使纵向维度的思想政治教育内容传递渠道的缺陷得到弥补。具体地说：第一，加强信息的思想安全和政治安全保障。第二，拓宽思想政治教育的覆盖面积，特别是应利用网络形成自己的思想政治教育传播体系。第三，利用互联网，构建中国主流价值观和思想体系的平台。第四，加强对思想政治教育者队伍的建设，组建一支创新意识强的思想政治教育者队伍，使其成为新时期高校思想政治教育的专家队伍。总之，一定要占领网络地位的最高点，最终推动高校思想政治教育走上信息化、现代化道路。

党、人、思想是思想政治教育的关键。我们相信处于新时代的高校思想政治教育，通过对社会热点、难点的分析和把握，不断探求真理，不放松改革和创新的步伐，一定能够在党的领导下，在众多思想政治教育者的共同努力下得到进一步改进和加强，取得更大的效果，自始至终保持思想政治工作“生命线”的生机和活力。①

① 吕康辉．全球化背景下的思想政治教育有效性研究[D]．福州：福建师范大学，2002．

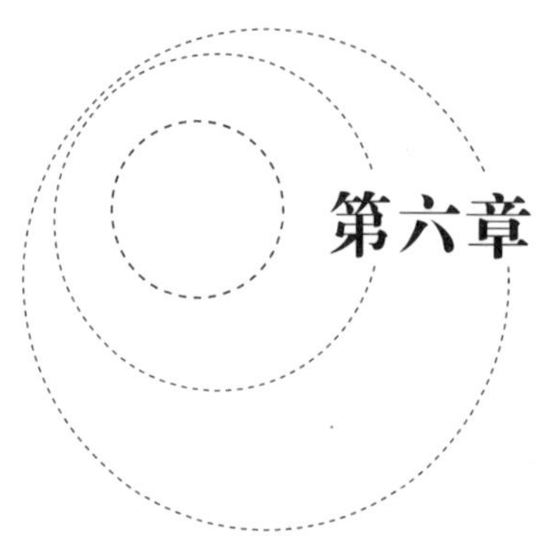

第六章　新时代我国高校思想政治教育工作的原则与依据

第一节　我国高校思想政治教育工作的原则

一、高校思想政治教育的时代性原则

时代性原则是思想政治教育的根本性原则，并且前者始终贯穿于后者。时代性原则是对实事求是原则和理论联系实际原则的时代性回应，它对思想政治教育提出了要求，即要顺应时代潮流，反映时代特点，把握时代脉搏，回应时代要求，将“时代特色”充分体现出来。依据 2013 年 8 月习近平总书记在全国宣传思想工作会议上的重要讲话精神，可以归纳出教育时代性的本质要求是胸怀大局、把握大势、着眼大事，找准工作切入点和着力点，做到因势而谋、应势而动、顺势而为。换句话说，思想政治教育在思想上要有“三大观”，即大局观、大势观、大事观；思想政治教育在行为上要有“三势”，即因势而谋、应势而动、顺势而为。高校思想政治教育工作要遵循时代性原则，需要适应以下三点要求。

（一）明确高校思想政治教育的时代性地位

目前，高校对大学生进行的思想政治教育工作，既面临着改革建设，如全面建成小康社会、全面深化改革、全面依法治国、全面从严治党的战略任务，又面临着严峻的考验，如意识形态领域尖锐复杂斗争的考验，还面临着良好的机遇，如实现“中国梦”的难得机遇。大学生群体的思想观念多样化，所以，为了增强高校思想政治教育的时代性，一定要把大学生思想政治教育与现代社会的发展新形势相结合，做到求真务实。

（二）提升高校思想政治教育的时代性

高校根据大学生思想政治教育工作的目标任务、方针原则、内容要求和方法手段等对学生进行思想政治教育工作，这需要教育者紧跟时代的步伐，顺应时代的潮流，准确把握学生的思想，满足学生的需求。面向全球化，高校思想政治教育要牢牢把握学生的心理动态和现状，不断自我完善和革新，拓宽工作开展的渠道，充实教育内涵，最大限度发挥教育的隐性作用。

（三）努力做到“三真”

习近平总书记强调思想政治教育的力量在于“真”——“用真理说服人、用真情感染人、用真实打动人”，高校思想政治教育也应做到这一点。具体来讲要做到以下几个方面。第一，在思想上，高校思想教育工作者应努力追求真理，不断总结经验教训，形成理论，不盲目地信任书本，应从实际出发，不搞虚假工作和面子工程，不搞形式主义。第二，在行动上，高校思想教育工作者要具体把握每一个学生的特点和心理状态，结合社会不断产生的热点和关注点，适当调整教育内容、方式与方法，有针对性、目的性地开展思想政治教育工作。在大学生这个群体中，每个学生有着不同的特点，有着自己独特的思想，要想对他们进行思想政治教育，只有求真务实，真正将教育工作落到实处，才能取得实效。

二、高校思想政治教育的创新性原则

要使高校思想政治教育具有时代性，高校思想教育工作者就必须有创新精神，要把时代性与创新性结合。江泽民同志 1995 年在全国科学技术大会上指出：“创新是一个民族进步的灵魂……是国家兴旺发达的不竭动力。”社会主义核心价值体系中提道，要具有改革创新的时代精神。创新精神，既是时代的需要和灵魂，也是思想政治教育具有时代性及其能够发挥重要作用的因素。

随着全球化趋势越来越突出，科技的进步越来越明显，我国的经济体制发生了转变，经济增长方式和社会结构也逐步转型，在这样复杂的背景下，理论和实践的创新是一个艰巨的任务，这就给我们提出了要求，即不断进行理论创新，与时俱进，用理论创新带动实践创新，为高校思想政治教育注入新的生机和活力；将思想政治教育的时代性和创新性相统一，创新它的目的、内容和方法。只有目的、内容和方法都具有创新性，才能使思想政治教育的时代性发挥出最大功效。

创新是对以前思想的突破和对过去实践的超越，是人们在认识和改造世界的过程中产生的，是人类社会进步的核心动力和不竭源泉，也是时代的本质特征。2014 年 6 月在中国科学院第十七次院士大会、中国工程院第十二次院士大会上，习近平总书记引用古语“苟日新，日日新，又日新”（《礼记·大学》），赋予了创新更深层次的含义，并对“不日新者必日退”加以拓展，给予创新一个重大的时代使命：“科技创新，就像撬动地球的杠杆，总能创造令人意想不到的奇迹。”所以，“历史的机遇往往稍纵即逝，我们正面对着推进科技创新的重要历史机遇，机不可失，时不再来，必须紧紧抓住”。思想政治教育工作同样如此，提升人的德行是思想政治教育的目的，培养人的创造能力是思想政治教育的一个目标，通过思想政治教育，调动学生的积极性。创新不是不继承，而是要在继承中创新。只有创新才能给社会建设注入活力，才能推动社会的不断进步和发展。习近平总书记多次强调思想政治工作“比以往任何时候都更加需要强大的科技创新力量”，无论是在内容上还是在形式上，过去不代表现在，现在也不能决定未来，只要不断创新，一切都可能成为现实。因此，要“有敢为人先的锐气，有上下求索的执着，得风气之先、开风气之先，力争有所突破、有所发展、有所建树”。

高校思想政治教育工作遇到了许多新课题和难得的机遇，这需要我们具有创新思维。创新高校思想政治教育工作的教育方法和教学内容，既是时代的需要，又是广大学生的心声。我们应该积极创新思想政治教育思维理念、运行模式、内容要求和方法手段，重点要抓好理念创新、手段创新、基层工作创新，提高高校思想政治教育民主化、法治化、科学化、信息化的水平，形成宽领域、全方位的工作格局，与时俱进，改旧纳新，在创新中体现思想政治工作的现代性。

随着改革开放的深入和信息化时代的发展，面对多元的文化，我们要保持清醒，坚定自己的步伐，坚持制度自信、理论自信和道路自信，这样才能永葆社会主义强大的生命力和活力。要进行高校思想政治教育的创新，就要实现五个转变。第一，在指导思想上，高校思想政治教育工作者要转变态度，摒弃以自我为中心的高高在上的态度，做好服务者，使高校思想政治教育为经济建设和社会发展站好岗、尽到责；第二，在教育内容上，高校思想政治教育工作者要转变单一的教学方式和途径，不断拓宽渠道，改进教学方法，使教学、科研及各项业务工作一同完成；第三，在运行体制上，高校思想政治教育工作者要转变过去老旧、僵硬的运行体制，建立思想政治教育专兼结合，党政工团齐抓共管，功能互补，一体化的运行机制；第四，在教育的方法上，要转变单向教育方式，采取更加多样的教育方法；第五，在教育形式上，要转变过去“一刀切”“一锅煮”的做法，做到因材施教、对症下药，从学生的需求和实际问题出发。高校思想政治教育工作者只有做好以上几个方面的工作，才能将高校思想政治教育工作全面升级，从更高层次上开展工作。

三、高校思想政治教育的发展性原则

“明者因时而变，知者随事而制。”这是习近平总书记引用过的一句话，意思是说我们要保持灵活的头脑，不断发现和把握新的发展动态和历史机遇，并且具体细致地实现自我的完善和发展。这句话也表明了高校思想政治教育应当坚持的工作方针和原则，即要不断发展自我。发展性是对时代性的最佳诠释，从唯物辩证法角度来看，它是指事物由小到大、由简到繁、由低级到高级的运动变化过程，是事物内部矛盾运动的结果，是量变和质变的统一。它要求我们紧跟时代步伐，眼光紧贴社会发展的趋势，牢牢把握事物的新动态。发展是社会性的，它与和平、人权、民主管理、环境、文化和人们的生活方式有着密切联系。高校思想政治教育的发展性原则，对实现高校大学生思想政治教育现代化具有重要意义，它要求在思想政治教育的各环节和各方面都要适应现代社会和人的发展需要，使其实现从传统走向现代。

思想政治教育是一门具有实践性、社会性和发展性的学科和实践活动，随着时代的发展，思想政治教育也在全方位地发生着深刻的变革。高校大学生思想政治教育和其他德育实践是不同的，它具有独特的发展特点，所以要用全面、联系、发展、变化的观点去剖析。对高校大学生的思想政治教育工作来说，时代的变化是通过发展性表现出来的，所处的时代不同，教育对象、理念、内容、方法、载体、评价、效果都会相应地发生改变，因此必须谨慎分析和认真对待。

综上所述，只有深入剖析当今世界的发展态势，才能把握住其本质和变化的趋势，才能随机应变，机动灵活，使教育不落后于时代步伐，思想跟上形势。高校在对大学生进行思想政治教育工作时，要抓住这一工作原则，遵循客观规律，把思想政治教育的艰巨任务妥善、有效地完成，将“动态”变为“常态”，脚踏实地，面向未来。

四、高校思想政治教育的开放性原则

在全球化背景下，高校思想政治教育需要顺应时代发展的潮流，将时代性和开放性结合在一起。和平与发展是当今开放性世界的时代主题，在这种大趋势下，中国的发展出现了政治多元化、经济全球化、文化多元化、信息网络化等态势。因此，高校思想政治教育要吸收和借鉴国外的成功经验和做法，同时立足国内，比较思想政治教育的共同点，在多元文化背景下深入挖掘思想政治教育的时代性要素。

在中国加入世界贸易组织（WTO），全球化程度越来越深的情况下，高校思想政治教育工作产生了新问题、新情况，因此必须坚持和贯彻面向现代化、面向世界、面向未来这“三个面向”，即从内容和形式上实现自身的现代化，使思想政治工作面向现代化。

在全球化趋势的推动下，人民群众的日常生活、思维模式和生存方式正在改变。面对繁杂丰富的社会生活，高校思想政治教育工作需要顺应世界潮流，把握时代要求。在内容和形式上，要实现现代化，而不能只是停留在原有的比较简单的层次上；在方式方法上，要运用科技手段改进思想政治工作，使其能够主动适应当今世界科技，依靠现代科学技术充分发展自己，促进自身成长。

中国的生产和消费、社会和生活，在一定程度上会被加速发展的全球化影响，正所谓“社会存在决定社会意识”。人们思想观念的发展变化与经济、政治、文化全球化相伴。只有“面向世界”“睁开眼睛看世界”，高校思想政治教育工作才能使大学生明白如何应对全球化浪潮，才能把握时机充分发挥思想政治教育工作“生命线”的重要作用，为经济和其他一切有针对性的工作带来实际效果。这就要求高校思想政治教育工作要放眼世界，善于弃旧纳新，在继承优良传统的基础上，确定“以人为本”的新原则，抓住工作对象的时代本质，探索适应新形势的新方法、新渠道、新途径和新理论。需要注意的是，高校思想政治教育工作者在面向世界的同时，一定要立足我国国情，以广大青年学生的心理接受能力和心理状态为根本出发点，否则将会使大学生的内心失去方向，从而违背“面向世界”的良好初衷。

受“全球化”和“入世”的影响，大学生的思想观念和心理意识变得更加复杂，不容易被把握和引导。在这种形势下，高校思想政治教育工作既要立足于现实，又要着眼于未来，一定要发挥其前瞻性和预防保障的功能，从战略高度上充分掌握主动权。高校思想政治教育工作要培养“四有”合格人才，为经济建设和社会发展服务，就必须立足现实，加强对理论的研究和探索，增强预见性和前瞻性，充分发挥预测功能和导向功能，如此才能更有效地为抢占未来领域和战略制高点服务，更好地着眼未来。那么，如何使高校思想政治教育工作尽快实现从经验向科学的转轨呢？高校思想政治教育工作者要真正把思想政治教育工作当成一门科学，全方位地探索其基本概念、原理、范畴、规律等，改变被动的、盲目的不良工作状态，去除工作中那些针对性不强、效果不明显的部分。总的来说，高校思想政治教育工作要坚持和贯彻“三个面向”，唱响主旋律，对“全球化”和“入世”所带来的挑战积极应对，打好主动仗，充分发挥自身“生命线”作用，推动做好其他一切工作。

五、高校思想政治教育传统与现实相结合的原则

思想政治教育必须立足国情。由于国家之间的交流日益频繁，经济全球化趋势不断加强，社会上的一切优秀经验都可以被吸收和借鉴。但是，在开放的前提下，思想政治教育时代性必须和民族性结合起来，继承和发扬具有中国特色的民族文化。

对外开放、不断创新、坚持民族特色，是坚持高校思想政治教育时代性的前提条件。在思想政治教育过程中，要始终坚持我国的民族精神，认识到民族的也是世界的，将继承和借鉴之间的关系处理好，立足传统的同时，放眼未来，如此，思想政治教育时代性才能切实体现其意义和价值。

时代性和现实性相统一的特点是思想政治教育时代性发展的意义所在。高校思想政治教育的时代性帮助大学生实现思想认识上的飞跃，是通过贴近实际，一切从实际出发实现的，并通过社会实践来检验思想政治教育时代性的实际效果。高校思想政治教育时代性要切实贴近生活，才不会在实际工作中脱离实际，只有贴近生活、反映生活，充分发挥求真务实的优良作风，才可以更好地服务于生活。高校学生是思想政治教育时代性的重要主体之一，要保障人民的根本利益，高校思想政治教育时代性必须贴近大学生群体，尊重他们的主体地位，促进他们的全面发展。

邓小平同志曾说：“我们说的做的究竟能不能解决问题，问题解决得是不是正确，关键在于我们是否能够理论联系实际，是否善于总结经验，针对客观现实，采取实事求是的态度，一切从实际出发。”坚持理论联系实际是高校思想政治教育工作的精髓所在，同时需要注意分析各种现实提出的、直接影响人

们思想认识的问题，并开展有针对性的思想政治教育工作。发展生产力是社会主义的根本任务，因此高校思想政治教育要认识到当前经济建设是全国全党各项工作的中心这个事实，思想政治教育不能单独进行，必须面向经济建设，并服从和服务于这个中心，共同完成各项工作。要在适应经济形势和政治形势的要求的同时，营造一个良好的思想氛围，以推进经济工作的顺利展开。邓小平同志强调："马克思主义的思想理论工作是不能离开现实政治的……不能设想，离开政治的大局，不研究政治的大局，不估计革命斗争的实际发展，能成为一个马克思主义的思想家、理论家。"① 要更好地进行共产主义思想教育、爱国主义教育和理想纪律教育，需要在实践中让广大大学生群体体会到党和社会主义好，这样才会产生良好的效果。

共产党人最基本的思想和工作方法是实事求是、坚持理论联系实际的原则，因此高校思想政治教育中必须体现这个基本方法，具体要把握以下几点。

第一，高校思想政治教育的基本要求和目标要从现实的研究中确立，要确定好每个时期所需要解决的问题是什么。在这里特别要指出的是，要把解决思想问题和解决实际困难，与思想教育工作结合起来，尽最大努力为大学生群体办些实事。邓小平同志指出："社会主义本身是共产主义的初级阶段，而我们中国又处在社会主义的初级阶段，就是不发达的阶段。一切都要从这个实际出发，根据这个实际来制定规划。"所以，我们要正确认识大学生思想观念在现阶段受到各种客观现实因素的影响，正确处理思想政治教育层次性与先进性的关系。

第二，高校思想政治教育开展的依据是教育活动所针对的具体对象、所处的具体条件，要根据每个学生的实际情况有针对性地去做思想工作。

第三，高校思想政治教育必须符合实际内容。正如邓小平同志所指出的："宣传好的典型时，一定要讲清楚他们是在什么条件下，怎样根据自己的情况搞起来的，不能把他们说得什么都好，什么问题都解决了，更不能要求别的地方不顾自己的条件生搬硬套。"

第四，在思想政治教育的方式方法上不要搞形式主义。邓小平同志曾说："现在有一个问题，就是形式主义多。""要腾出时间来多办实事，多做少说。"不要讲空话、说长话，做工作不能只停留在会议上，这是我们新时期思想政治教育工作的指南针。

综合来看，我们开展高校思想政治教育必须坚持的基本原则是结合我国

① 尹广泰．邓小平晚年思想研究[M].成都：四川人民出版社，2014：98.

加入世界贸易组织（WTO）的实际情况来确立的。WTO 的基本原则可归纳为公平交易原则、非歧视性原则、透明度原则。这些原则是建立在信用基础上的，对道德、人格有着更深层次的要求。在国际竞争中，有信用才有竞争资格。世界贸易不是投机和假冒伪劣的经济，而是诚实信用的经济，是道德的经济。要想在国际市场上立足，先要有道德观念，没有道德观念，就等同于自取灭亡。人格是人在社会中的外在表现，并在社会化过程中逐渐成熟，是个人的思考和行为方式。市场经济条件下道德教育的内容中增加了关于人格的教育，加入了关于现代人格行为的培养，即培养创新、独立、诚信、自律和敬业等精神，同时提倡友爱、勇敢、负责等多种我国优秀文化传统中的人格行为，这些是青年学生为人处世、安身立命所必须学习掌握的，是适应经济全球化挑战的重要内容。

无论如何，高校思想政治教育工作的时代性必须与传统性、现实性相统一，高校对大学生进行思想政治教育工作必须贴近生活、贴近实际、求真务实。

六、高校思想政治教育的整体性原则

历史唯物主义认为，事物是普遍联系和发展的，其内部各要素可以形成合力，优化发展的进程，正如恩格斯在《反杜林论》中所说："许多人协作，许多力量结合为一个总的力量，用马克思的话来说，就造成'新的力量'，这种力量和它的一个个力量的总和有本质差别。"

系统论认为，事物是由相互作用的许多要素按一定结构组成的具有特殊功能的系统，其整体功能大于各部分功能之和的最高限度。因此，系统天然具有整体性、综合性、结构性、层次性和开放性等优点，应该加以利用。无论是马克思主义还是系统论，都非常重视整体性的价值和方法论意义。习近平总书记也强调用整体性原则来治国理政，面对一些国家的领导人提问"中国这么大的国家怎么治理呢"时，习近平指出："了解中国要切忌'盲人摸象'。"现代化治理如果缺乏系统性，就会导致政策之间相互打架，工作不协调、不衔接，"决策一出台，问题跟着来""按下葫芦浮起瓢"。鉴于此，"我们既要注重总体谋划，又要注重牵住'牛鼻子'。在任何工作中，我们既要讲两点论，又要讲重点论，没有主次，不加区别，眉毛胡子一把抓，是做不好工作的"。

由教育目标、教育观念、教育方法、教育内容、教育载体、教育对象、教育评估等多个子要素构成的思想政治教育系统，是一个完整的系统，其遵循人本性、民族性、公民性、阶级性和职业性，主要实施政治教育、心理教育、思想教育、法治教育、道德教育、信仰教育等教育内容。从系统论来看，思想政治教育不是孤立的系统，还要与其他系统合作，才能更好地实现教育的功能，如与德、体、美、劳等其他学科互补发展，运用家庭、政府、社会、学校等各种教育力量，形成教育合力，实现共赢。

系统论和整体性原则有助于整合高校思想政治教育中的多项资源，如人性资源、权力资源、权利资源、角色资源等，以期努力寻找它们的最大公约数，寻求破解高校思想政治教育困境之道。“在实施路径上，要努力构建大教育格局，把理论学习、思想教育、舆论宣传、文化熏陶、典型引导和社会实践统一起来，把虚拟空间与现实生活对接起来，营造处处是课堂、时时受教育的氛围。这种‘大教育格局’的实质是‘整体性’的教育时空观，哪里有问题哪里就有教育，教育随时会出现，要多维联动、立体集成、整体奏效。”①

第二节　我国高校思想政治教育工作的理论依据

我们需要着重研究的问题是高校思想政治教育的时代性问题，在一定程度上，高校思想政治教育时代性和其存在的重要性是一致的。作为一个具有重要现实意义和理论价值的课题——高校思想政治教育面临的时代性问题，涉及面广、涵盖学科多，可从哲学、行政学、政治学、教育学、伦理学和行为科学等学科的学理建构上去探究其理论溯源。

一、哲学依据

哲学之所以成为人文社会科学的奠基性学科是因为其具有探究事物本质的根源性意义，哲学因其全部积极成果而成为时代精神的精华，它与时代的现实生活保持联系是通过一种批判和革命的态度，而其获得发展的动力源于回答了时代的重大问题。

其一，社会意识的唯物观由“现实生活”的社会存在决定，而“现实生活”的社会存在是时代性的本质，这种社会存在是有着特定丰富内涵和形式的，是必然的，而不是历史阶段中偶然性的东西。作为历史唯物主义的根本问

① 吕康辉．全球化背景下的思想政治教育有效性研究［D］．福州：福建师范大学，2002．

题——社会存在决定社会意识将成为时代性的基础，并且社会意识或快或慢的改变是由社会存在的改变所导致的。马克思指出："人们自己创造自己的历史，但是他们并不是随心所欲地创造，并不是在他们自己选定的条件下创造，而是在直接碰到的、既定的、从过去承继下来的条件下创造。"①

可见，高校思想政治教育的活水流动在时代性的现实生活和实践活动中，高校进行思想政治教育的生命线是时代性，开展德育实践和破解德育中的困境应当立足于时代性。

其二，认识论以"时代性"的实践为基础和变化条件。在马克思看来，认识论的基础和变化条件是由"时代性"实践构成的。当人们的生活条件、社会存在、社会关系发生改变时，人们的观点、意识、观念必将发生改变。可见，不同时代人们的生活条件、社会存在、社会关系的差异性决定了人们的思想观念的不同。

其三，高校进行思想政治教育是以"现实的人"作为逻辑起点的。马克思对人本质的探讨是睿智和精到的，人的本质并不是单个人所固有的抽象物，其现实性是一切社会关系的总和。高校所进行的思想政治教育本质上是培育人和塑造人思想品德的实践活动，其逻辑起点在于大学生这类"现实的人"。只有置身于具体现实的一定时代和由全部社会关系构建的生活世界中，才能真正理解大学生的所需所缺和所思所想，才能有的放矢地对他们开展思想政治工作。

其四，具体问题具体分析的时代性方法论。时代性为一切认识论提供了方法论的意义，我们要在时代的条件下进行认识，这些条件达到什么程度，我们便认识到什么程度。

二、政治学依据

政治学是高校思想政治教育时代性研究的一个重要理论来源。政治学是一门实践性学科，国家学说、政治权力理论、政治制度及政治运行机制等政治现象是其主要研究对象。政治学的根本特色和基本原则是时代性。列宁曾说："马克思主义的政策是以现实的东西，而不是以可能的东西为依据""马克思的方法首先是考虑具体时间、具体环境里的历史过程的客观内容"。

由此可见，时代性是政治学的理论和实践的根基。政治学之所以有生命力，是因为其没有失去时代性的现实语境。政治多极化、民主法治化、包容个

① 中共中央编译局.马克思恩格斯选集（第1卷）[M].北京：人民出版社，1995：61.

性化的趋势，在如今这个全球化、现代化和信息网络化的世界图景中越来越明显，与本国发展相适应的政治制度与政治运行机制成为世界各国都在寻求的对象，政治体制改革的呼声一直都存在。中国政治现代化的进程在新的政策的推动下逐渐加快，党的十八大为国家治理现代化规划了新的蓝图，十八届三中全会提出了制度建设的内容，四中全会提出了以法治建设为标杆和旗帜，提出了高压反腐和治吏的突破思路。逐渐发生改变的政治生态给各高校带来了新的机遇和挑战，如何加强大学生思想政治教育工作成了重要课题。在政治新生态下，高校大学生是未来的栋梁之材和社会精英，他们的所思所想、所喜所忧不仅关乎大学生自身，更关系到国家政治发展和社会的发展。道德高尚、行为规范、“去腐败污点”的治国安邦之才是国家发展急需的人才。因此，培育大学生成才应该作为高校对大学生进行思想政治教育工作的根本宗旨及当代中国政治学的重要目标。可见，要想为高校大学生思想政治教育提供强有力的问题域和理论背景资源，必须加强政治学时代性的研究。

三、教育学依据

教育“面向和回归生活世界”的理论为大学生思想政治教育的理论和实践提供了重要的指导思想和借鉴意义。近现代以来，在教育学日益走向专业化、规范化、学科化的同时，也逐渐走入“死胡同”，导致了“四分离”，即理论教育和实践教育的分离、工具理性和价值理性的分离、知性教育和德行教育的分离、科学教育和人文教育的分离。“面向和回归生活世界”的教育学思想正是基于这样的时代背景而成为人们普遍共识的。“生活世界”理论源自马克思、胡塞尔、哈贝马斯、海德格尔等哲学家的学说，认为社会和人的一切观念及行为的现实根基与意义之源在于生活世界，因此人应当回到生活世界去思考生活和摆脱困境。“生活世界”哲学思想为陷入困境的教育学恰逢其时地提供了解决思路。斯宾塞认为教育是为未来完备的生活做准备；杜威以此为理论资源提出了“教育即生活”理论，强调从生活来看教育，把教育放置于现实、客观的生活之中；我国著名教育家陶行知更进一步提出了“生活即教育”思想，主张“生活教育”“社会即学校”“教学做合一”。可以说，思想政治教育学是教育学的一个分支，“面向和回归生活世界”的教育学思想也对其产生了重大影响，尤其对于如何从根源上反思和革除德育诟病有重要的建设性意义。时代性承载和规定着现实中客观的生活世界，谨记立足于鲜活时代的生活世界去看待高校大学生思想政治教育实践的内容和形式，是高校对大学生进行思想政治教育的源头活水。

四、伦理学依据

伦理学是一门道德学，是研究道德的现象、本质、规律和作用机制的学科。个人的道德行为和社会的伦理风尚是其主要研究范畴。道德是一种精神，但它不是一般的精神，而是一种特殊的精神，它的特殊性就存在于实践性。道德的这种特殊实践性以道德完善的“自律”为根本目标，这种“自律”既烙上了不同时代中不同的道德标准的深刻印记，又受到“他律”的时代性中不同时代的社会舆论对个人道德和社会伦理强烈的导引性影响。因此，时代性背景成了伦理学的基本研究框架及高校思想政治教育面临的时代性问题的研究起点和重要原则。大学生作为祖国未来的建设人才，其一言一行都关乎着国家和政府形象，其道德水平在很大程度上影响着整个社会的道德水平，其“未来建设者”角色的特殊性对其提出了道德伦理方面的特殊要求，即做一个克己奉公的公德典范人。大学生不仅要遵守基本的时代性公民道德，更要恪守时代性的职业操守，提升自身道德品质和修养，克服个体自利性与政府公益性，在角色、权力和利益三方面的时代性冲突中以身作则。

思想政治教育学与伦理学既有联系又有区别，思想政治教育学是研究人的思想、道德、心理的学科，道德教育就是其重要内容之一。因此，可以把思想政治教育视为“教化为人”之学，把伦理学视为“为人之德”之学。“显而易见，高校思想政治教育时代性的问题研究中，道德的伦理学研究和思想政治教育的研究具有很强的关联性和相似度，当然也存在着差异，在侧重点研究、研究内容、研究路径上有各自的特色，可以互相借鉴和取长补短”。[①]毋庸置疑的是，时代性是它们共同的理论和实践起点、共同的问题域和共同的背景资源，应当给予特别重视。

① 杨海龙．公务员思想政治教育时代性研究[D]．北京：中国地质大学，2015.

第三节　我国高校思想政治教育工作的实践依据

作为一项社会意识活动，思想政治教育是很复杂的，不仅需要遵循特定的运行规律，还需要在具体实践中把握一定的规律。高校思想政治教育其本身在运动过程中具有特定的内在而本质的必然联系，只有在活动中把握其固有的规律性，才有助于提高高校思想政治教育的科学性和实效性。由于受到人们的认知水平和高校思想政治教育现实性的影响，高校在对大学生进行思想政治教育时，应着重把握当代大学生思想的特点，着重按照其本身的特殊性和思想发展的规律性对其进行教育，以便更好地达到思想政治教育的目的。高校思想政治教育时代性的实践依据主要是当代大学生的思想特点。

一、当代大学生身心发展的特点

大学时期是学生逐步形成世界观、人生观、价值观及身心快速发展的重要时期。在这一时期，他们具有好奇心强、情感丰富、兴趣广泛及自我意识和独立意识不断增强的特点，但是他们的思想认识尚处于较低的阶段，缺乏辨别能力。刚入学时，大学生还在逐步适应从中学到大学的转变，对于他们而言，美好的大学生活刚刚开始，他们更为关注大学生活有哪些特点和规律，以及大学生成才标准是什么；大二到大三，大学生的思想开始逐步稳定，他们开始集中精力去塑造自我，促进自我的全面发展；大四是大学生做好走向社会的心理准备时期，同时是大学生活快要结束的时期，此时他们的关注点在于是否可以找到理想的工作和单位。

二、当代大学生思想品德特点

大学生的知、情、意、信、行等因素辩证发展的过程就是他们形成政治思想和塑造品德的重要过程。这个过程中，必须包括知、情、意、信、行等因素，也就是说，必须去认知接纳正确的观点、意识及道德规范，从而形成人特有的情感。在这种情感、意志、认识、信念和行为的发展过程中，他们经历了从简单到复杂、低级到高级、旧质到新质的辩证运动。若要形成正确的政治思想和良好的品德，必须经历多层次且复杂的发展过程，要知道知、情、意、信、行这些因素在发展过程中充满了矛盾的变化，并且会出现不一致的发展方向、高低不等的发展水平。这些因素使不同的人对同样的思想政治教育的内容、过程具有明显的选择性和倾向性，这与受教育者不同的个性、家庭背景的差异及所处多样的社区环境等因素直接相关。

三、大学生思想内部矛盾的运动和转化特点

大学生品德的形成和发展过程，既不是进行简单塑造，也不是被动改造，而是在大学生思想内部借助一定的条件引导一系列矛盾的运动向着正确的方向进行转化的过程。大学生思想品德的形成和发展的实质就在于教育者是否能精心组织、培养和指引，能否通过教育者的指引使得大学生思想品德内部展开积极的斗争，并且朝着教育者指引的方向前进。大学生在思想品德的形成和发展过程中，其内部矛盾表现在多方面：一是大学生在接受教育时，积极主动与消极被动之间的矛盾；二是大学生认知水平高与认识水平低之间的矛盾；三是大学生思想品德中优良的品质与不良品质之间的矛盾；四是学生各心理要素之间发展水平不平衡的矛盾。虽然大学生的矛盾是一种普遍存在的现象，但在不同的条件和背景下的大学生身上，矛盾又具有各自的特殊性。“我们如果在高校思想政治教育过程中准确把握不同学生之间的特点，便能正确引导大学生思想政治观念向着正确的方向转化。”①

① 陈传林．试论高校思想政治教育的时代性、规律性和创造性[J]．福建医科大学学报（社会科学版），2004(2).

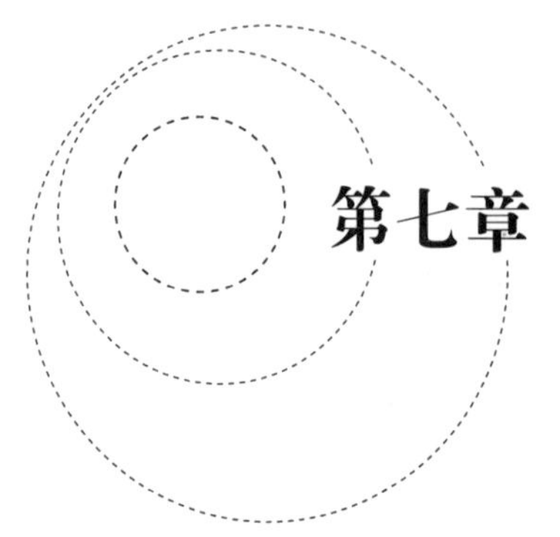

第七章 新时代我国高校思想政治教育的工作机制

第一节 加强高校思想政治教育保障机制建设

高校思想政治教育系统能否有效运行，依赖于是否有完善的保障机制。保障机制，简单地说，是保证工作可以正常、有序进行的首要条件。高校思想政治教育保障机制建立，主要分为物质保障、组织保障和人力保障。

一、物质保障

“机制”这一概念原指有机体通过各个部分的构造，各要素之间相互作用、相互联系制约的形式，使得各要素之间能够有序配合，从而实现整体功能的运行方式和运动原理。高校思想政治教育机制，是指基于大学生思想政治教育系统内部各方面因素之间相互作用、相互制约、相互联系的联结方式而构建起来的工作体制。高校思想政治教育机制是个较为复杂、目前研究较为浅显和混乱的问题。因此，如何建立高校思想政治教育的机制，是我们系统研究大学生思想政治教育的重要问题。高校思想政治教育工作的物质保障是指实施教育所必需的物质条件，具体包括基本建设、经费投入和活动基地建设等。

（一）基本建设

推进高校思想政治教育工作必须依托一定的场所、设备和设施。

首先，高校思想政治教育工作的开展需要固定的办公场所。在影响大学生价值观念教育的因素越来越多、需要单独进行思想交流的学生越来越多的今天，学生工作中新增加的心理辅导职能、就业指导职能等，需要有专门的办公场所。

其次，开展高校思想政治教育需要必要的办公用品。新形势下，高校思想政治教育形式越来越丰富，既有传统的互动性不够强的讲座报告，也有丰富多彩的参观访问、观看电影录像等活动，还有各种各样的社会实践活动和社团活动。因此，除了必要的办公场所及办公所需的电脑、打印机外，还应配备照相机、摄像机等音像器材设备，以增强教育活动的趣味性和实效性，便于资料的存档备查。

最后，高校思想政治教育的开展，需要合适的教育活动场地。高校思想政治教育是与各种各样的活动结合在一起的，既需要使用各种规模的会议室、报告厅来举行座谈、讲座、报告等活动，又需要建设一定的宣传设施和场所，如文化长廊、宣传栏、校报、校园广播站、网络中心等，这对高校大学生思想政治教育工作的开展将会产生巨大的益处。

（二）经费投入

经费开支是高校思想政治教育工作中的必要环节，是大学生培养成本的核算体系中必须纳入的一方面，经费能否得到保障关系着此项工作的成败，关系着各项工作能否达到预期目的。国家财政拨款预算必须合理确定拨款比例，保证高校思想政治教育工作可以正常运行。但从当前情况来看，高校思想政治教育并没有得到充足的经费，从而导致思想政治教育各项活动的开展受到了制约。所以就经费来源看，高校不能只依赖国家拨款，还应积极拓宽筹款渠道，适当开源。

另外，我国是实行社会主义制度的国家，社会主义必须为那些出生时经济条件处于劣势的公民创造平等的受教育条件提供平等的就业机会，以保证富人与穷人的孩子处于同一起跑线，以保障每个公民处于公平竞争状态。因此，在措施方面，必须建立高校与社会各类慈善资助机构的联系，切实健全和完善大学生助学贷款、奖学金与助学金制度体系。

（三）活动基地建设

在新形势下，高校思想政治教育需要不断创新工作模式。我们应该不断拓宽思想政治教育的渠道，采取多种思想政治教育方法，充分利用各种资源，同时深化思想政治教育的内容，拓展教育实践。

1. 加强社会实践基地建设

当前，大学生最普及的教育方式莫过于社会实践，大学生通过社会实践教育活动，可以全面提升自身的素质。教育行政部门和高校要建立各种类型的教学科研基地、大学生职业技能和创业能力实训基地、社区活动基地、勤工助学基地等，通过社会实践教育，切实培养大学生的综合素质能力。

2. 强化爱国主义教育基地的建设

历史博物馆、红色纪念馆是爱国主义教育基地的主体，可以将历史文化知识展现给大学生，对大学生进行爱国主义、集体主义和社会主义教育。因此，高校可利用节假日和重大历史纪念日组织大学生参观访问爱国主义教育基地，帮助大学生提高自身思想政治水平。

3. 强化实训及素质拓展基地的建设

实训和素质拓展是大学生感兴趣的活动形式之一。通过基地的专业技能、创业能力的实际培训，不仅可以提升学生的实际动手能力，培养其创新意识，还有助于增强学生克服困难的信心，培养团结合作的精神，提高与人交往的能力。在当前高校注重内涵建设的形势下，各级教育行政主管部门应加强与高校的合作，积极建立大学生实训基地，推动大学生思想政治教育工作的进行。

二、组织保障

组织，从动态上是安排分散的人或物使其具有一定的系统性和整体性，从静态上，是指按照一定的宗旨和系统建立起来的群体。推进高校思想政治教育工作，先要确定一个组织管理目标，然后进行资源配置，最后根据具体的工作进行组织管理。总的来说，就是要整合教育要素，健全组织机构，为高校思想政治教育提供组织保障。

（一）建立教学组织保障机制

高校思想政治教育活动主要在教育的主体和客体之间开展，但是我们要注意，它不仅涉及主客体，还在一定程度上涉及其他因素。保障机制可以起到规范教育主体和客体的作用，可以影响教育活动的内部机理，是各种教育机制运行的前提。在多年的高校思想政治教育过程中，我国建立了相应的教育组织保障体系，而随着当前国内外的社会环境及各类高校不同的办学模式和当代大学生的思想观念、行为方式的不断变化，高校思想政治教育的需求已然发生了改变。因此，在社会转型期的大环境下，我们必须对我国的思想政治教育的组织体系进行必要的调整，重新判断高校思想政治教育的作用和优点，探求大学生思想政治教育的内在规律，在此基础上对教育组织结构进行调整。

（二）保障机制的构建思路

“全员育人”是我国高校思想政治教育组织机构当前改革的总体思路。过去开展高校思想政治教育主要依赖于主管马克思主义理论的教学部门和学生工作管理部门，随着时代的改变，我们要在实际行动中贯彻高校“育人为本，德育为先”的育人理念，将高校思想政治教育彻底融入学校工作的各个方面，并贯穿于整个教育教学环节中。

学校相关党委部门需要在整体上引领高校思想政治教育的正确方向，重新确定工作理念和目标，推动大学生德育与智育工作。从具体实施来看，马克思主义理论教学部门应抓好理论教育；学生工作部门与共青团系统应帮助大学生树立社会主义核心价值观；各院（系）专业课教师应该把思想政治教育融入各子科教学环节；学校管理部门和服务部门在各自的岗位上，应带头示范，树立榜样；学校宣传部门应建立起弘扬社会主义主流价值观的文化阵地。

三、人力保障

要按照提高素质、优化配置、稳定结构的要求，大量选拔德才兼备和工作热情较高的中青年干部，充实思想政治教育工作队伍；注重专家化、职业化的专职政工干部的培养，以专兼职相结合为基本原则，采取切实措施，培养一批政治立场明确、理论功底扎实、勇于开拓创新、善于联系实际、具有奉献精神的教育工作者和社会活动人士。同时，思想政治工作志愿者作为潜力最大的群体应当得到重视，使之成为壮大政工队伍的后续力量和储备军。为此，要建立和完善思想政治教育专职队伍的激励和保障机制，免除他们的后顾之忧，同时提供更多的发展机会，注重人才储备和培养的长效性。

第二节　优化高校思想政治教育评价机制

高校思想政治教育评价是高校思想政治教育工作中必不可少的重要组成部分，也是高校思想政治教育工作的最后一个环节。对高校思想政治教育工作的效果进行客观、全面、科学的评价，对于总结思想政治教育工作经验，校正思想政治教育工作过程中的偏差都有很大的帮助，有利于高校思想政治教育工作的开展。

一、高校思想政治教育评价的原则

（一）公开、公平、公正原则

公开是指评价方式、方法、对象等的公开；公平是指评价起点和标准的公平；公正是指评价基本价值取向的正当性。

1. 公开原则

在大学生思想政治教育工作评价过程中，公开必须作为一项根本性的要求得到贯彻执行，同时应坚持多向度性和针对性。在高校思想政治教育工作评价机制语境下，公开就是将需要公开的事项多向度、有针对性地公开。公开内容向度若以思想政治教育工作考评本身为参考系，可以视为考核的办法、考核的对象、考核的内容等；若立足本体之外，可以视为透明公开的客体、监督考核的主体等。公平、公正必须以公开为基础，失去了公开意味着失去了公平和公正。

2. 公平原则

公平是高校思想政治教育评价工作的重要保证。公平不是空洞的，而是包含具体内容的公平。结合思想政治评价工作的特点，公平主要包含起点、尺度和结果的公平。

起点公平是指评价的基准点要公平。对于评价对象而言，若处在不同基准线上而用同一种评价方法进行评价，所取得的评价结果是不具有可比性和普遍意义的。具体来说，起点公平就是指评价的项目是统一的，评价的对象是相同的，所设置的评价指标也应该是相同的。

尺度公平也称标准公平，是指在评价工作中所使用的评价标准、评价指标和指标体系是公平的。基于内容维度就是指标准、指标和指标体系的使用要具有公平性。

结果公平就是评价的结果是可以用同一种方法去度量和实证的。结果公平就是指评价的最终结果是按照预先设定的标准归纳和演绎出来的，它对于所有被评价的对象都是适用的。

3. 公正原则

公正原则是高校思想政治教育考核工作的重要衡量基础，失去了公正原则将直接导致评价的失衡和结果的失真。公正包括对人公正、对事公正、程序公正和方法公正。对人公正就是所采用的评价系统对于所有评价对象都是适用的，具有相当的普遍性，不因人的各种差异而存在偏私。具体来说，无论评价对象的民族、职称、身份、出身有何不同，评价结果都不会改变，对事公正就是对思想政治评价工作公正，要求评价工作的参与者要正视这项工作，不应带有任何偏见和私心；评价者应当就事论事，不将评价工作与任何不相关的工作相联系，不将个人偏见带到评价工作之中，不能公报私仇，确保对事公正，评价者的思想道德素质和评价者的产生机制是评价公正的重要保障。

（二）和谐原则

和谐原则即以和谐理念为指导与核心，坚持以融洽、协调为根本要求的，评判高校思想政治教育过程和成果的准则。

第一，高校思想政治教育的灵魂、核心是和谐。思想政治教育要体现和谐的理念，讲解和谐的内容，追求和谐的目标，或者说，思想政治教育性质和要求即为和谐。所以，我们在评判高校思想政治教育时，必须坚持和谐原则，否则，评价就可能无的放矢或者南辕北辙。

第二，评价坚持和谐原则，才能促进高校思想政治教育的完善与发展。评价不是目的而是手段，即评价是为了推动、促进思想政治教育的完善、进步、发展。但是，不是任何的评价都具有推动、促进的作用。只有评价这一手段符合目的、有利于目的的实现，才能够较好地发挥出推动、促进的作用。坚持和谐原则，有助于高校思想政治教育过程更加完善、效果更加明显，最终促进思想政治教育工作的进一步完善和发展。

第三，和谐原则对其他评价原则具有决定性作用。思想政治教育评价的原则有多个，但是，所有的评价原则都是由思想政治教育的性质决定的，都是为思想政治教育的实施和发展服务的。和谐原则集中地体现和反映了思想政治教育的性质，对其他的评价原则有决定性作用，即所有的评价原则都应以和谐理念为指导，都应遵从融洽、协调的要求。

坚持评价的和谐原则需要遵循以下要求。

第一，以和谐理念指导评价。既然和谐是高校思想政治教育的灵魂、核心和目标，既然坚持的是和谐评价原则，在评价的整个过程中，就必须以和谐理念为指导，即着眼和谐、注重和谐、追求和谐，让评价过程成为弘扬和谐、促进和谐的过程。

第二，既注重教育结果的和谐，也关注教育过程的和谐。评价首先关注的是结果，因为结果是人们追求的目标。但是，结果与过程是统一的，特别在思想政治教育方面，若没有过程的和谐，定难有结果的和谐。因此，必须坚持评价的和谐原则，既关注教育结果的和谐，也关注教育过程的和谐。

第三，评价活动的实施要和谐。评价能否发挥出推动、促进功能，关键在于如何评价的实施。能否实施和谐评价取决于多方面的因素，主要有评价主体是否具有合理性、评价方法是否具有正确性、评价指标是否具有适当性。在坚持和谐评价原则时，上面诸因素都要注意到，要处理好各因素间的关系。

第四，评价活动的效应要和谐。前面已说到，评价是手段而非目的。这一手段是否合目的，是否有利于目的的实现，就是评价的效应。评价效应既取决于评价的指导思想、评价实施，又取决于评价做出的判断是否客观、公正。坚持评价的和谐原则，必须确保评价判断的客观、公正，这样，评价才具有促进和谐的效应。

（三）全面原则

全面原则即全面评价原则，就是说，高校思想政治教育评价要坚持全方位、多层面评价。从评价的两大方面看，就是既评价教育效果，又评价教育过程；从过程评价看，就是既评价教育的内容，又评价教育的方式、方法；从结果评价看，就是既评价受教育者的思想和心理，又评价受教育者的行为。

高校思想政治教育坚持评价的全面原则，主要理由如下。

第一，通俗来讲，和谐是多种因素不断进行协调和统一的过程。要对高校思想政治教育进行评判，就必须看到高校思想政治教育的方方面面，看多种因素的状况及其作用的发挥，看多种因素的关系是否和谐。

第二，思想政治教育的成效由多方面显现。高校思想政治教育评价必须从整体出发，对思想政治教育实践的全过程及其社会效果做综合性考察与评价，以克服“只见树木，不见森林”或“只见森林，不见树木”的形而上学倾向。思想政治教育的成效是个多面体，从个体看，既有思想认识、心理素养、行为习惯，也有这样的思想认识、心理素养、行为习惯产生的客观结果；从社会看，既有社会的政治、经济、文化领域，也有社会生态、社会的持续发展；从思想政治教育本身看，既有已经历的过程及其成效，也有思想政治教育的进一步开展。所以，评价时不应仅就某一方面或侧面进行评价，而应该全面评价。

第三，思想政治教育的成效是多因素共同作用的结果。高校思想政治教育是非常复杂的活动，需要多种因素共同参与且协调、一致地发挥作用。如既需要合适的教育目标、内容、载体、方法，又需要积极、协调的教育环境；既需要教育者真挚的情感、较强的教育能力，又需要教育者以身示范。因此，只有全面评价才能掌握高校思想政治教育中多种因素的真实情况。

第四，全面评价能细辨优劣，促进思想政治教育的发展。高校思想政治教育活动中要素众多且需要协调，全面评价才能辨别出问题所在，从而有针对性地采取措施，促进高校思想政治教育的健康、和谐、持续发展。

坚持好评价的全面原则需遵循以下要求。

第一，评价指标要全面。指标即规定的目标，是对高校思想政治教育中各项工作、活动制定的标准。有了标准才便于衡量，因此，全面评价就要有全面的指标，并按照各项具体指标逐一地、认真地进行评价。

第二，评价主体要全面。人的本质是社会性，人在各种社会关系中存在；任何单位、团体也必然参与社会活动，在与个人、其他单位、团体的关系中表现自身的社会性及社会作用。因此，对高校思想政治教育进行评价，应让所有知情者——评价对象的关系者成为评价主体，这样评价才全面，才有利于克服评价的片面性、主观性。

第三，评价资料要全面。资料是评价的依据，全面评价就要全面收集资料，资料越全面、详尽，评价就越准确、客观。全面的资料是指既有教育活动方面的资料，又要有反映教育成效的资料；既有直接的资料——可以直接查获、取得的资料，又要有间接的资料——来自非教育主体的资料，这些资料有时可能更客观、真实。

第四，评价过程要全面。评价活动是作为一个过程而存在和进行的，全面的评价就要有全面的过程，即评价各个方面的工作要做足、做实、做细，而不是走过场。如确定适宜的评价模式、方法、指标，全面、详细地掌握评价资料，对获取的资料认真、仔细地核实与查证，对评价中的各项工作坦诚地征询多方面的意见、建议等。过程的全面是全面评价的重要保证。

二、建立全新的高校思想政治教育评价模式

评价模式反映了思想政治教育的形态特征，且对于特定形态的思想政治教育有反作用，还给评价提供了便于操作的样式。我们认为，高校思想政治教育的评价模式主要有质与量相结合模式、自评与他评相结合模式。

（一）质与量相结合的评价模式

质与量相结合的评价模式，即定性评价与定量评价相结合的模式。也就是说，高校在思想政治教育评价中，既要对评价对象的整体进行综合性评价，以鉴别和判定思想政治教育实践效果性质，又要运用数据分析，通过对评价对象表现出来的一些数量的关系的整理分析，来相对精准地把握思想政治教育实践状况。

1. 质与量相结合评价模式的优势

高校思想政治教育评价主张采用质与量相结合的模式，理由有以下几点。

（1）事物都是质与量的统一

唯物辩证法认为，事物都包含一定的质，也都有一定的量，是质与量的统一。因此，高校思想政治教育评价，既要看其质，也要看其量，这样才符合事物的发展规律，才能使评价客观、准确、和谐。

（2）量的评价必须以质为前提

数学、统计学和计算机科学的发展为高校思想政治教育量化评价奠定了基础，量化评价在现实中逐渐被采用。但是，定性是定量的前提和结果，离开定性的定量评价毫无意义。

（3）仅有质的评价难以精确

质的评价是传统的评价方式，这种方式容易过多地依靠经验和印象，导致主观随意性，即仅有质的评价是难以精确的，是不科学、不和谐的。

（4）质与量结合的评价才准确

质是不同事物相互区别的规定性；量是保持事物性质的规定性。质的评价以便区分优劣，认识其性质；量的评价以便区分优劣的程度，对同性质的对象做出精确的鉴别。可见，质与量结合的评价才准确、和谐。

2. 质与量相结合评价模式的程序

一般来说，质与量相结合评价模式的操作程序如下。

（1）看、听、问——形成初步印象——有了初级的质

对高校思想政治教育对象的评价，不论是对个体的评价抑或群体的评价，一般来说，评价者先要通过看、听、问等活动。看评价对象的面貌、状态，听评价对象汇报，问评价对象的教育安排、效果等，对评价对象形成初步的印象及作出类似程度的初级判断。

（2）查、调、访——深入了解分析——获取足够的量

在有了初级的质的判断后，评价工作进入了重要的阶段——深入了解分析。一般来说，深入了解分析主要是通过查阅资料、调查、访问的方式进行的，查阅资料即查阅评价对象提供的反映本次评价情况的文本资料；调查即对文本材料、“看、听、问”阶段了解的情况等加以查证、核实；访问即深入受教育者之中，了解、掌握更具体的情况。通过这样的查、调、访，获取足够的量。

（3）依据量研究质——质与量相结合

在有了初级的质，获取了足够的量以后，分析量、研究质，对质做出更

为精确的判断，即质与量的结合，才是更客观、真实的评价。

3. 质与量相结合评价模式的基本要求

在高校思想政治教育中运用好质与量相结合评价模式，基本要求有以下几个方面。

（1）质的判断必须以量为基础

在质与量相结合的评价模式中，初级的质的判断，可能没有充分的量作为支撑，但是，这时的质的判断，也是以“看、听、问”获取的一定的量为基础的，否则，质的判断就是无据的。在获取了足够的量后进行质与量相结合的评价时，质的判断无论是对一定质的程度的判断还是不同质的判断，都必须以量为基础，否则，对质的断定就难以客观、准确，难以服人。

（2）进行量的分析要充分

在质与量相结合的评价模式中，量也是重要的，它规定着质，或者精确质，或者确定质。所以，进行量的分析时，要脚踏实地，认认真真，要了解足够的量、真实的量，对量的分析、研究要充分、精细，防止形式主义。

（3）进行质的判断要谨慎

起初的质的判断对整个评价起着基础的、导向的作用；最后的质的判断是对评价对象的质的判定。不论前者还是后者在评价中都是至关重要的，因此，在进行质的判断时要谨慎，尽力使判断客观、准确。否则，不仅评价失真，也可能会对评价对象造成很大的不利。

（4）量的分析必须以质为前提和导向

在质与量相结合的评价模式中，虽然量的分析是重要的和必要的，但是对于量的分析必须以质为前提和导向，即必须看清是什么质上的量，离开定性评价的定量评价毫无现实意义。

（二）自评与他评相结合的评价模式

所谓自评与他评相结合的评价模式，即将评价对象自己评价与其他评价主体的评价结合起来进行的评价模式。具体来说，就是一种被评价的教育者或受教育者（现实评价中，较多的是评价受教育者，因为受教育者的情况及表现可以直接呈现出高校思想政治教育的成效，即便是对教育者评价，也主要通过评价受教育者来进行）对自己进行评价，其他评价主体（教育者、领导、专家或者相关人员）对评价对象进行评价，并将两个方面或多个方面的评价相结合，得出最终判断结果的评价模式。

1. 自评与他评相结合评价模式的优势

高校思想政治教育之所以倡导自评与他评相结合的评价模式，主要有以下几个原因。

（1）自评与他评相结合的评价有利于激发、调动评价对象的积极性

正因为评价对象最清楚高校思想政治教育的情况，而既往的思想政治教育评价没有或者很少让评价对象参加，致使评价不准确，并且难以被评价对象积极接受，所以，现在常运用自评与他评相结合的评价模式，让评价对象参与评价过程，这有利于激发、调动评价对象的积极性，使他们易于接受评价结果，从而更积极地投入持续的思想政治教育过程中去。

（2）自评与他评相结合，评价才客观、准确

评价是为了掌握思想政治教育的情况和促进教育活动深入开展。评价对象最清楚思想政治教育的情况，他们是高校思想政治教育的主体和亲历者，对教育的过程及效果心知肚明，所以评价对象要自评。但是，现在有些人不那么坦诚、谦逊了，有的还盲目自大，甚至弄虚作假。因此，不能仅有自评，还需要有他评，他评可以保证评价的客观性，自评与他评相结合，评价才会客观、准确。

（3）自评与他评相结合是对既往思想政治教育评价的改革和创新

上面已经谈到，应该让评价对象参与评价。特别在当代社会，我们倡导以人为本，人们的自主意识、民主意识、参与意识普遍增强，仅有他评，把评价对象看作机械的客体，这样的评价是很难让评价对象接受的。所以，思想政治教育提出自评与他评相结合的评价模式，以改革既往的、不合理的评价模式。

（4）自评与他评相结合，评价才和谐

虽然评价对象最清楚高校思想政治教育的情况，但是，较长时期以来，在现实评价中，评价对象难以参与评价，这导致评价仅关注了那些显性的东西，甚至形式，对教育过程及受教育者思想认识的提高、心理的变化等难以顾及，而这些却是思想政治教育中的重要方面。正因如此，对于评价给出的判断，评价对象往往有意见，这甚至影响了思想政治教育的开展。所以，坚持自评与他评相结合的评价模式，评价才会和谐。

2. 自评与他评相结合评价模式的基本程序

（1）评价对象自评

评价对象自评，即让评价对象对自己的思想政治教育工作（对教育者而言）或接受思想政治教育的过程与效果（对受教育者而言）做出评价。评价对

象的自评，可以采用定性评价来定等级，也可以运用一定的量的表达来定分数。不管运用哪种方式，都必须有依据，即对判断有足够的支撑，以防止自评的虚假。

（2）其他主体评价

其他评价主体的个数难以确定，有可能就是一个主体，有可能是多个主体，如教育者（对受教育者的评价）、受教育者（对教育者的评价）、领导者、专家学者、思想政治教育的职能部门、知情者（或同事，或同学，或家长，或朋友，或与被评价对象有较多交往者等）。参与评价的其他主体越多，评价的结果就越客观、准确，其他主体评价一般采用定性与定量相结合的评价模式。参与评价的其他主体务必抱着对评价对象、对社会负责任的态度，认认真真地进行评价，不可草率从事、搞形式主义及弄虚作假。

（3）自评与他评相结合

在自评与他评的基础上，将自评与他评相结合，即将两个评价结果进行整合。所谓整合不是将两个结果简单相加或按一定的权重计算得出最后的结果，而是要认真地对比、分析，研究各评价的客观、合理之处，对各评价结果"去粗取精，去伪存真"，然后由各评价主体的代表协商出最终的评价结果。

3. 自评与他评相结合评价模式的基本要求

（1）动员评价对象如实自评

较长时期以来，在高校思想政治教育评价中，自评未被重视，或者未被采用，原因是多方面的，如教育观念问题，没有把评价对象当作主体，以及社会理念问题，没有以人为本的理念等。但是，更主要的原因是不相信评价对象。现实社会条件下，弄虚作假者有之，自评很可能有一定的"水分"。因此，在采用自评与他评相结合的评价模式时，评价领导者、组织者要对评价对象加以动员、引导，让他们有求实的态度和作风，要告知他们除了自评还有他评，弄虚作假迟早会暴露。

（2）各评价主体独立进行评价

为保证各主体评价的真实性，在采用自评与他评相结合的评价模式时，各评价主体要独立进行评价，自主地表达自己的意见，否则就等于没有了多个评价主体，还是一个主体主宰评价。特别是对于自评，要切实保证评价对象不被控制、操纵、愚弄，成为某个人或某些人的玩偶。

（3）其他主体评价要客观、公正

评价中的客观、公正非常重要，否则就违背了评价的初衷——总结经验教训，推进高校思想政治教育持续、深入开展。其他评价主体的客观、公正，首先取决于态度的客观、公正，其次取决于工作的认真、扎实，特别是那些平时与评价对象接触较少、了解较少的评价主体，要保证评价的客观、公正，必须深入评价对象的日常教育、工作、生活中做细致的观察、了解、调研。

（4）对评价结果的整合要科学

受评价者对评价对象的了解程度、评价者的观念和评价中的态度、评价者的水平、评价工作的认真程度等的影响，各评价主体的判断肯定是有差别的。那么，对于各个主体的评价如何赋以权重、整合？这是个复杂的问题，需要认真研究。一般来说，谁更知情，谁更懂得评价，谁获取的证据更有力，谁的意见就更为重要。在整合中，要充分发扬民主，让各评价主体平等地表达自己的意见、阐述自己的理由，通过民主协商得出最终的评价结果。

第三节　改进高校思想政治教育环境机制

人的生存发展及思想品德的形成和发展都须处在一定的环境之下。政治主张、道德教化、理论学说，都不是靠政治压力使受教育者接受，而是作为一种思想信息，在得到环境的验证之后才会被受教育者接受。当今社会实现了经济的全球化、科技的现代化、社会的信息化，高校思想政治教育宏观环境、微观环境均产生了巨大的改变，要做好高校思想政治教育工作就必须研究各类环境因素对教育的影响，不仅要充分重视和利用环境，更要有意识地去改造环境、优化环境，创造有利的环境氛围来实现教育目的，进而做好教育工作。

一、高校思想政治教育环境的含义

对大学生思想道德素质形成和发展和高校思想政治教育活动开展产生影响，以及具有内在逻辑联系的一切外部因素，称为高校思想政治教育环境。它有三点含义：一是指环境影响大学生形成和发展思想道德素质；二是指环境影响高校的思想政治教育活动；三是指环境的各种外部因素之间具有内在的逻辑联系。

政治因素、经济因素、文化因素和思想因素等共同构成了高校思想政治教育环境，这些环境因素影响了大学生思想政治品德的形成、发展以及高校思想政治教育活动的开展，但是这些因素产生影响的内容和方式是不同的。因此，研究高校思想政治教育环境的类型，有利于促进高校思想政治教育活动的开展。

二、高校思想政治教育环境的分类

（一）自然环境和社会环境

以环境构成要素的性质为标准，高校思想政治教育环境可分为自然环境和社会环境。自然环境是由一定的自然物质如大气、水、生物、土壤、岩石、太阳辐射等组成的综合体。日月星辰、江河湖海、山川平原等，就是这种综合体的具体体现。自然环境是大学生赖以生存和发展的物质基础，它为大学生的健康成长提供必需的各种物质和进行活动的场所，对大学生思想政治品德产生了一定的影响和作用。

社会环境是指人类社会在长期的发展过程中创造和积累的物质文化及社会成果的总和，包括政治环境、经济环境、文化环境、虚拟环境等。社会环境对大学生思想政治素质的影响是在社会的政治关系、经济关系和文化关系等与大学生发生相互作用的过程中产生的。

（二）宏观环境和微观环境

以环境构成范围的大小为标准，可以将高校思想政治教育环境划分为宏观环境和微观环境（也有学者将环境分为宏观环境、中观环境和微观环境）。宏观环境又叫整体环境，包括国际大环境、国内大环境和地区大环境，它是指国际或国内某一地区内各种环境因素的总和。微观环境又叫局部环境，是指与人们的活动直接相关的局部环境因素，如家庭环境、学校环境、社区环境、同辈群体环境等。一般认为，在宏观环境和微观环境中，既有自然环境因素，也有社会环境因素。比如，在宏观环境中既有山川、河流、平原、草地等自然环境因素，也有政治、经济、文化等社会环境因素。与自然环境相比较，宏观环境和微观环境中的社会环境因素对高校思想政治教育活动产生的影响是主要的。宏观环境和微观环境有着密不可分的关系，一方面，宏观环境制约着微观环境；另一方面，微观环境对宏观环境具有反作用，影响着宏观环境。

（三）优良环境和不良环境

根据环境对人影响的好坏，可以将高校思想政治教育环境划分为良性环境和恶性环境或不良环境。良性环境是指有利于大学生良好的思想政治品德产生以及高校思想政治教育工作进行的环境。相反，阻碍大学生思想政治品德发展和高校思想政治教育工作进行的环境为恶性环境。“入芝兰之室，久而不闻其香”“入鲍鱼之肆，久而不闻其臭”“近朱者赤，近墨者黑”等都形象而深刻地说明了环境对人的影响。高校思想政治教育者就是要善于利用和创造良性环境，引导大学生正确对待恶性环境。

（四）实质环境和虚拟环境

从环境组成要素来看，高校思想政治教育环境可以分为实质环境和虚拟环境。高校思想政治教育的实质环境指可以影响高校思想政治教育的各种物质因素的总和，它包括未经过人类加工改造的纯粹的物质环境和经过人类加工改造后的物质环境（即人化的自然环境），它涵盖了自然界中的属人环境、社会中的经济环境等。比如，名山大川属于前者，人文景观、爱国主义教育基地属于后者。虚拟环境是指影响高校思想政治教育和大学生思想政治品德形成及发展的各种社会精神因素的总和。比如，社会制度、社会文化、社会风尚、社会舆论等都是精神环境构成的要素。

三、高校思想政治教育要顺应国际、国内的宏观环境

国际、国内环境的存在与发展比高校思想政治教育工作系统更加稳定，它不以人的意志为转移，无论是高校思想政治教育工作的主体还是客体，都生活在其中并受它制约。因此，面对复杂的、多变的国际和国内环境，高校思想政治教育工作者的主要任务是对国际、国内环境中的各种因素进行筛选并利用。

（一）充分利用全球化环境的有利因素，发挥高校思想政治教育工作的意识形态教育功能

1. 经济的全球化使得人们思想更加解放、观念更加与时俱进

经济全球化使得文化、观念、生活方式更加多元，有利于扩展大学生的视野，促进大学生多角度地接触世界各国政治、经济、文化，在比较中取其精华、去其糟粕。同时，经济全球化有利于深化大学生对什么是社会主义和怎样建设社会主义的认识，能够促使他们逐渐摆脱原有的错误认识，在对社会主义本质、特征和体制的认识上发生巨大的飞跃，在经济全球化发展的大背景之下深入贯彻落实建设社会主义的理论、方针和政策，破除固有的思维模式，形成开放、兼容的新观念和新思维。

2. 经济全球化的发展为高校思想政治教育提供了更为丰富的内涵

在经济全球化的过程中不同的意识形态互相交汇融合，有助于我国主流的意识形态汲取经济全球化的养分丰富自身，促进大学生视野的扩展，使他们更清楚地认识到传统与现代的差距，发现优点和不足，寻求加强和改进我国主

流意识形态建设的新的着眼点，增强主流意识形态的包容性和吸引力，提高高校思想政治教育工作的效率和实效性。

（二）充分发挥党和政府的主导作用，创建和谐稳定的社会环境

政府是社会改造的组织主体，理所当然是优化思想政治教育环境的主体。20 世纪德国著名社会学家诺贝特·埃利亚斯认为："国家削平了人与人之间的多样性……虽然国家机器以这样的方式将单个个人置入一种规范网络中，这种网络总的来说对所有的国家公民一视同仁，但现代国家并不是将人当作姐妹或叔伯，当作某个家庭组织或其他前国家整合形式的成员来对待的——现代国家这种组织形式考虑的是其成员的国家公民的权利和义务，因此，毋宁说，乃是把人当作单个者，当作个体人来对待的。在这个迄今最晚近的发展阶段上，此种国家的发展进程以它自己的方式推动了一种大众个体化的到来。"[①] 可见，政府是构建高校思想政治教育社会大环境的主体，政府对社会环境的调控和改造对高校思想政治教育工作意义重大。

高校思想政治教育环境不是单一的、封闭的，而是多维的、开放的。高校思想政治教育工作者可以利用改革开放、市场经济等有利环境，加强国家间的交流与合作。当前，很多国家基本上都采取政府、社会组织和个体三者间双向联结的三角模式，实现对个人社会角色的管理。这种三角模式的三级并非固定，可以设计为国际组织、国内组织和个体等。比如，最早源于 20 世纪 70 年代创立的欧洲青年中心和欧洲青年基金会，该机构定期召开国际研讨会和工作会议，设立常设机构，督促各国青年思想政治教育工作进行规划和具体落实，是一种国际组织、国内组织和个体之间的三角模式。又如，2000 年由英国、美国、丹麦、瑞典、日本、巴西等国家的十几所著名大学及德国青年研究中心发起的以青年群体为中心，研究不同群体与个体的思想和行为问题，优化组合环境资源的国际研讨会议，以整合环境资源影响受教育者，形成了一种政府、研究组织和个人之间的三角模式。构建资源整合的三角模式，可以开阔视野、增长见识，为受教育者的角色自觉创造更加开放、多元、有利的环境条件。

（三）大力发展文化事业，优化文化大环境

优化文化大环境，就是要引导人们去寻找与建立同经济体制改革、政治体制改革相适应的新的思想观念和新的文化观念，将价值观教育持久地渗入文

① 诺贝特·埃利亚斯．文明的进程 [M]. 上海：上海译文出版社，2013.

化活动载体之中。要用科学的理论武装人，用优秀的作品鼓舞人，努力繁荣文学艺术事业，大力发展哲学社会科学事业和其他文化事业，坚持各类博物馆、纪念馆、展览馆、烈士陵园等爱国主义教育基地的构建，培养学生的爱国情操。爱国主义教育基地要对全社会进行开放，针对学生集体参观，应实行免票制度。此外，处于不同地位的各级政府和企事业单位，要专门拨出一定的人力和物力，对大学生的公益性文化活动给予全面的支持。

为发展国内的文化事业，国家颁布了《中共中央国务院关于进一步加强和改进未成年人思想道德建设的若干意见》和《中共中央国务院关于进一步加强和改进大学生思想政治教育的意见》等文件，以此来加强对国内文化市场的管理，对于市场和网络环境中所流通的黄色书刊和音像制品要坚决、迅速地予以打击。要依法加强对学校周边的文化、娱乐、商业经营活动的管理，在校园200米范围内，不得建设有经营性质的娱乐场所，同时不得设置网吧和电子游戏经营场所。对于学校周围设置的，或是已经对学校的正常教学秩序和生活秩序产生影响的娱乐性场所，要及时组织力量，坚决予以打击，为大学生的学习创建一个安全、健康、文明的校园环境。

四、高校思想政治教育要不断优化家庭、学校和社区环境

思想政治教育环境是一个由众多子环境构成的系统，其中与人的日常生活、生产联系较为紧密的是家庭环境、学校环境、社区环境。在人的思想品德的形成和发展过程中，这三种子系统发挥着重要的影响作用。因而，优化高校思想政治教育环境要充分发挥这三种子环境的积极作用，坚持三位一体，形成强大合力，推动大学生的思想品德水平不断提高。

（一）优化校园环境，为高校思想政治教育工作提供健康的内部环境

高校是专门培养人才的特殊单位，是建立在一定社会关系基础上的社会组织体系。学校环境指的是由学校的教职工、教育内容、校园文化、校风、教风、学风等诸多因素构成的环境。在学校中接受教育的青年大学生，他们的大部分时间都是在学校中度过的，因此学校在对大学生进行文化教育的同时，对他们思想道德的教育也不能放松，这对未来高品质人才的培养极为重要。要提高大学生思想政治的教育水平，为他们提供一个良好的学校环境是必不可少的，这是当前高校工作的一个重点。高校必须对大学生的思想政治教育重视起来，既要为思想政治教育提供足够的资金和硬件设备，又要在整体上创造一种健康向上的校园环境，这有助于实现思想政治教育工作内容和形式的统一，获

得良好的教育成效。也只有在这种情况下，才能鼓励广大教师对思想政治教育不断进行研究和探讨，提高自身的教学方法和模式，从而全面提高大学生的思想政治水平。

（二）优化家庭环境，为高校思想政治教育工作寻求有利的家庭支持

在所有的教育方式中，家庭教育是最有影响力和感染力的一种，这是因为家庭成员之间具有特殊的血缘、依赖和亲情关系，其对青少年的人格形成和发展具有重要的影响。家庭这种微观环境具有启蒙奠基、信赖易感、潜移默化、连续不断的教育特点。从家庭教育的特殊性来看，它既是一种启蒙教育，是孩子最先接触的“老师”，又是一种终身教育，是孩子的“终身教师”。优化家庭教育环境，高校要保持与家长的沟通和联系，对家长进行思想政治、教育学、心理学等方面的理论教育，从整体上让家长认识到家庭教育在大学生成长过程中所起到的重要作用，从而提升大学生教育的科学性。家长在对大学生进行教育的过程中，还要不断提高自身的思想素质，起到良好的榜样作用，同时要为大学生的教育创造一个和谐、民主、进取的家庭环境，促进其健康成长。

（三）重视社区环境，为高校思想政治教育工作提供良好的社区环境

社区环境与家庭环境和学校环境相比，具有很大的不同，它犹如社会的一个缩影，成分较为复杂。良好的社区环境既可以为家庭生活、学校工作提供必要的物质和精神保障，也可以成为家庭教育和学校教育的有益补充。苏霍姆林斯基就曾经说过，“单单在儿童上学和回家的路途上，他们受到的思想教育就比在学校里待几个小时所受的教育都强烈、鲜明得多”。其原因“就在于这些思想是包含在形象里，包含在生活的各种画面和现实中的”①。可以看出，在高校思想政治教育过程中，社区环境有着不可替代的作用。

1. 树立正确的舆论导向，创建优秀的社区文化

社区在为高校思想政治教育创造优秀的社会文化的过程中，应充分发挥大众媒体和社区宣传栏等的宣传作用，树立正面典型，宣传先进人物、先进事迹，创造积极、健康、良好的社会氛围，引导大学生树立正确的思想观念、价值取向。

2. 以优化社区的文化环境为中心

社区环境中对大学生影响最大的是社区文化环境，因此，必须切实加强

---

① 瓦·阿·苏霍姆林斯基．给教师的建议[M]．杜殿坤编译．北京：教育科学出版社，1981.

社区文化环境的建设和管理，为全面实施思想政治教育创造条件。对社区内已经存在的文化设施要不断进行完善，同时不断增加新的文化设施，保证社区环境新鲜性、趣味性与教育性相结合，提高娱乐活动的质量，丰富人们的精神文化生活，使社区文化真正起到教育大学生、调节大学生身心健康的良好作用。另外，还要加强社区文化设施管理，维护社区正常的文化环境，从而保证社区文化设施发挥良好的教育作用。

3. 加强大学生的安全教育，远离社区中的不良环境

社区是社会环境的缩影，有很多方面是高校无法调控的，要想为大学生创造出一个良好的周边环境，就必须对学校内部加强管理。对大学生的教育不能仅是文化教育，还要对其进行安全教育、法制教育和自我保护教育，提高大学生的自我保护能力，促使大学生能够自觉地抵制不良文化产品的侵害。

需要注意的是，在对大学生进行自我保护教育的过程中，还应当重视教师的正确指引和教导，主要表现在三方面。第一，教师要教育学生不要接触不良网络和录像，防止暴力和色情对自身精神的荼毒；第二，教师要告诫学生远离对自身身心健康发展有害的娱乐场所，避免自身的思想或身体受到侵害；第三，教师应与学生之间建立良好的师生关系，经常与学生进行沟通，帮助学生解决生活或学习上的难题，教育学生要珍爱生命、关爱他人。

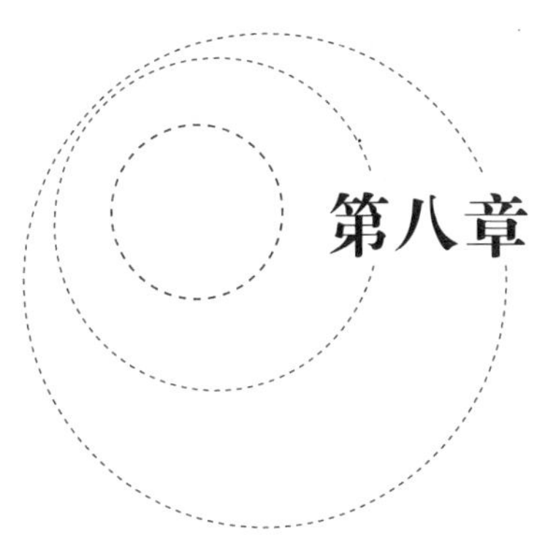

第八章　新时代我国高校思想政治教育工作的主要路径

第一节　丰富高校思想政治教育的内容

一、加强政治教育

政治教育是决定思想政治教育方向和性质的核心内容，也是其最高层次和最为重要的内容，是旨在形成核心力的信仰性教育，主要包括政治观点教育、政治立场教育、政治方向教育、基本路线教育、理想信念教育、爱国主义教育以及形势政策教育等，政治教育总是同政党和阶级的意志紧密联系的。在新的历史时期，加强大学生政治教育具体表现为加强爱国主义、集体主义和社会主义教育，引导大学生树立实现“中国梦”和社会主义核心价值观的“国家精神力量”，坚定走中国特色社会主义道路的政治定力和政治信念。

意识形态工作是党的一项极端重要的工作，事关党的前途命运，事关国家长治久安，事关民族凝聚力和向心力。党和国家在现阶段如此重视意识形态教育，是因为它是保证我国政治意识形态不变色和国家不断走向胜利的关键。那么，怎样才能紧紧把握住意识形态的主动权呢？第一，要认真学习马克思列宁主义、毛泽东思想、邓小平理论、“三个代表”重要思想、科学发展观以及习近平新时代中国特色社会主义思想，认真学习马克思主义的、观点和方法论，深刻认识和准确把握共产党执政规律、社会主义建设规律和人类社会发展规律。第二，要加强党性教育，维护中央权威，与党中央保持高度一致，坚定政治方向，站稳政治立场，在大是大非面前保持政治定力。第三，要坚定“四个自信”，即道路自信、理论自信、制度自信和文化自信。对于每个高校来说，加强以马克思主义为指导的意识形态教育是一项固本培元、凝魂聚气的战略工程，应该把“讲政治”“讲正气”放在高校思想政治教育的首要位置，重视国家和人民利益，坚定大学生“任尔东西南北风，我自岿然不动”的政治立场。

二、深化思想教育

思想政治教育的根本内容是思想教育，它为思想政治教育的其他方面提供了价值理念、世界观和方法论基础，是注重启发、说理和引导的认知性教育，也是在思想政治教育中最经常、最普遍出现的教育。思想教育又细化为系统性教育和日常性教育。系统性教育解决的是长远性和根本性问题，如世界观、人生观、价值观等；日常性教育解决的是日常生活化和现实微观性的问题，如工作、学习、生活中的具体问题，是系统性教育的具体外化。思想教育主要包括世界观教育、人生观教育、价值观教育、方法论教育、爱国主义、集体主义、社会主义教育、艰苦奋斗教育、科学精神和创新精神教育等。

（一）德才兼备、以德为先的人才观教育

胡锦涛同志在庆祝中国共产党成立 90 周年大会上指出：“坚持德才兼备、以德为先用人标准”“形成以德修身、以德服众、以德领才、以德润才、德才兼备的用人导向”。人才是社会建设中最珍贵的资源，而德是人才所应具备的首个要素。坚持德才兼备、以德为先的用人标准，是我们党选拔任用干部的前提条件，也是各级党组织培养教育干部的基本要求和总体目标。我们党能够带领中国人民从贫穷走向富强、从落后走向繁荣，最不能忽略的一点就是坚持了德才兼备、以德为先的用人标准，它使党的事业薪火相传、繁荣昌盛。

首先，做到以德修身。以德修身就是指以高尚的品德来指引个人做人、立事、为官。大学生是祖国未来发展最直接的形象代表，自身的道德建设在整个社会中有着不容小觑的作用。它不仅关系着党的兴衰存亡，更关系到整个社会的道德导向。以德修身要求大学生自觉做到：具有坚定的政治立场和高度自觉的大局意识。立场是旗帜和方向，坚定的政治立场是广大党员干部做事的根本，没有它就会失去方向感。要有坚定的政治立场，就要用理论知识来武装自己，当代大学生要认真学习和掌握马克思列宁主义、毛泽东思想，深入学习和掌握中国特色社会主义理论体系，形成辩证唯物主义和历史唯物主义的世界观

和方法论，这样才能树立坚定的政治立场，为党的事业贡献力量。同时，要具有高度自觉的大局意识，把党的事业作为自己的责任，居安思危、未雨绸缪，时刻想着党，奉献于党；树立修身无小事、修身需终生的意识。青年大学生要强化修身无小事的意识，“勿以善小而不为，勿以恶小而为之”，坚持在点滴中成长，在成长中立德。树立做人、立事、为官就是修身的意识，达到生命不息、修身不止的境界，养成终生修身的良好习惯。

其次，做到以德润才。以德润才就是让德与才相互促进，共同发展，帮助大学生成为素质全面的人才。在以德领才的基础上，德与才得到一定的发展，二者相互促进，互为提高，才能以德来滋润才能、提高才能。才就像一把利剑，锋利无比、所向披靡。但是，一把再好的剑也表演不了十八般武艺。德就如转换器，把剑转化成表演需要的各种武器。以德润才堪比画龙点睛，缺少德的才显得枯燥乏味。以德润才要求青年大学生在德与才的发展上，用德促才，全面提高自身的各种素质。在提高自己才能的同时，加强自身的修养，用修养来净化心灵，为才华的发展提供更广阔的空间。德为才提供了良好的氛围和成长的环境，才在德的滋润和呵护下，得到了更好、更快的发展。以德润才，才的成长就如顺水推舟，个人的才能也只有在德所营造的良好条件下才能沿着正确的道路前进。

最后，做到德才兼备。德才兼备就是既重德又重才，是人才所要具备的两个重要素质。人才就要德才兼备，二者缺一不可。德才兼备的大学生是我党事业发展的栋梁，能否培养好德才兼备的大学生影响着党的事业的发展和国家的兴衰。近些年来，我国高校培养了一大批优秀人才，建立了较好的育人用人机制，但是在这个过程中也时常出现一些问题。所以，我们要从中得到警示：高校思想政治教育要加大对创新人才的培育力度，鼓励多种模式下对人才培养的探索，借鉴国外先进的理念，多管齐下，培育更多优秀的人才。此外，各高校还要摒弃“急功近利”的人才观。人才的培养和发展是一个长期、曲折的过程，没有近路可以走，也不能走近路，在这个过程中，需要高校思想政治教育工作树立高瞻远瞩的战略意识，真真切切地培养政治立场坚定、思想素质突出的社会主义建设者和接班人。

（二）厉行节约的艰苦奋斗教育

艰苦奋斗教育是思想政治教育工作中不容忽视的内容。艰苦奋斗、勤俭节约的传统美德，为我国取得新民主主义革命的胜利以及进行社会主义建设作出巨大贡献。近几年，我国经济的快速发展，使人民群众的生活水平得到了提高，但也使一些人渐渐地淡忘了艰苦奋斗这一精神。社会上充斥着攀比消费等不良风气，极大损害了党和政府艰苦朴素的人民公仆形象，对社会主义建设事业产生了巨大的影响。不仅如此，这种风气还传入了校园。这就给高校思想政治教育工作者提出了一个新的要求：在对大学生进行思想政治教育工作中，应把艰苦奋斗教育作为重点内容，让青年大学生自觉行动起来。

首先，组织学生学习老一辈无产阶级革命家为了取得胜利而艰苦奋斗的精神。如当过去的延安交通闭塞，经济落后；面对国民党的封锁，毛泽东号召根据地军民自己动手，丰衣足食，开展了大生产运动。部队战时作战、闲时种地，几年下来，铸就了延安军民的铮铮铁骨和艰苦奋斗的精神。在当今这个富强繁荣的新时代，需要继续发扬延安精神，把坚定正确的政治方向放在第一位，积极接受共产主义理想教育、社会主义必然代替资本主义的教育，树立崇高的民族自尊心和自信心。其次，重视道德建设，用以集体主义为核心的共产主义道德教育学生，提倡“毫不利己，专门利人”“人人为我，我为人人”的道德风尚，克服和抵制“专己打算”“人人为自己，上帝为大家”的资产阶级自私自利的道德观念。最后，加强艰苦朴素、勤俭节约的作风教育，帮助广大学生树立社会主义主人翁意识和“过紧日子”的思想。青年学子作为社会主义事业的接班人，他们的未来直接关系着中华民族的整体素质，关系着国家的前途和命运，所以必须进行思想政治教育。当今的青年人，没有经历过艰苦岁月，对中国的国情也了解不深，一些人怕艰苦、图享受，尤其在市场经济负面效应的影响下，不少青年崇尚“金钱至上”的观念，强调自我价值，奉行所谓“理想理想，有利就想；前途前途，有钱就图”的错误理念，导致人生价值观扭曲。革命精神以为人民服务为核心，这是我们党的根本宗旨，是无产阶级的人生观，也是培养教育青年学生和加强思想道德建设的宝贵教材。用革命精神培育合格人才，努力提高大学生的思想道德素质，培养有理想、有道德、有文化、有纪律的“四有”新人，是我们党的一项重要的战略任务，是党和国家事业后继有人的重要保障。

三、提升道德教育

道德教育是思想政治教育的基础内容，是内省和自律的伦理性教育，是内化于心、外化于行的养成教育，主要包括社会公德、职业道德、家庭美德、个人思想道德“四德”教育以及生命道德、生态道德、人道主义道德、网络道德、科技道德等教育。现阶段，高校对大学生进行道德教育的重点主要是社会主义核心价值观教育，可从以下五个方面展开分析。其一，从地位和作用来看，习近平总书记称之为“人生第一颗扣子”，对“立德树人”来说有重大的意义。其二，从性质来看，核心价值观，其实就是一种德，既是个人的德，也是一种大德，是国家的德、社会的德。国无德不兴，人无德不立。其三，从内容来看，有三个层次共24个字，即国家层次倡导“富强、民主、文明、和谐”，社会层次倡导“自由、平等、公正、法治”，公民层次倡导“爱国、敬业、诚信、友善”。其四，从根本要求来看，要“明大德、守公德、严私德”。其五，从实现路径来看，一要勤学，二要修德，三要明辨，四要笃实。高校思想政治教育工作要注重宣传教育、示范引领、实践养成相统一，注重政策保障、制度规范、法律约束相衔接，以实际行动促进践行社会主义核心价值观、既要在“大事”上看德，又要在“小节”中察德。在具体行动上，要努力教育和引导大学生成为社会公德的示范者，严于律己，垂范德行；积极做职业道德的引领者，努力工作，恪尽职守；争当家庭美德的模范，在事业和家庭中寻找平衡点，尊老爱幼，担当责任，以身作则；做公民道德的有心人，乐于助人，乐于奉献，从细微和平凡处入手，言行举止要体现素养，成为“爱惜羽毛”的重声誉的有德之人。总之，高校应当教育大学生努力践行社会主义核心价值观，追求“讲道德、尊道德、守道德”的生活，为形成“知荣辱、讲正气、做奉献、促和谐”的社会风尚做出贡献。

四、加强心理教育

心理教育是思想政治教育的重要前提和驱动力，是重在劝导、激励和体验的疏导自励性教育，包括心理健康方面的知识性教育、咨询性教育和发展性教育等。当今社会被称为压力社会和风险社会，加之我国正处于从传统向现代的转型期，来自工作、生活、家庭等多个方面的压力令人无法承受。自从进入新时期，高校大学生面临的压力主要有以下几个方面。

其一，就业压力。随着技术的进步，劳动力的需求结构不断变化，即对技术工人，特别是对熟练的技工的需求越来越大，而劳动力的供给结构却跟不上形势的变化，以至于没有一定技能的劳动力越来越难找到工作，而迫切需要专业技工的单位却找不到合适的人选。对于刚毕业的大学生来说，大多数只是单方面拥有理论知识，而缺乏操作能力，所以就业比较难。毕业的大学生主要就业领域在现代服务业，如果这个第三产业不能迅速发展，就很难缓解就业压力。

其二，学业压力。部分大学教材变得越来越不适用，有时还会因为老师的需要增加各种课程，给学生造成了巨大的学习压力。此外，学生还要不断去学习各种对将来就业和升学有益的课程以及考取各种证书。另外，有许多大学生因为就业压力大，选择继续读硕士或博士，报各种考研培训班，早出晚归，开始像高中一样的生活。再者，近年来高校评分制度不断改革，大学生如果疏忽大意，极易考试不及格导致重修，严重的还会被取消学位，不能顺利毕业。因此，保证每门考试都顺利通过给一部分学生造成了一定的压力。成绩比较好的学生在这方面的压力较小，但他们也面临着另一种压力，那就是争取名次和申请奖学金的压力，他们会时刻关注竞争对手的动态，不断给自己提出新的要求，制订更高的目标和更严密的学习计划，努力赶超竞争对手。而对于那些选择了考研的学生来说，他们所面对的学业压力更大，不仅要把平时考试的科目学好，以顺利通过考试，还要把考研所需的课程弄懂，掌握大量的知识。

其三，经济压力。对于大学生来说，每年的学费虽然不高，但有很大一部分学生不愿意向父母伸手要钱，他们宁愿兼职挣钱。还有一部分贫困生在入学时申请了助学贷款，毕业后助学贷款反而成为一种负担，使得他们更加力不从心。所以，教育致贫的家庭又成了现在社会扶贫的对象。

其四，心理压力。大部分大学生都感受过学习的压力，长此以往，其精神长期处于高度紧张的状态，极易产生焦虑等不良反应，最终有可能导致精神分裂等心理疾病。目前，中国高校在校生中约有 20% 是贫困生，而这其中 5%~7% 是特困生。调查表明，70% 以上的贫困生认为自己承受着巨大的学习压力和生活压力。这些压力给他们造成了较大的心理困扰，而他们并不懂得如何去化解。另外，大学生对情感方面的问题不能正确认识与处理，也直接影响着大学生的心理健康。大量案例表明，大学生因恋爱所造成的情感危机，是诱发大学生心理问题的重要因素，有的人因此而走上极端，甚至造成悲剧。大学生的情感困惑和危机而引发的心理主要表现在两个方面：一方面，误把友谊当爱情。有些同学在与异性的交往中，不能准确地区分友谊和爱情，给双方平添了许多的烦恼。另一方面，将爱情摆错了位置。有些同学将爱情摆在了人生的最高地位，奉行爱情至上主义。这样的恋爱观，很容易让人对人生目标产生曲解。持有这种恋爱观的学生在求爱失败或失恋之后，情绪和行为极易失控，失去理智，甚至产生悲观厌世的情绪。此外，还有功利化或者片面对待恋爱的，有的是在自己心中幻想出一个脱离现实的恋爱对象，有的是仅仅把恋爱当作摆脱孤独寂寞的方式，这样产生不了真正的感情，也得不到真正的爱情，还会给彼此的感情留下一片阴影。

从以上这些实际问题来看，高校对大学生进行一定的心理干预和心理健康教育十分必要，如将心理健康教育纳入大学生思想政治教育培训的范畴中，根据大学生的实际需要进行有针对性的心理辅导。同时，高校有必要创建一套心理健康跟踪系统，对大学生心理健康问题做到早发现、早帮助、早治疗。我国在心理健康这方面的教育还比较落后，要想使大学生能够得到有效和及时的帮助和治疗，国家和社会应当鼓励和支持高校建立心理健康机构，为他们提供政策和资金方面的支持，给大学生提供一个健康的保障。①

第二节　创新高校思想政治教育的方法

方法即“行事之条理”，被培根称为“心的工具”，被毛泽东比喻为“桥或船”。邓小平同志也曾说，时间不同了，条件不同了，对象不同了，因此解决问题的方法也不同了。方法在思想政治教育中的重要作用不言而喻。从实效性来看，方法落后、无效一直是影响思想政治教育实效性的重要原因。从这一角度看，高校思想政治教育要与时俱进，不仅要有先进的教育理念和与时俱进的教育内容，同时必须创新改革教育方法，增强自身的实效性和科学性。

一、传统方法和现代方法互补

思想政治教育方法要“管用”，就必须不断弃旧纳新，紧跟时代的脚步。目前，高校思想政治教育的方式方法还比较落后，不能适应新形势和新任务的时代要求，有的甚至还停留在计划经济时代，缺乏新观念，内容不鲜活，方法老套，政治色彩浓厚，远离大学生的生活，这些“被动式说教”的政治工作很难获得真正有效的德育成果。创新高校思想政治教育方法，必须在继承中创新，古为今用、洋为中用，使传统方法和现代方法互补共通、取长补短。中国古代思想政治教育方法和传统的思想政治教育方法仍有许多值得我们借鉴的地方。古代思想政治教育方法主要有内修和外化两种：外化即社会教化，包括思想灌输、化民成俗、身教示范、践履笃行等方法；内修即自我修养，包括学思结合、自省、克己、慎独等方法，伦理方法政治化是古代思想政治教育方法的

① 郭大勇．艰苦奋斗教育仍应成为高校思想政治工作的重要内容[J]．鸡西大学学报（综合版），2002(1)：16-17.

特色。传统的思想政治教育方法主要有说服教育法、情境教育法、情感教育法、自我教育法、实践教育法、典型教育法、和谐教育法、理论学习培训法、宣传教育法、环境熏陶法、疏导教育法、比较教育法、对比教育等，这些方法基本符合人的思想品德，是实用有效的方法。但是现代社会发展迅速，人的思想呈现出复杂化、多样性、个性化的特点，给思想政治教育工作带来了新的机遇和挑战。因此，高校思想政治教育工作必须积极改进、创新和融合教育方法，使其适应时代的不断变化。

总体来看，高校思想政治教育方法应当从单向交流向立体式交流转变，从被动式向主动式转变，从封闭式向开放式转变，从灌输式向启发式转变，多采取讨论式、对话式、情景式以及寓教于乐等教育方法，增加系统分析、信息预测、调研评估、信息技术、网络大数据、心理咨询、人文关怀、自我激励、整体评估等现代方法。在发展趋势上，高校思想政治教育要做到传统方法和现代方法彼此融合，积极探索适应大学生主体意识的新观念、新方法，在开创“新世界”时也不忘继承“旧世界”。正如马克思所说：“新思潮的优点恰恰在于我们不想教条式地预测未来，而只是希望在批判旧世界中发现新世界。”①

大学生思想政治教育强调实事求是、平等信任、正面引导和讲求实效的原则，只有多角度、多侧面、多形式地加大高校思想政治教育传统方法和现代方法融合的力度，才能形成教育合力，达到教育效果。事实上，不管哪一种教育方法都不是完美的，都会有自身的缺点，所以不能用时间来划分思想教育方法的好坏，而要用实践来检验实际效果，并根据主体需要适时对其进行调整，使传统智慧和现代理性相结合。比如，传统说理法是传统思想政治教育最基本、最普遍的方法，其优势在于“以理服人”，理不通、情不到，教育就没有效果。在高校思想政治教育工作中，这种方法可以进行转换，变为“以理服人、以文服人、以德服人”，同时对其增加四个字的要求：真、实、深、活。“真”就是用真理说服人，用真情感染人、打动人；“实”就是做到目标切实、内容确实、方式务实；“深”就是讲透大道理、辨明小道理、批驳歪理；“活”就是激活教育主体，盘活教育资源，用活教育手段。高校要改进讲授式教学方法，大力推广模拟式、研究式、体验式等现代教学方法，以提高大学生思想政治教育的效率，增加其吸引力和感染力。

① 中共中央编译局.马克思恩格斯选集（第1卷）[M].北京：人民出版社，1995：416.

二、显性教育和隐性渗透相结合

要创新高校思想政治教育的方法，应当把它的显性方法和隐性方法有机结合，使二者互补，根据大学生的思想实际和具体情况综合加以运用，来扩大其效果。在理念上，高校思想政治教育要将各种显性的理论、实践教育方法，以及家庭、社会、单位等多方隐性方式有机结合，使显性方法的直接导向、鲜明影响、快速奏效与以浸染、弥散、自我教育和内化为特点的隐形方法相联系，以发挥两者融合的最大功效。在实施上，一是联合、互补，各尽其用，坚持把显性教育方法作为主体使用，使其占据主阵地，弘扬主旋律，发挥正能量；在教育环境、教育氛围、教育文化资源等方面，积极利用隐性方法来补充，使其渗透到工作和生活的方方面面，包括制度建设、文化活动、精神文明建设等，全方位施以影响。二是差异化和个性化两种方法，根据需要来选择。在政治路线、政策解读、政治宣传和教育培训以及道德认知等方面，要充分显示教育的优势；在价值观塑造、道德意识培养、道德情感升华、思想状况观察、道德行为选择等多个方面，隐性教育能够更好地被大学生接受。值得注意的是，显性方法不能简单地被隐性方法替代，两者各有各的优势，可以互相补充。

三、教育培训和自我教育同构

教育培训和自我教育是思想政治教育两种运行机制不同的表现方法，教育培训是他律，而自我教育是自律。从本质上看，自律是一个人思想发生变化的内因和依据，而他律是条件和前提，他律必须通过自律才能起作用，两者相辅相成，缺一不可。一方面，大学生思想政治水平的提高离不开长期教育；另一方面，大学生思想政治教育的效果，从根本上要通过自身的思想矛盾运动——学习、内省、慎独来实现。

由此可见，高校思想政治教育方法的现代传承和时代转换，必须实施教育和自我教育同构、他律和自律相结合的教育方法。在高校思想政治教育实践过程中，教育者和受教育者之间必须建立起平等民主、互尊互助互学的现代新型关系，通过双边思想交流和积极参与，调动各自的积极性。在高校思想政治教育培训中，教育者要充分调动受教育者的自主教育意识和自我参与的积极性，可以运用结构化研讨、行动法、小组研讨、情境体验等方法，引导他们自主学习、自我反思和思考、自觉参与，使他们无障碍地快速进入自我教育的领地，最终达到自我教育的目的。因此，教育培训者不能自言自语、自导自演，脱离受教育者，而是要使出浑身解数，去发动和感染受教育者，双方充分展开交流和互动，这样才能使教育培训具有实效性和感召力。在现代科技条件下，网络信息技术和舆论媒体凭借它们丰富的信息资源和平等民主的技术理性充当起了教育者的角色，但这个角色所起的作用参差不齐，可能会给自我教育带来正面的激励，也可能带来负面的刺激和影响。

总之，高校思想政治教育的每一项内容都需要在实践中慢慢被受教育者接受和认同。高校思想政治教育的对象是具有较高文化素质和丰富阅历的社会栋梁，他们可能会抗拒单一被动的接受型教育方式，会自主选择和接受适合他们的方法。因此，教育者需要合理选择教育方法，并使之渗透进大学生自我教育的范畴中，从他律到自律，由外到内，实现教育与自我教育的结合优化。

第三节　拓展高校思想政治教育的载体

对高校思想政治教育时代性的研究，要跟时代的发展相贴合。科学技术的不断发展进步，给人们的生活带来了便利，同时改变了人们的思维观念和生活习惯。随着社会的发展，时代的进步，人的特点也发生了改变，需求也变得越来越多。高校思想政治教育要实现时代性，就必须对思想政治教育载体进行创新，促进人的全面发展。这就要求高校思想政治教育工作必须适应现代人的特点和要求，改变传统方法中和现代不相符的地方，巧妙地将教育方法与新时代的载体相结合。新时代载体包括手机终端、网络传媒（主要有微博、博客）等，呈现出立体化、虚拟化、数字化的趋势，如现在在一些高校试点的 BBS（网络论坛）、易班网等，都通过网络平台建立了人与人直接沟通的桥梁。

在高校思想政治教育体系中，载体处于重要地位。新时代影响着思想政治教育载体的方方面面，并且社会化的趋势越来越突出，思想政治教育主客体及身份出现了多种变化。为了适应新情况和新变化，解决新问题，高校思想政治教育工作者应该将跨界思维向理性思维转变，创造覆盖范围广、承载信息多的载体，并且生成“载体合力”。这样，不仅给新时代高校思想政治教育提供了新平台，也充分体现了思想政治教育实效性的迫切要求。

一、高校思想政治教育载体的运行状况

（一）高校思想政治教育载体的内涵及形态

“载体”一词最早出现在化学领域，是指能存储、携带其他物质成分的事物。“载体”在20世纪末被引入思想政治教育领域，开始的时候，人们用手段、方法和途径等说法来描述思想政治教育的承载和传播过程的介质，后来在理论研究中出现了“思想政治教育载体”的概念，但只是对载体种类的一个简单描述。随着新媒体时代的到来，学术界开始关注、重视和研究新媒体对高校思想政治教育的影响。目前，对高校思想政治教育载体的研究，大多是围绕基本形态特点、运用创新等主题。

1. 内涵

相对来说，思想政治教育载体是一个较新的概念，人们对它的概念有不同的观点和认知。有的人说思想政治载体是将教育主体和客体连接起来的桥梁和纽带，有的人说思想政治教育载体是“载体中介”，有的人说思想政治教育载体是一种活动形式，也有的人说这是思想政治教育的基本要素之一。

对于思想政治教育载体的描述，张耀灿这样定义：思想政治教育载体是指在思想政治教育过程中，能为思想政治教育主体所运用，能承载和传递思想政治教育的信息和内容，能促使思想政治教育主客体之间相互作用的活动形式和物质实体。从整体看，可以从以下两个方面理解这个概念。

一方面，只有以下三个基本条件同时具备才能形成载体。其一，可以让教育者运用和控制；其二，必须能够承载思想政治教育的目的、内容等信息；其三，能够联系主客体，带动主客体互动。总而言之，思想政治教育载体所具有的特征有中介性、可控性和承载性。

另一方面，要区分清楚思想政治教育载体和方法的关系。很长一段时间，人们把它们归到思想政治教育方法论中，并不是当作一个独立的内容去研究，而要处理好它们之间的关系，必须借助载体去运用思想政治教育方法，如辩证法就需要通过辩论类的活动，将这种形式作为载体。另外，载体能传递思想政治教育的信息内容，但方法不能，方法的含义有很多种，通常是指为获得某种东西、达到某种目的而采取的手段和行为方式，这是两者最大的不同。

2. 形态

国内外的研究对载体的形态有不同的分类标准，所以思想政治教育载体的基本形态由于分类标准不同而大不相同。学界按照不同的标准，划分出不同

的类型，如按照基本物质样态划分为行动载体和语言载体；按照承载物的性质划分为物质载体和精神载体；按历史发展划分为传统载体和现代载体；等等。虽然出现的形态不同，但它们的缺点是一样的：都是根据载体的外在形式而不是思想政治教育中的主体差异来作为划分标准。所以，从活动主体和方式的差异性方面入手，我们可以将高校思想政治教育载体分为五大类，分别是物质载体、课程载体、精神（文化）载体、管理制度载体、传媒载体。总之，对高校思想政治教育载体的形态分类应依据思想政治教育活动的过程。

（1）物质载体

这里的物质载体说的是校园物质载体，有校园建筑设计风格、校园的景观、校园生态环境等。大学生在这样的现实空间环境里学习和生活，会慢慢地适应并接受校园所传递出来的人文气息。经过历史的积淀，它们具备了文化价值，承载着厚重质朴的大学精神，所具有的潜在教育意义是任何其他方式都无法比拟的。所以，一直以来，高校都特别注重对校园物质环境的建设，希望营造一个健康、积极、绿色、优美的校园生活环境，对大学生道德情操形成正面影响。

（2）课程载体

课堂教学是开展高校思想政治教育最直接的方式，也是最显著、最突出的载体。这里所说的课程载体就是课堂教学，方式就是上思想政治理论课，当然也包括其他专业课程、人文素养课程等，这对大学生有着最权威直接的影响。课程载体有许多突出的特点，比如有相对稳定的载体形式，有明确的教育目标、内容和评价体系，还有制度上的保障，等等。现在，思想政治理论课在高校开展的课程主要有《中国近现代史纲要》《思想道德修养与法律基础》《马克思主义基本原理概论》《毛泽东思想与中国特色社会主义理论概论》《形势与政策》等，这些都是必修课，是高校教学计划中要求每一名学生都必须掌握的，是向学生灌输马克思主义基本理论的手段，也是帮助他们树立科学的人生观、世界观、政治观、价值观、道德观和法制观等的主要阵地和渠道。教育的基本理念是“教书育人”，对于其他人文素养课程和专业课程，教育者在灌输知识的同时也要有意识地将人文素养和科学精神渗透其中。

（3）精神（文化）载体

这里的精神（文化）载体主要指的是校园各种文化类活动，如辩论活动、知识竞赛活动、文体活动和谈话咨询活动，这是高校思想政治教育过程中传递信息、进行交流的一种精神手段。比如，组织学生参加各种不同的活动，将思想政治教育的内容巧妙地融入活动中，让学生乐于参加，将科学性、趣味性、思想性和娱乐性融入载体的精神文化活动中。通过参加一系列的活动，受教育者能慢慢地被这种氛围感染，渐渐学会对事物的辨别、判断、比较和取舍，获得知识上的拓展，从而形成积极向上的人格品质，培养团队精神和竞争意识。所以，高校思想政治教育工作者要有计划、有目标、有针对性地开展一些社会实践活动、校园文化活动、青年志愿者服务活动和各种咨询谈话类活动，将精神载体的作用充分挖掘出来，慢慢将其融入大学生的生活和学习中，提高他们的素养。在思想政治教育过程中，如果不同类型、不同级别的文化精神活动载体发挥出了集体的教育作用，在集体的氛围中，受教育者就会逐渐被影响，那么咨询谈话活动就是个体思想政治教育的载体，教育者通过单独谈心、座谈会或者其他的方式，了解受教育者的心理活动、思想和观念，帮助他们解决在思想上或者认识上存在的问题。通过一系列的谈话能将教育内容转变为细致入微的关怀，能够深入谈话对象的内心深处，让他们打开心扉。

（4）管理（制度）载体

陈万柏认为：管理载体就是“以管理为载体”的意思，是指在管理活动中，思想政治教育内容和管理手段相互结合，以规范人们的行为，调动人们在学习、生活、工作等各方面的积极性，提高人们的思想道德素养。这里的制度载体就是指高校的管理制度，包括管理制度所使用的管理手段、所投射的管理理念和管理体制所体现出来的一系列服务工作。比如，大学生的日常行为管理、教学管理、班级管理等，其特点是：具有一定的强制性和规范性，在教育过程中制度权威和行政威慑力比较突出，教育者主要依据规章制度和组织纪律来应用载体，致力于大学生的日常行为规范的养成，以书面形式或者条文的形式表现出来，具有强制性。管理是一门艺术，也是一门科学。科学、民主、公平、规范的管理，本身就是在进行一种思想政治教育。在高等院校，诸如学生考试作弊行为反映出来的诚信等一系列问题，可以通过强化学校的规章制度来解决，使问题能够得到有效的控制。

（5）传媒载体

传媒载体是指大众传媒向受教育者传播思想政治教育内容，让大学生在享受娱乐的同时，不知不觉受到思想政治教育。传媒载体既包括传统大众传媒，也包括新媒体。传统大众传媒包括杂志、电视、广播、书籍、音像制品、电影等，有着众多的载体形式，给教育者和受教育者带来很多选择。就像李普曼所说：“我们的‘身外世界’即现实环境越来越广阔，人们已经很难直接去亲身体验它、理解它，现实环境已经成为‘不可触、不可见、不可思议’的环境。”大众传媒所创造的虚拟的“媒介环境”就是这里所说的环境，人们在这里听到的、看到的、感受到的是已经被处理和演绎过的世界。综上所述，通过大众传媒进行高校思想政治教育有很多优点，其中有两个优点比较突出：一是将思想政治教育的覆盖面扩大；二是思想政治教育的时效性得到了加强。对于现在的大学生来说，他们对现实社会的理解，对所处环境的认知，更倾向于传媒，特别是新兴传媒。大众传媒载体渐渐成了一种教育方式，一个思想政治教育理论研究的热点，一种实践运用的重要载体。

（二）缺失现象在传统思想政治教育载体运行中的体现

高校思想政治教育载体离不开思想政治教育过程。当前，高校思想政治教育载体建设的突出成就有：职业化的队伍建设、人性化的管理、多种多样的形式。但是，由于高校思想政治教育工作者没有正确地认识载体的作用和功能，没有一个清晰的概念，所以在载体的运行过程中出现了一些问题，主要表现为下面几种现象。

第一，对新媒体重视度不够，对其在教育系统中的作用没有一个清晰的认识，导致对新载体形态的挖掘不够。一方面，人们没有想到新媒体是需要一定的技术支持的，并且相关人员的思想观念也需要与时俱进，特别是新媒体客观存在的各种负面影响，对此我们必须要有全面的认识，应采取一系列的规避措施，抑制负面影响，使其充分发挥积极作用；另一方面，新媒体由于其传播速度快的特点，检索快捷方便，传播的方式和交互性也多种多样，正在被高校思想政治教育工作者广泛运用。

第二，盲目跟风。从 20 世纪 90 年代开始，人们对思想政治教育载体的研究慢慢增多，渐渐认识到思想政治教育载体的地位，这在一定程度上削弱了高校思想政治教育的实效性。目前，思想政治教育载体在运行过程中被随意使用且在使用中有严重的盲目跟风现象，这都是由思想政治教育工作者能力欠缺和载体理论研究落后等原因造成的，严重阻碍了思想政治教育在载体功能方面的发挥。其主要体现在高校老师在新媒体的运用上热衷于以网络流行的视频的方式授课，或只是一味地阅读课件，只传授书本上的内容，不做深入扩展，从而使得以前行之有效的谈话和咨询方式被各种通信工具所替代，大大削弱了学习效果。

第三，思想政治教育系统是一个开放、整体、动态的特殊生态系统，而非封闭、局部、静态的。作用力明显分散的各种载体的运用，分化了思想政治教育系统的整体性功能。单纯的几次校园文化活动或者思想政治理论课并不能产生明显的效果。各种载体之间明显的分割问题和彼此间缺乏联系及配合，导致各载体力量状态自发、散乱，结构分布不合理。例如，课堂教育是目前高校思想政治教育的主要方法，但这种传统枯燥的教学手段，越来越让大学生感觉不到老师的关怀，开始出现抵触情绪，从而无法取得很好的教学效果。这就需要我们的教育工作集各载体力量之长，形成“载体合力”。

第四，新媒体时代下的传统思想政治教育传媒载体出现盲点。传统媒体较新媒体存在重单向传输轻互动对话、重主流而忽视非主流的倾向，而新媒体时代，人们的选择和需求更加多样，获取的信息也更加丰富，这不仅阻碍了传统媒体的影响力，也使其不易被认可和接受。因此，抛开主流和非主流之争，传统媒体应追求自身的品质和受众目标的价值定位。受众群体取舍信息最基本的就是看传播的信息有没有价值，有多高的价值。因为高校思想政治教学内容同互联网上各种吸引眼球的娱乐节目、虚幻小说、网络游戏所呈现的内容相比，往往会显得索然无味，导致大学生对其兴趣不大，甚至会有反感情绪；作为非传统媒体的非主流信息更受大学生青睐。高校思想政治教育工作者要时刻关注这一现象，重视膨胀的非主流信息对大学生的影响。

第五，在市场经济领域中，受媒体信誉度和公信力的影响，高校思想政治教育工作的媒体环境受到考验。当前，商业蓬勃发展，某些传媒总是缺少一些中肯的观点评论、深度的创意和人性化的活动建设，加之社会责任感和人文精神的缺失，不同程度地出现了低俗、媚俗、庸俗和空洞虚无的现象，不仅损害了自身的美誉度，也使人们对媒体甚至新媒体失去信任。

总之，在新媒体时代，高校思想政治教育的载体在运行过程中主要有三个比较突出的问题：一是新的载体开发利用程度不够；二是载体间的互相协调有问题；三是单个载体如何被有效利用的问题。这时，用跨界的思维和发展的眼光看待尤为重要，我们必须结合实际，建造合力平台，充分发挥思想政治教育载体的作用。

二、高校思想政治教育载体合力在新时代的产生理路

理路，就是思路或者思想。新时代，高校思想政治教育载体的运行情况不容乐观，对思想政治教育的实际效果产生了影响。因此，在具体的运行过程中，我们要集思广益，综合大家的想法，厘清生成理路，既要积极拓展，寻找新的突破口，充分发挥新媒体平台的作用，善于利用，形成载体合力的平台，又要体现整体性原则，实现载体的整合。

（一）理论支持

系统论和合力论的基本理论为系统发展、载体合力生成理路的形成奠定了基础。

“合力论”是恩格斯晚年提出的重要思想，他指出，“历史是这样创造的：最终的结果总是从许多单个的意志的相互冲突中产生出来的，而其中每一个意志，又是由于许多特殊的生活条件，才成为它成为的那样。这样，就有无数互相交错的力量，有无数个力的平行四边形，由此就产生出一个合力，即历史结果，而这个结果又可以看作一个整体的、不自觉地和不自主地起着作用的力量的产物。每个意志都对合力有所贡献，因而是包括在这个合力里面的”①。这里，“总的合力”不是由某一个要素的单独力量形成的，而是由各个要素经过相互影响、相互作用形成的。任何一个个体的力量，只有存在于力的整体之中，而不是游离于整体力量之外，才可以为历史发展的合力所利用。同时，每个个体的力量要素是主观能动的，而非消极被动的，它们对于历史合力有着积极的聚合作用，它们影响着历史合力的大小和性质。因此，历史的发展过程中整体观念非常重要，等同于协调观念。在整体中，寻找各个力量要素的和谐共处的方法，并实现最佳组合，才能获得社会历史发展的最大合力。高校思想政治教育可以从恩格斯的“合力论”中得到重要启示，在各种载体形态共同作用期间，高校思想政治教育载体以有机系统的形式形成一个整体，任何游离个体力量都必须包含在整体之中，但个体力量在总合力中也有积极主动的，并不全是消极被动的，它们的大小及其活动方向对总合力的发展和运动起着推动作用；系统内各载体形态的相互作用融合成整体合力，影响着载体的有效运行；整体合力要获得最大效率，必须找到各分力的最佳组合方式。因此，在形成高校思想政治教育载体合力过程中，系统中所有载体形态因素都具有相互影响的整合作用。我们研究分析各个载体形态个体因素之间的作用，调节和引导它们作用的方向和大小以及它们之间相互作用的规律、机制，能够发挥最大的整体效果和协同功能，促进高校思想政治教育载体系统的良好运转，实现最大合力。

系统论认为，所有系统共同的基本特征是整体性、联系性、动态平衡性、层次结构性、时序性等。系统论把所研究和处理的对象作为一个系统，分析系

① 中共中央编译局．马克思恩格斯选集（第4卷）[M]．北京：人民出版社，1995：696-697.

统的结构和功能，以优化系统为目的，研究系统、要素、环境三者之间的变动规律和相互关系。

系统论的作用是利用系统的特点和规律去控制、改变或者创造系统，使这些特点的存在与发展符合人的目的需要。换句话说，高校的思想政治教育通过系统论得到理论支撑。在构成高校思想政治教育系统的四个重要因素（主体、客体、介体和环体）中，介体的三个组成部分包括内容、方法和载体，它们在思想政治教育中具有不同的作用，并且相互之间有机结合、互相联系，内容是用来传递信息的；教育主客体之间相互作用的手段通过方法实现；载体承载着思想政治教育内容，并促进其传播与交流。在高校思想政治教育运行过程中，载体能够直接协调统一各要素，促进各要素之间的相互作用，成为思想政治教育各种要素之间相互联系的纽带，进而产生较好的总体合力。需要注意的是，载体只有通过作用在物体上所有的力而产生总的效果，即只有通过“合力”，才能发挥出最大的作用，这是通过系统论的基本观点、结构观点、联系观点、调控性观点、动态观点和整体性观点得出的。

（二）新媒体为“载体合力”提供了可能性

在打造思想政治教育“载体合力”方面，新媒体比传统媒体具有明显优势。

第一，新媒体对教育者和受教育者的吸引力更大，能够让他们更积极地参与。现在，只要拥有电脑或手机终端，教育者和受教育者就可以随时随地上网浏览、发表评论、发微信、刷微博，甚至可以将思想政治教育应用于网络游戏中。新媒体语言的话语优势表现在直观性、简洁性上，由此拉近了教育者和受教育者之间的距离，形成了良好的互动，因此，广义的思想政治教育在全体师生之中变得越来越突出。

第二，新媒体提供了一个先进的平台，促进了高校思想政治教育载体合力的形成。新媒体技术的先进性给人们带来了大量的信息，高校思想政治教育载体的合力在交互性的传播方式和兼容性的传播手段之中发挥作用，有了更广阔的选择空间。新媒体技术为载体合力的形成提供了便利的技术资源和信息资源，同时实现了信息平台的共享。比如，思想政治课堂教学，可将先进的多媒体技术应用于传统的讲授方法之中，实现实时的线上线下交流互动，打破了地区之间、国与国之间的限制。

第三，思想政治教育载体合力通过新媒体强大的信息整合能力来实现。新媒体不仅具有强大的信息整合能力，还具有人际传播与大众传播功能。通过

“媒体联动”等方式实现资源共享，可快速将信息汇集、传播和扩散。新媒体集音频、视频于一体的网络型信息传播方式，随着宽带网络的普及得到了普遍应用，其中体现新媒体优势的是强大的数据库、精准的信息搜索能力和巨大的视觉冲击力。比如，最美司机吴斌、最美教师张丽莉、汶川地震中的感人事迹等“大爱精神”和民族凝聚力，在新媒体技术的辅助下迅速传递，真善美之举得到广泛赞赏，这些都能瞬间加速载体运行的能力，体现新媒体的力量。

（三）“载体合力”的生成理路及特点

基于以上对当前高校思想政治教育载体运行中的问题探讨，我们发现，新媒体时代高校思想政治教育工作的开展，应该以跨界思维为起点，在实践的基础上，坚持形式多样和统筹协调、以生为本、继承与创新的原则，借助新媒体技术平台，以各项活动为主导，充分发挥各种思想政治教育载体的作用，加强信息资源整合，使之凝聚成强大的“载体合力”。同时，高校思想政治教育工作还要寻找新的载体形式，充分发挥新媒体平台的作用，综合评估新媒体对大学生的影响，将新媒体载体的效应充分发挥出来。

新媒体时代，由于科技的进步，新媒体技术得到了广泛的应用，具体而言，高校思想政治教育“载体合力”的生成理路具有以下特点。

第一，体现了高校思想政治教育主体的可控性。通过以新媒体技术做载体，可以为传统思想政治教育搭建一个可以发挥积极作用的平台。通过制作各类课件、网上访谈讨论以及电子邮箱、网络论坛、手机、微博、微信和博客等媒介的使用，思想政治教育载体可以被教育主体熟练掌握和操作，转化教育客体的思想意识和行为习惯，实现高校思想政治教育的目标。

第二，系统地实现了高校思想政治教育载体的作用。在形式上，根据不同的标准把思想政治教育载体划分为不同的类型或部分。在实施教育过程中，这种区分具有不同的特点，对政治教育的作用也不同，但是它们是互相关联、不能分割的。通常，高校思想政治教育载体以课程载体为主阵地，传媒载体为平台，基石物质载体为基础，制度载体为保障，精神（文化）载体为动力，共同构成一个有机整体，相互影响、相互作用、缺一不可。

第三，体现了教育者和受教育者之间的平等性。教育者和受教育者可以在新媒体平台上实现共同参与、双向互动、共享所有资源。新媒体的出现与运用，让教育者和受教育者得到了更多的主动权和话语权，同时让受教育者和教育者实现了平等对话。这个过程中，教育者能够及时总结和反思，进一步加强与受教育者的沟通，激发受教育者的自主性；受教育者在个人的思想意识形成过程中，在双方充分理解、信任和尊重的基础上，积极主动地接收外部信息，做到互相影响、互相帮助、共同进步。与此同时，多种多样的新媒体形式，包括边界无限、时间无限、容量无限等，为高校思想政治教育主客体提供了更多的话语权和主动权，使得教育者和受教育者之间的平等性得以实现。

第四，体现了高校思想政治教育载体的共享性。从表面上看，新媒体载体和其他载体是独立的，但实际上，它们密切地连接在一起。在新媒体时代，高校思想政治教育要树立一种载体合力观，以人为中心、以各项教育活动为主导来进行排列和分类，将各种载体的系统性凝聚成强大的“合力”，充分发挥新媒体所具有的海量信息、声情融合、图文结合、传播快速、交流方便等优势。例如，各地高校通过微博、微信公众号、抖音等平台联合举办相关思想文化交流活动，往往能够引起社会的广泛关注，同时得到人民群众的喜欢。当然，在运行模式中各类载体功不可没，这些新媒体给大众提供了一个虚拟而实实在在存在的平台，很好地实现了资源的共享。

三、新媒体时代高校思想政治教育载体合力的动态形成

在新媒体时代，高校思想政治教育载体合力动态生成的路径，可从以下几个方面入手。

（一）在物质载体和管理载体方面，建立特色网站和导航系统

这里的导航系统包括路径指引和内容检索，通过打造一些特色网站，将学校物质要素（建筑风格、校园风貌）、制度要素（管理与服务）与学生共享。比如，为了向大学生传递大学的文化和精神，在校园网上设置“视频新闻”“图片鉴赏”模块，以直观的视觉展现静态的院校风貌和建筑风格。在点击查看图片过程中，学生的人生观、价值观和道德情感能够被其直观和超语言性潜移默化地影响，促进其形成理性思维和养成修身立德的自觉性。

（二）在课程载体方面，打造教学资源中心和网络教学平台

课程载体具有很强的稳定性和权威性，这是它与其他载体的区别所在，而教育者有很强的主导性，有一套完整的教学评价系统和科学的体系，这些特点使得理论灌输的作用在沿袭和运用传统的课程载体的运行方式过程中得到充分发挥，同时，具有新意、效果更佳的理论灌输也通过掌握并运用新媒体技术实现。

其一，创新教学方法和手段。要想更好地解决学生深层次的思想问题，必须用科学正确的理论武装学生，用有一定理论深度的完整的课程教育系统来

引导大学生，但这种深层次的理论并不是通过活动就可以完全体现出来的，而要通过课堂教学才能展现出来，用深刻的道理说服学生。思想政治理论课不只是思想政治教育课程载体，还可以将思想政治教育内容有机融入专业课的教学中，如在专业课程教育中适时渗透加强团队精神、科学精神、奋斗精神、人文精神及创新思维的内容。传统的教学方法已经很难调动时下思维活跃、思想独特的大学生，他们的需求多种多样，如何调动他们对教育内容的兴趣，是当前教育的核心问题。所以，高校教育者必须不断改革创新思想政治教育理论课的教学方法，应用引导、开放和主动型教学替代封闭、灌输和被动型的传统教学。针对不同的学生身心发展特点、实际需求及所面临的问题，教育者要开展相应的教学和适宜的活动，激发学生的学习兴趣。当然，形式多样、内容丰富的活动是必需的，借助各种类型的教学活动如分组讨论、美文朗诵会、辩论赛等，在充满兴趣、积极思考的氛围中调动学生的积极性，帮助他们掌握所学知识。

其二，思想政治教育内容涉及面比较广，可以借鉴新媒体的影响力，从思想、政治、文化的层面上来设计相应的学习内容。比如，将课程载体的设计划分为主干内容设计、辅助内容设计和扩展内容设计，以便能够快速有效地设计；传授核心内容主要由主干内容设计来完成，包括“马克思主义基本原理概论”“思想道德修养与法律基础”“毛泽东思想和中国特色社会主义理论概论”“中国近现代史纲要”等课程。这些内容可以在网上用不同的形式进行展现，从而化枯燥、抽象为生动、具体，使高校思想政治教育的主课堂和主阵地更容易被大学生所接受。可见，精心设计和完善学习内容，让思想政治教育潜移默化地进入网络，以此提高课堂教学的活跃度，可以使所教授的内容迅速进入学生大脑之中。

（三）在校园文化建设方面，丰富拓展校园文化功能

学生是校园文化的主体，和谐健康的校园文化，对美化学生的行为、净化学生的心灵起着很大的作用。思想政治教育与新媒体之间相互协调、相互影响，通过数字化、信息化、网络化等多渠道建设，来加强和改进大学生思想政治教育。新媒体背景下，高校文化建设可纳入新媒体文化建设，以此延伸校园文化功能，拓展校园文化内涵。比如，在网上增加专门表彰优秀大学生先进事迹的内容，在发挥榜样作用的同时，提升学生的素养，从而使校园文化氛围更加浓厚。

（四）在教育者团队建设方面，打造师生信息快捷传递的通道

教师和辅导员的道德和学识以及他们自身的理论水平和个人魅力对受教育者都会产生深刻的影响。教师和辅导员通过开设个人空间、撰写博客、讨论话题、上传学习辅导材料等实现传统的咨询活动和谈话的延伸；建立微信群，在网上公开自己的联系方式，保持信息快捷传递，实现与学生的心灵交流，这样才有畅通有序的工作通道。“学高为师，身正为范”是教师和辅导员的行为准则，他们应该从外在树立形象，从内在提升素质，通过经营个人空间和撰写博客文章等方式，使自己高尚的道德情操、严谨的治学态度、正确的政治方向和独特的人格魅力影响和带动学生，使学生内心深处激起同样的理性反思和心理体验。

（五）在载体合力的功能拓展延伸方面，高度重视相关媒体平台建设应用

1. 移动媒体的建设

（1）手机媒体建设

手机在新媒体时代展现出独特的传播优势，逐渐发展成为一种综合性媒体。截至 2016 年 6 月底，我国手机网民规模为 7.1 亿，互联网普及率达到 51.7%，超过全球平均水平 3.1 个百分点，网民规模连续九年居全球首位。

手机已经成为人际交往的固定工具，它让用户的社交网络变得触手可及。大学生作为手机的忠实用户群体，可以随时随地与好友保持联系，他们经常微信不离线、QQ24 小时在线，不停地刷朋友圈、刷空间、刷微博。因此，高校思想政治教育工作者应当主动搭建高校手机微信平台，制作高校手机报，将各类信息以群发等形式传递给学生。

现在，很多高校在新生录取时，为每名入学新生配发了“校讯通”手机卡，将每个学生的信息纳入信息服务系统，实现手机与校园网绑定，这不仅加强了学生与学校的沟通，同时为主流价值观念的传播搭建了平台。如今手机已经全面普及，大学生也早已养成了手机不离身的习惯。高校可以利用手机的多媒体功能，制作思想政治理论多媒体课件，上传到学生手机上，同时充分利用现代移动通信的技术成果，有针对性地开发手机应用软件系统，专门开展思想政治理论教育，增强理论教学的吸引力和影响力，提高大学生思想政治教育的时效性。

（2）SNS 建设

SNS 有多种常用解释，SNS 的全称为社会性网络服务，特指互联网应用帮

助人们建立社会性网络的服务，也指社会上现存已成熟并普及的信息载体，如短信服务、“社交网站”或“社交网”、社会性网络软件等。

本文所指的是常用的第二种解释，专指建立社会性网络以服务于人们的互联网。比如“开心网”“朋友网”“人人网”等，都是社交网络服务网站。构建用户之间的人际网络是这些平台的核心理念，平台用户的网络账号大多是实名注册，强调用户的真实性，要求较高的信息真实度，聚集了传统互联网应用，包括电子邮件、博客、即时通信等，同时还有互动类应用，如微博、社交游戏等，这些都成了互联网新的发展方向，成为人们学习、生活和工作的重要载体。

在高校思想政治教育工作中，教育工作者应该注册自己的实名账号，积极主动地参与大学生聚集的网站的活动，将网站作为个人学习授课、表达思想、收集资料的平台，共享教育资源，交流心得体会，形成教师和学生互动的教育系统，以丰富的内容积极引导大学生思想转变。

（3）即时通信建设

以软件为介质的即时通信，借助文字、图片、声音、视频等多种格式沟通信息，依靠移动通信平台和互联网平台，采用低成本、高效率的综合性通信工具，实现同平台、跨平台信息交流和共享。比如，PC即时通信和手机即时通信是根据装载的对象的不同进行划分的，短信是手机即时通信的代表，网易泡泡、网易、盛大、移动飞信、米聊、YY语音、百度、新浪、阿里旺旺、微信等多种应用是网站和视频即时通信的内容。

近年来，即时通信在加强网络之间信息沟通的同时，也将网站信息与聊天用户直接联系起来，它能被广泛应用并得到人们喜爱是因为自身接近真实的交流情景以及具有强大的信息实时交互和群体沟通功能。网站的关注度可以通过网站向用户群及时群发信息，来迅速吸引聊天用户，进而提高网站的访问率。截至2018年6月，我国即时通信用户规模达到7.56亿，较2017年年末增长3561万，占网民总体的94.3%。手机即时通信用户达到7.50亿，较2017年年末增长5641万，占手机网民的95.2%。总的来看，要发挥这些新媒体的功能作用，应把握好两点。

第一，要拉近与学生的距离，实行个性化的沟通。高校思想政治教育工作者利用即时通信，通过多种交流方式，如一对一、一对多、多对多、多对一等，给大学生提供表达观点和倾诉情感的时间和空间，拉近与大学生的心灵距离。思想政治教育工作者可以通过即时通信与部分存在心理问题的大学生进行交流和沟通，了解他们的现实生活和心理特征，拉近与他们的距离，发现问题的根源所在，再通过轻松、友好的交流来纠正他们的认知偏差，引导他们走出误区。

第二，要建立群组，实现群体交流与管理。高校思想政治教育工作者还应该和大学生共建群组，如QQ群、微信群等。通过群组，可以实现多人交流，也可以进行好友的分类管理，如建立学校群、班级群、学生会干部群、学习小组群等。除了在群内聊天、实现信息及时传递之外，还可以让大家在群空间中共享文件等，实现多种互动与交流。新媒体方便了大学生线上交流，却减少了学生之间的面对面交流，淡化了大学生的班级概念，造成集体荣誉感和社会责任心相对缺乏。在新媒体上利用群组功能建立一个交互性的信息活动平台，可以把班集体搬到手机和网络上去。同时，学生在群组里进行交流，可以感受到学校、班集体的力量，体会到同学之间的友爱和老师给予的关怀，而且不受时间的限制。这种方式，不仅简单快捷，还可以轻松获得良好的教育效果。

2. 校园网建设

新媒体环境下，最直接有效、方便快捷的方式是抢占校园网建设这个新阵地，把校园网打造成为传播先进文化、弘扬主旋律的重要平台，充分发挥校园网网络阵地的作用，使其成为加强高校思想政治教育的重要手段。校园网作为服务平台，为大学生查阅资料、交流经验、共享信息、在线学习、倾诉情感提供了便利，但从功能性质定位分析，校园网成为大学生思想政治教育学习的通道，是校园网具备的另一功能和责任。所以，在进行校园网建设时，需要把握以下几点。

（1）开辟大学生思想政治教育的特色专栏，建设校园网站的子网

思想政治教育只有通过专题性质的网站才能够更好地实现。这是因为专题网站可以专门针对大学生的思想政治教育，引入党的基本理论路线和方针政策等，引导大学生树立正确的社会主义理想信念，帮助他们健康成长。

（2）关注学生需求，发挥校园网服务功能

在新媒体时代，高校的主流渠道是校园网，校园网不仅可以发通知、查成绩，还可以对大学生及时进行思想政治教育，这是一个融合思想性和关怀性、知识性和趣味性的平台。大学生可以通过这个平台，获取学习生活所必需的信息，同时充实自己的精神文化生活。

（3）吸引学生主动点击，及时更新和补充信息资源

在新媒体时代，信息技术飞速发展，校园网需要积极建设和及时补充各类信息，不单单是教学素材、网络课程库，还要针对学生的心理咨询、学习生活、就业指导等，开设各类针对性较强的网络交流平台。同时，高校思想政治教育还要以学生为本，贴近学生的生活，通过网络媒体开展一些能够丰富校园活动的内容，如学术交流、科技交流、艺术探讨、娱乐活动等，方便学生在网上交流；利用校园网拉近师生之间的距离，为师生之间交流互动搭建一个便利的平台。

（4）关注校园网络舆情，正面引导网络舆论

新媒体如此受欢迎是因为它传播的是思想，让受众已经慢慢实现了从被动接收信息向主动接收和参与的转变，并且会评论自己感兴趣的话题，能表达自己真实的想法。所以，高校思想政治教育工作者必须密切关注网上动态，了解大学生思想状况，积极引导校园网的舆论方向，做到理性分析判断，努力消除负面信息，避免对大学生的思想造成消极影响。

（5）发挥学生主体作用，积极投身校园网建设

学生应该积极地参与到校园网的建设当中，因为校园网服务的对象是学生。所以，学校和教师要积极调动学生参与校园网建设的激情与热情，这样既能使校园网建设在学生智慧的推动下向全方位、高层次的方向发展，同时可以通过网络资源实现对学生更好的思想政治教育。

（6）对校园网进行严格管理，充分运用法律、行政、技术等各种手段

新媒体的管理是复杂多变的，因为新媒体具有极高的开放性和极强的交互性。为防止各种不良信息在校园网上传播，需要科学管理校园网络。高校思想政治教育工作者需要认真学习国家关于互联网管理的各项法律法规、规章制度，运用技术、行政和法律手段，对校园网进行定期整治，最大限度地保证校园网信息的安全健康。

3. 搭建微德育平台

从哲学角度来说，“微”即“温暖”或“生命本微”。微德育的内涵是很丰富的。微德育，是新媒体时代高校思想政治教育载体功能延伸的新体现。在新媒体时代，大学生关注更多的是具有个性化和草根化的海量信息交互平台，而对德育学科的系统性和严谨性以及德育理论的高深并不是很关注。因此，搭建微德育平台，有助于充分体现新媒体的功能和价值延伸，有助于发挥高校思想政治教育载体合力的正能量。当前，微德育平台的搭建需要做好以下几点。

（1）搭建“微组织”，创造“微平台”

新媒体时代微德育需要通过搭建“微组织”，对传统组织形式进行变革来实现。因此，建立与微德育相对应的微型化组织，是保障学校微德育有效进行的重要内容。如将学校的大型活动转化为每个微型组织自主开展的常态性活动；在学校班级这个基层单位中，将学校的常规制度应用到各种小型社团，为每个微型组织建立组织章程，在组织运行过程中建立党团小组，让学生组织可以及时分享快乐体验与经验，发挥微德育中的“长尾”力量，创造“微平台”等。另外，微德育的应用还可以通过交互式的表达方式、个性化的传播方式、标准化的创作方式、社会化的联合方式、便携式的体验方式和高密度的媒体方式得到支持。比如，微德育工作者在专题式维客、教育博客上实现信息共享，引导学生进行对话、问答、交流，或者参与评论和话题讨论，还可以通过技术、标签和简单聚合技术的应用，让大家各尽其能、各取所需、互助协作，就某个话题或某项专题开展讨论与交流。

（2）观察“微现象”，发现“微问题”

意识的提升往往是通过发现问题来实现的，思想政治教育工作者的能力也大多是在发现问题的过程中得以体现的。微德育工作者要善于从“小现象”中捕捉受教育者在学习、生活和思想中的问题，观察学生学习和生活等各方面的“微现象”，并分析其原因，迅速找到解决问题的办法，借此提高受教育者的道德水平。比如，食堂打饭或等电梯时不排队、不谦让等现象；情感上的恋爱挫折问题；毁坏公共物品的问题；课堂上的不动脑、不动笔、不动手等问题；宿舍休息时间大声喧哗等问题；生活中的未经允许私拿别人财物等不良行为习惯；心中郁闷无处排解问题；自闭、自残、自杀的倾向；以自我为中心，对集体漠不关心问题；双重人格问题等。这些“小问题”“微现象”要求思想政治工作者及时收集整理相关资料，根据受教育者的实际情况，对产生的问题进行分析和判断，并针对不同原因和问题制定出实施微德育的具体举措。

（3）激发“微活力”，打造“微活动”

各种各样的来自基层的校园文化活动和传统的课堂主渠道，对于思想政治教育而言，都是重要的教育载体。但是，现在各种传统活动往往只有少数积极分子，如校系学生会或班级干部及社团人员作为主力参加，这在高等院校已经成为一种普遍存在的现象，大部分学生都是持观望态度甚至漠不关心。新媒体时代的特点和它所具有的多种选择性正在悄悄改变着大学生的文化需求，决定活动成败的关键是大多数学生是否得到了锻炼并在锻炼中形成了高尚的品德。为举办好各项“微活动”，我们需要在三个方面进行改进。

一是在组织活动上，充分发挥学生的主体作用，确立一切以学生需求为目标的工作理念，对学生进行能力探索，并开展各种不同层次的适合各类学生发展的微活动，充实和加强学生线的力量。

二是在活动方法上，扩大参与面，让尽可能多的学生参加到活动中，多组织一些低门槛、大容纳性的活动，有选择性地降低活动的难度。

三是在活动的内容设计上，重视了解学生多层次、多方面的需求，要具有一定的包容性，以正确地引导和整合，增强学生的归属感和主人翁意识，真正体现德育无微不至的关怀。

总之，创造“微平台”是一个新尝试，一个新挑战。需要特别注意的是，在教育定位上，要将“做平台”的创造与大学生自身的特点相符合；在教育设置方面，要满足高校学生不同的选择，努力构建微型化的专题教育体系，同时引导学生进行自觉的道德约束，体验不同需求下的微德育。

当然，在新媒体环境下形成“载体合力”，提高高校思想政治教育的实际效果，还存在着技术开发、机制形成、制度保障等更深层次的问题，这些都值得高校思想政治教育研究者去关注。[①]

① 季海菊．新媒体时代高校思想政治教育研究[D]．南京：南京师范大学，2013.

参 考 文 献

[1] [德]海德格尔.海德格尔选集(下)[M].孙周兴,选编.上海:上海三联书店,1996.

[2] [德]诺贝特·埃利亚斯.文明的进程[M].王佩莉,袁志英,译.上海:上海译文出版社,2013.

[3] 《马克思主义哲学史》编写组.马克思主义哲学史[M].北京:高等教育出版社,2012.

[4] 毕红梅.全球化视野中的思想政治教育[M].北京:中国社会科学出版社,2006.

[5] 仓道来.思想政治教育学[M].北京:北京大学出版社,2004.

[6] 曹书庆.论德育功能的辩证关系[J].河北大学学报(哲学社会科学版),1993(S1):164.

[7] 查伟大.高校大学生思想政治教育工作实践案例分析与研究[M].西安:西安交通大学出版社,2017.

[8] 陈万柏,张耀灿.思想政治教育学原理[M].3版.北京:高等教育出版社,2015.

[9] 褚凤英.思想政治教育功能分析的新视点[J].探索,2005(2):112–116.

[10] 范梦.论“五位一体”视域下的生态文明教育[J].湖北经济学院学报(人文社会科学版),2015,12(7):9–10.

[11] 范梦.浅析杜威实用主义对改革的借鉴意义[J].云南社会主义学院学报,2013(1):461–462.

[12] 高朋敏,王新峰.新时期大学生思想政治教育面临的挑战与对策研究[J].消费导刊,2016(5):391–392.

[13] 高姗姗.高校思想政治教育与文化融合研究[M].石家庄:河北人民出版社,2018.

[14] 黑格尔.法哲学原理[M].范扬,张企泰,译.北京:商务印书馆,2011.

[15] 胡红敏 . 和谐社会视阈下思想政治教育功能研究 [D]. 乌鲁木齐 : 新疆师范大学 , 2010.

[16] 李旭炎 . 高校思想政治教育与推进马克思主义中国化、时代化、大众化 [J]. 高校理论战线 , 2011(6):37–41.

[17] 李延生 , 刘婕 . 新时期增强思想政治教育时代性和有效性的思考 [J]. 扬州工业职业技术学院学报 , 2006(1):53–59.

[18] 刘梅 . 思想政治教育的现代方式——论网络思想政治教育建设 [J]. 河南师范大学学报 (哲学社会科学版), 2000, 27(2):103–106.

[19] 卢岚 . 论现代思想政治教育的特点 [J]. 思想政治教育研究 , 2008(4):38–40,43.

[20] 孟莉 . 网络舆情——高校思想政治教育工作的新视域 [M]. 合肥：合肥工业大学出版社 , 2016.

[21] 尚庆飞 . 实践性、民族性、时代性与中国化马克思主义的创新：学习党的十七大报告有感 [J]. 南京大学学报 (哲学 · 人文科学 · 社会科学版), 2007(6):5–13.

[22] 宋广益 . 思想政治教育的生活化研究 [M]. 长春：东北师范大学出版社 , 2018.

[23] 王学俭 . 现代思想政治教育前沿问题研究 [M]. 北京 : 人民出版社 , 2008.

[24] 魏之臣 . 论思想政治教育的时代性 [D]. 上海 : 上海师范大学 , 2011.

[25] 徐茂华 . 高校思想政治教育的时代主题 : 中国梦融入大学生思想政治教育研究 [M]. 长春：东北师范大学出版社 , 2018.

[26] 徐永周 , 等 . 高校思想政治教育工作网络生态研究 [M]. 北京：九州出版社 , 2018.

[27] 杨海龙 . 公务员思想政治教育时代性研究 [D]. 北京 : 中国地质大学 , 2015.

[28] 叶险明 . 马克思的“时代观”与知识经济——对“知识经济”的一种时代观梳理 [J]. 马克思主义研究 , 2003(2):32–40.

[29] 殷国聪 . 论邓小平爱国主义思想的时代性 [J]. 毛泽东思想研究 , 2003(3):84–85.

[30] 袁银传 . 马克思主义中国化、时代化、大众化命题解析 [J]. 思想理论教育 , 2010(13):11–15.

[31] 张耀灿 , 等 . 现代思想政治教育学 [M]. 北京 : 人民出版社 , 2006.

[32] 张耀灿 , 等 . 思想政治教育学前沿 [M]. 北京 : 人民出版社 , 2006.

[33] 赵凯荣 . 时代性与历史性的辩证统一——马克思主义时代化的基本问题 [J]. 人民论坛 : 中旬刊 , 2011(5):11–13.

[34] 赵丽芳 . 新中国成立以来大学生思想政治教育的发展历程及其现状研究 [D]. 天津 : 天津商业大学 , 2015.

[35] 赵明义 . 马克思主义时代观和当前我们所处何时代问题研究 [J]. 中共石家庄市委党校学报 , 2009(2):17–22.

[36] 郑吉春 . 协同理论视域下的高校大学生思想政治教育工作机制优化研究 [M]. 北京：科学出版社 , 2016.

[37] 郑永廷 . 高校思想政治教育面临的时代性课题 [J]. 中国高等教育 , 2003(21):13–14.

[38] 中共中央编译局 . 共产党宣言 [M]. 北京 : 人民出版社 .2015.

[39] 中共中央编译局 . 马克思恩格斯全集 [M]. 北京 : 人民出版社 , 2006.

[40] 中共中央文献编辑委员会 . 邓小平文选 [M]. 北京 : 人民出版社 , 1994.

[41] 中共中央文献编辑委员会 . 毛泽东文集 [M]. 北京 : 人民出版社 , 1995.

[42] 中央编译局 . 列宁全集 [M]. 北京 : 人民出版社 , 2013.

[43] 周从标 . 全球化背景下思想政治教育创新研究 [M]. 北京 : 中国社会科学出版社 , 2005.

[44] 周中之 , 石书臣 , 等 . 现代思想政治教育理论与实践探微 [M]. 北京 : 人民出版社 , 2009.

附　录　一

习近平：把思想政治工作贯穿教育教学全过程（摘要）

全国高校思想政治工作会议于2016年12月7日至8日在北京召开。中共中央总书记、国家主席、中央军委主席习近平出席会议并发表重要讲话。他强调，高校思想政治工作关系高校培养什么样的人、如何培养人以及为谁培养人这个根本问题。要坚持把立德树人作为中心环节，把思想政治工作贯穿教育教学全过程，实现全程育人、全方位育人，努力开创我国高等教育事业发展新局面。

习近平在讲话中指出，教育强则国家强。高等教育发展水平是一个国家发展水平和发展潜力的重要标志。实现中华民族伟大复兴，教育的地位和作用不可忽视。我们对高等教育的需要比以往任何时候都更加迫切，对科学知识和卓越人才的渴求比以往任何时候都更加强烈。党中央作出加快建设世界一流大学和一流学科的战略决策，就是要提高我国高等教育发展水平，增强国家核心竞争力。

习近平强调，我国有独特的历史、独特的文化、独特的国情，决定了我国必须走自己的高等教育发展道路，扎实办好中国特色社会主义高校。我国高等教育发展方向要同我国发展的现实目标和未来方向紧密联系在一起，为人民服务，为中国共产党治国理政服务，为巩固和发展中国特色社会主义制度服务，为改革开放和社会主义现代化建设服务。

习近平指出，我国高等教育肩负着培养德智体美全面发展的社会主义事业建设者和接班人的重大任务，必须坚持正确政治方向。高校立身之本在于立德树人。只有培养出一流人才的高校，才能够成为世界一流大学。办好我国高校，办出世界一流大学，必须牢牢抓住全面提高人才培养能力这个核心点，并以此来带动高校其他工作。

习近平强调，我们的高校是党领导下的高校，是中国特色社会主义高校。办好我们的高校，必须坚持以马克思主义为指导，全面贯彻党的教育方针。要坚持不懈传播马克思主义科学理论，抓好马克思主义理论教育，为学生一生成长奠定科学的思想基础。要坚持不懈培育和弘扬社会主义核心价值观，引导广大师生做社会主义核心价值观的坚定信仰者、积极传播者、模范践行者。要坚持不懈促进高校和谐稳定，培育理性平和的健康心态，加强人文关怀和心理疏导，把高校建设成为安定团结的模范之地。要坚持不懈培育优良校风和学风，使高校发展做到治理有方、管理到位、风清气正。

习近平指出，思想政治工作从根本上说是做人的工作，必须围绕学生、关照学生、服务学生，不断提高学生思想水平、政治觉悟、道德品质、文化素养，让学生成为德才兼备、全面发展的人才。

习近平强调，要教育引导学生正确认识世界和中国发展大势，从我们党探索中国特色社会主义历史发展和伟大实践中，认识和把握人类社会发展的历史必然性，认识和把握中国特色社会主义的历史必然性，不断树立为共产主义远大理想和中国特色社会主义共同理想而奋斗的信念和信心；正确认识中国特色和国际比较，全面客观认识当代中国、看待外部世界；正确认识时代责任和历史使命，用中国梦激扬青春梦，为学生点亮理想的灯、照亮前行的路，激励学生自觉把个人的理想追求融入国家和民族的事业中，勇做走在时代前列的奋进者、开拓者；正确认识远大抱负和脚踏实地，珍惜韶华、脚踏实地，把远大抱负落实到实际行动中，让勤奋学习成为青春飞扬的动力，让增长本领成为青春搏击的能量。

习近平指出，做好高校思想政治工作，要因事而化、因时而进、因势而新。要遵循思想政治工作规律，遵循教书育人规律，遵循学生成长规律，不断提高工作能力和水平。要用好课堂教学这个主渠道，思想政治理论课要坚持在改进中加强，提升思想政治教育亲和力和针对性，满足学生成长发展需求和期待，其他各门课都要守好一段渠、种好责任田，使各类课程与思想政治理论课同向同行，形成协同效应。要加快构建中国特色哲学社会科学学科体系和教材体系，推出更多高水平教材，创新学术话语体系，建立科学权威、公开透明的哲学社会科学成果评价体系，努力构建全方位、全领域、全要素的哲学社会科学体系。要更加注重以文化人以文育人，广泛开展文明校园创建，开展形式多样、健康向上、格调高雅的校园文化活动，广泛开展各类社会实践。要运用新媒体新技术使工作活起来，推动思想政治工作传统优势同信息技术高度融合，增强时代感和吸引力。

习近平强调，教师是人类灵魂的工程师，承担着神圣使命。传道者自己首先要明道、信道。高校教师要坚持教育者先受教育，努力成为先进思想文化的传播者、党执政的坚定支持者，更好担起学生健康成长指导者和引路人的责任。要加强师德师风建设，坚持教书和育人相统一，坚持言传和身教相统一，坚持潜心问道和关注社会相统一，坚持学术自由和学术规范相统一，引导广大教师以德立身、以德立学、以德施教。

习近平指出，办好我国高等教育，必须坚持党的领导，牢牢掌握党对高校工作的领导权，使高校成为坚持党的领导的坚强阵地。党委要保证高校正确办学方向，掌握高校思想政治工作主导权，保证高校始终成为培养社会主义事业建设者和接班人的坚强阵地。各级党委要把高校思想政治工作摆在重要位置，加强领导和指导，形成党委统一领导、各部门各方面齐抓共管的工作格局。各地党委书记和有关部门党组书记要多到高校走走，多同师生接触，多次去高校作报告，回答师生关注的理论和现实问题。要加强同高校知识分子的联系，多关心、多交流、多鼓励，善交朋友、广交朋友、深交朋友，多听他们的意见，真听他们的意见。

习近平强调，高校党委对学校工作实行全面领导，承担管党治党、办学治校主体责任，把方向、管大局、做决策、保落实。要加强高校党的基层组织建设，创新体制机制，改进工作方式，提高党的基层组织做思想政治工作的能力。要做好在高校教师和学生中发展党员工作，加强党员队伍教育管理，使每个师生党员都做到在党爱党、在党言党、在党为党。

习近平指出，长期以来，高校思想政治工作队伍兢兢业业、甘于奉献、奋发有为，为高等教育事业发展作出了重要贡献。要拓展选拔视野，抓好教育培训，强化实践锻炼，健全激励机制，整体推进高校党政干部和共青团干部、思想政治理论课教师和哲学社会科学课教师、辅导员班主任和心理咨询教师等队伍建设，保证这支队伍后继有人、源源不断。

附　录　二

教育部等八部门《关于加快构建高校思想政治工作体系的意见》（有删减）

为深入贯彻落实习近平新时代中国特色社会主义思想，贯彻落实党的十九大和十九届二中、三中、四中全会精神，学习贯彻习近平总书记关于教育的重要论述，加快构建高校思想政治工作体系，努力培养担当民族复兴大任的时代新人，培养德智体美劳全面发展的社会主义建设者和接班人，现提出如下意见。

一、指导思想和目标任务

1. 指导思想。以习近平新时代中国特色社会主义思想为指导，全面贯彻党的教育方针，坚持和加强党的全面领导，坚持社会主义办学方向，以立德树人为根本，以理想信念教育为核心，以培育和践行社会主义核心价值观为主线，以建立完善全员、全程、全方位育人体制机制为关键，全面提升高校思想政治工作质量。

2. 目标任务。健全立德树人体制机制，把立德树人融入思想道德、文化知识、社会实践教育各环节，贯通学科体系、教学体系、教材体系、管理体系，加快构建目标明确、内容完善、标准健全、运行科学、保障有力、成效显著的高校思想政治工作体系。

二、理论武装体系

3. 加强政治引领。把坚持以马克思主义为指导落实到教育教学各方面，对各种错误观点和思潮旗帜鲜明予以抵制。全面推动习近平新时代中国特色社会主义思想进教材、进课堂、进师生头脑，开展理论教育培训，编写出版理论读物，打造示范课堂，运用各种载体分群体深入开展习近平新时代中国特色社会主义思想学习研究宣传工作。推动理想信念教育常态化、制度化，加强党史、新中国史、改革开放史、社会主义发展史教育，加强爱国主义、集体主义、社会主义教育，把制度自信的种子播撒进青少年心灵，引导师生不断增强“四个自信”。推动领导干部、“两院”院士等专家学者、各方面英雄模范人物进校园开展思想政治教育。

4. 厚植爱国情怀。贯彻落实《新时代爱国主义教育实施纲要》，打造推广一批富有爱国主义教育意义的文化作品，定期举行集体升国旗、唱国歌仪式，有效利用重大活动、开学典礼、毕业典礼、重大纪念日、主题党团日等契机和重点文化基础设施开展爱国主义教育。

5. 强化价值引导。研究制定体现社会主义核心价值观要求的师生行为规范，组织国家勋章和国家荣誉称号获得者、最美奋斗者、改革先锋、时代楷模等新时代先进人物走进高校，面向广大师生开展思想政治教育。开展教书育人楷模、思政课教师年度人物、高校辅导员年度人物、大学生年度人物等先进典型的宣传选树。

三、学科教学体系

6. 办好思想政治理论课。按照“八个相统一”要求，扎实推进思想政治理论课建设思路创优、师资创优、教材创优、教法创优、机制创优、环境创优。遴选名师大师参与思想政治理论课讲授。把新媒体新技术引入高校思想政治理论课教学，打造高校思想政治理论课资源平台和网络集体备课平台。

7. 强化哲学社会科学育人作用。强化马克思主义理论学科引领作用，推出一批中国特色哲学社会科学精品力作。加强哲学社会科学教材规划编审和规范选用工作。加大哲学社会科学各学科专业中的马克思主义理论类课程建设。扎实推进哲学社会科学专业课程思政建设，文学、历史学、哲学类专业课程要帮助学生掌握马克思主义世界观和方法论，从历史与现实、理论与实践等相结合的维度深刻理解习近平新时代中国特色社会主义思想。经济学、管理学、法学类专业课程要培育学生经世济民、诚信服务、德法兼修的职业素养。教育学类专业课程要注重加强师德师风教育，引导学生树立学为人师、行为世范的职业理想。

8. 全面推进所有学科课程思政建设。统筹课程思政与思政课程建设，构建全面覆盖、类型丰富、层次递进、相互支撑的课程体系。重点建设一批提高大学生思想道德修养、人文素质、科学精神和认知能力的公共基础课程。理学、工学类专业课程要注重科学思维方法的训练和科技伦理的教育，培养学生探索未知、追求真理、勇攀科学高峰的责任感和使命感，培养学生精益求精的大国工匠精神。农学类专业课程要注重培养学生的大国“三农”情怀，引导学生“懂农业、爱农村、爱农民”。医学类专业课程要注重加强医德医风教育，注重加强医者仁心教育，教育引导学生尊重患者，学会沟通，提升综合素养。艺术学类专业课程要教育引导学生树立正确的艺术观和创作观，积极弘扬中华美育精神。

9. 充分发挥科研育人功能。构建集教育、预防、监督、惩治于一体的学术诚信体系。提高研究生导师开展思想政治教育意识和能力。持续开展全国科学道德和学风建设宣讲教育、“共和国的脊梁——科学大师名校宣传工程”等系列活动。

四、日常教育体系

10. 深化实践教育。把思想政治教育融入社会实践、志愿服务、实习实训等活动中，创办形式多样的“行走课堂”。健全志愿服务体系，深入开展“青年红色筑梦之旅”“‘小我融入大我，青春献给祖国’主题社会实践”等活动。推动构建政府、社会、学校协同联动的“实践育人共同体”，挖掘和编制“资源图谱”，加强劳动教育。

11. 繁荣校园文化。坚持培育优良校风教风学风，持续开展文明校园创建活动。建设一批文化传承基地。发挥校园建筑景观、文物和校史校训校歌的文化价值。加强高校原创文化精品创作与推广。

12. 加强网络育人。提升校园新媒体网络平台的服务力、吸引力和黏合度，切实增强易班网、中国大学生在线等网络阵地的示范性、引领性和辐射度，重点建设一批高校思政类公众号，发挥新媒体平台对高校思政工作的促进作用。引导和扶持师生积极创作导向正确、内容生动、形式多样的网络文化产品。建设高校网络文化研究评价中心，推动将优秀网络文化成果纳入科研成果评价统计。各高校应按照在校生总数每生每年不低于 30 元的标准设立网络思政工作专项经费。

13. 促进心理健康。把心理健康教育课程纳入整体教学计划，按师生比不低于 1 ∶ 4000 比例配备专业教师，每校至少配备 2 名。发挥心理健康教育教师、辅导员、班主任等育人主体的作用，规范发展心理健康教育与咨询服务。强化心理问题早期发现和科学干预，推广应用《中国大学生心理健康筛查量表》和“心理健康网络测评系统”，提升预警预防、咨询服务、干预转介工作的科学性、前瞻性和针对性。

五、管理服务体系

14. 提高管理服务水平。健全管理服务育人制度体系，宣传推广一批管理服务育人的先进经验和典型做法，大力营造治理有方、管理到位、风清气正的制度育人环境。

15. 加强群团组织建设。增强工会、共青团、妇联等群团组织的政治性、先进性、群众性。推动学生会（研究生会）改革，强化党的领导，健全骨干遴选程序。加强学生社团建设管理，着力构建党委统一领导、团委具体管理的工作机制，配齐配强指导教师，突出分类指导，支持有序发展。

16. 推动“一站式”学生社区建设。依托书院、宿舍等学生生活园区，探索学生组织形式、管理模式、服务机制改革，推进党团组织、管理部门、服务单位等进驻园区开展工作，把校院领导力量、管理力量、服务力量、思政力量压到教育管理服务学生一线，将园区打造成为集学生思想教育、师生交流、文化活动、生活服务于一体的教育生活园地。

17. 完善精准资助育人。精准认定家庭经济困难学生，健全四级资助认定工作机制，完善档案、动态管理。建设发展型资助体系，加大家庭经济困难学生能力素养培育力度。

六、安全稳定体系

18. 强化高校政治安全。认真落实意识形态工作责任制，加强高校思想文化阵地管理，严格实行审批制度。坚决抵御境外利用宗教渗透，防范校园传教活动。

19. 加强国家安全教育。持续推动国家安全教育进学校、进教材、进头脑，把集中教育活动与日常教育活动、课堂教育教学与社会实践相结合。建立健全国家安全教育长效机制，不断充实教育内容，完善教学体系。

20. 筑牢校园安全防线。切实保护学生生命安全、财产安全、身体健康，严格落实安全防范工作规范要求，强化安全基础建设，完善校园及周边治安综合治理机制。

21. 健全安全责任体系。落实高校安全管理主体责任，完善相应协调和会商机制，落实“一岗双责”。完善预警预防、综合研判、应急处置、督查报告、责任追究等工作制度。

七、队伍建设体系

22. 建设高水平教师队伍。按照“四有”好老师要求，落实政治理论学习、培训轮训、实践锻炼等制度。完善教师评聘考核办法，把师德师风作为评价教师队伍素质第一标准。实施课程思政教师专题培训计划。充分发挥院士、国家“万人计划”哲学社会科学领军人才、文化名家暨“四个一批人才”、“长江学者”、“国家杰出青年”、国家级教学名师等示范带头作用。构建全校齐抓教师思想政治素质的工作体系，组织开展宣传师德典型、深化学术诚信教育，加强对海外归国和青年教师的思想引导。落实《新时代高校教师职业行为十项准则》，严格实行师德“一票否决制”，加大对失德教师的惩戒力度，推动师德建设常态化长效化。

23. 加大马克思主义学者和青年马克思主义者培养力度。加强马克思主义学院和马克思主义理论学科建设，加快培养一批立场坚定、功底扎实、经验丰富的马克思主义学者，特别是培养一大批青年马克思主义者。深入实施“高校思想政治理论课教师队伍后备人才培养专项支持计划”。组织实施青年马克思主义者培养工程，加强集中教育培训和后续跟踪培养。

八、评估督导体系

24. 构建科学测评体系。建立多元多层、科学有效的高校思政工作测评指标体系，完善过程评价和结果评价相结合的实施机制，推动把高校党建和思想政治工作作为“双一流”建设成效评估、学科专业质量评价、人才项目评审、教学科研成果评比的重要指标，并纳入政治巡视、地方和高校领导班子考核、领导干部述职评议的重要内容。

25. 完善推进落实机制。明确责任分工，细化实施方案，及时研究解决重点问题。将高校思想政治工作纳入整体发展规划和年度工作计划，明确路线图、时间表、责任人。

26. 健全督导问责机制。强化高校思想政治工作督导考核，对履职尽责不力、不及时的，加大追责力度。实行校、院系、基层党组织书记抓党建和思想政治工作述职评议考核制度。